国家自然科学基金项目成果
安徽省重点研究与开发计划项目成果

业务流程
变化传播机理及控制分析

方贤文 王丽丽 卢 可 著

Change Propagation

Mechanism and

Control Analysis

in Business Process

中国科学技术大学出版社

内 容 简 介

目前国内外业务流程管理研究蓬勃发展,其中,对业务流程变化的研究是业务流程管理的核心与难点。业务流程中不同组件、任务或资源之间存在相互依赖制约的关系,变化管理需要将来自一个组件的变化传播到一些其他组件,以实现业务流程的持续迭代更新。分析业务流程的变化域和致变机理以实现变化传播,对于丰富业务流程的可信性研究具有重要的意义,在软件管理、云计算、物联网、工业互联网等领域具有实际应用价值。

本书按照"业务流程建模—变化域定位与分析方法—变化域传播机理研究—变化的优化和控制"的顺序逐层递进,详细介绍了业务流程的 Petri 网建模与分析方法、业务流程变化基本知识和分析技术、变化域定位和分析方法、变化致变机理和变化域传播技术、变化的优化技术和控制机制等内容,对相关研究者具有一定的参考价值。

图书在版编目(CIP)数据

业务流程变化传播机理及控制分析/方贤文,王丽丽,卢可著.—合肥:中国科学技术大学出版社,2022.8
ISBN 978-7-312-05435-8

Ⅰ.业… Ⅱ.①方… ②王… ③卢… Ⅲ.企业管理—业务流程 Ⅳ.F273

中国版本图书馆 CIP 数据核字(2022)第 063092 号

业务流程变化传播机理及控制分析
YEWU LIUCHENG BIANHUA CHUANBO JILI JI KONGZHI FENXI

出版	中国科学技术大学出版社
	安徽省合肥市金寨路 96 号,230026
	http://press.ustc.edu.cn
	https://zgkxjsdxcbs.tmall.com
印刷	安徽省瑞隆印务有限公司
发行	中国科学技术大学出版社
开本	787 mm×1092 mm 1/16
印张	13.75
字数	349 千
版次	2022 年 8 月第 1 版
印次	2022 年 8 月第 1 次印刷
定价	50.00 元

前　言

随着移动互联网、大数据和人工智能等技术的发展,越来越多的企业在管理运营方法上有了重大突破,例如电子商务、工业互联网和智慧工厂等。业务流程管理是一种整合所有业务资源以满足客户需求的方法,不仅能管理业务流程中包含的活动,而且能够记录流程执行的日志,因此其在企业中发挥着越来越重要的作用。业务流程管理保障了企业准确且高效的运行,对促进企业快速发展具有深远的意义,比如优化企业的机构体制,合理改变企业的管理制度,降低企业运行成本,使得企业利润最大化。如何得到高质量、高效率的业务流程成为国内外相关领域的主要课题之一。

业务流程的变化域是潜在的、易导致业务流程系统出现非预期行为的区域,在单个业务流程正确的情况下,多业务流程在交互时也会出现变化传播的问题。关于业务流程变化域的传播和控制问题是业务流程系统可信性分析的关键问题之一。目前已有的研究主要关注交互业务流程模型的无死锁判定、正确性验证、可达性分析等,而多业务流程交互及受外部因素影响时可能出现问题,主要原因就是"变化域"的产生及传播。对于交互流程、行为约束和数据流约束等情况,需要研究有针对性的定位和控制方法。

本书将以Petri网行为轮廓理论为基础,从业务流程的变迁(或任务)间的弱序关系和拟序关系出发,分析流程合理性、行为弱一致性、行为交互相关性等,找到变化域的产生和传播机理,为研究业务流程系统的可信性奠定根源性的基础。对于存在变化域的情况,本书分别针对复杂匹配、行为约束、数据流约束等情况研究相关的变化域定位及控制方法,以有利于融合业务流程的控制流和数据流,实现控制流的行为可预期性和数据流的一致性,从而提高业务流程的可信性。本书从新的视角研究业务流程的变化域传播机理和控制方法,将有利于丰富业务流程系统可信性研究,具有较好的理论意义和研究价值。

本书是安徽理工大学方贤文教授课题组多年研究成果的结晶。依托安徽省煤矿安全大数据分析与预警技术工程实验室,方贤文教授带领课题组成员,开展业务流程变化传播及控制方面的前沿研究,取得了丰硕的成果。全书由方贤文总体规划,并负责第1~3章的内容撰写工作,王丽丽和卢可分别负责第4~5章和第6~7章的内容撰写工作,方娜、李娟、阚道豫、李孟瑶、郝惠晶、毛古宝、方新升、宫子优等做了大量的文献收集、文字整理和校对工作。课题组成员对本书的形成提出了许多建议和修改意见,在此表示由衷的感谢!

本书的出版,得到了国家自然科学基金(No.61572035)、安徽省重点研究与开发计划项目(2022a05020005)的资助,在此一并表示感谢!

目前国内外业务流程管理研究蓬勃发展,但在业务流程变化传播机理方面的研究还相对较少,且研究成果还不系统。我课题组近年来一直潜心此问题的研究,取得了一些成果,受到了国内外同行的认可。但由于水平有限,相关的理论研究还不够深入,甚至有些研究成果还可能存在不准确的地方。在此恳请国内外同行谅解,并衷心期盼你们提出有针对性的修改建议和有价值的研究思路,以便于我们在今后的研究中不断改进、不断提高,逐步完善研究成果,丰富业务流程可信管理研究。

编　者
2022 年 1 月 10 日

目　　录

前言 ･･ (i)

第1章　业务流程的Petri网建模与分析 ･･････････････････････････････ (1)
1.1　业务流程概述 ･･ (1)
1.2　Petri网基础知识及性质 ･･ (2)
 1.2.1　Petri网的基本概念 ･･････････････････････････････････････ (2)
 1.2.2　Petri网的性质 ･･ (3)
 1.2.3　Petri网行为轮廓的基本概念 ･･････････････････････････････ (5)
 1.2.4　Petri网行为轮廓的性质 ･･････････････････････････････････ (6)
1.3　业务流程的控制流建模和数据流建模及分析 ･･･････････････････････ (7)
 1.3.1　引例 ･･ (8)
 1.3.2　基本概念 ･･ (8)
 1.3.3　业务流程的控制流与数据流建模与分析 ･･･････････････････ (10)

第2章　业务流程变化及其分类 ･･････････････････････････････････ (14)
2.1　业务流程变化概述 ･･ (14)
2.2　业务流程变化分类 ･･ (15)
2.3　业务流程变化相关研究 ･･ (21)

第3章　业务流程模型行为一致性分析 ･･･････････････････････････ (24)
3.1　业务流程模型行为一致性概述 ･････････････････････････････････ (24)
 3.1.1　日志与模型间的一致性 ･･････････････････････････････････ (24)
 3.1.2　行为一致性与交互一致性 ･･･････････････････････････････ (25)
 3.1.3　一致性评价方法 ･･ (26)
3.2　基于行为轮廓和行为语义的合并模型一致性分析 ････････････････ (28)
 3.2.1　引例 ･･ (29)
 3.2.2　基本概念 ･･ (29)
 3.2.3　基于匹配节点之间的行为轮廓与语义约束分析合并模型的一致性 ･･･ (32)
 3.2.4　实例分析 ･･ (36)
3.3　基于行为Petri网的业务流程模型一致性分析 ･････････････････････ (37)
 3.3.1　引例 ･･ (37)
 3.3.2　控制流和数据流的概念 ･･････････････････････････････････ (37)
 3.3.3　基于行为Petri网计算行为兼容度 ････････････････････････ (38)
 3.3.4　实例分析 ･･ (42)
3.4　数据约束模型的相似最优对齐一致性分析 ･･････････････････････ (43)

3.4.1 引例 ………………………………………………………………… (43)
  3.4.2 基本概念 ……………………………………………………………… (44)
  3.4.3 数据约束模型的一致性检测算法 ……………………………………… (45)
  3.4.4 实例分析 ……………………………………………………………… (47)
 3.5 复杂对应条件下交互行为的行为轮廓一致性分析 …………………………… (49)
  3.5.1 复杂对应关系的处理分析 ……………………………………………… (49)
  3.5.2 基于复杂对应关系的 Petri 网的行为轮廓一致性分析 ………………… (53)
  3.5.3 实例分析 ……………………………………………………………… (56)
 3.6 小结 ……………………………………………………………………… (57)

第 4 章 业务流程中变化域的定位 ……………………………………………… (62)
 4.1 业务流程变化域定位概述 ……………………………………………………… (62)
 4.2 基于动作模式的寻找流程 Petri 网模型变化区域方法 ……………………… (63)
  4.2.1 引例 ……………………………………………………………………… (64)
  4.2.2 基于行为轮廓的动作模式寻找变化区域 ……………………………… (64)
  4.2.3 实例分析 ……………………………………………………………… (67)
 4.3 基于行为包含发现局部变化域 ………………………………………………… (70)
  4.3.1 基本概念 ……………………………………………………………… (70)
  4.3.2 基于行为包含的日志变化挖掘方法 …………………………………… (71)
  4.3.3 实例分析 ……………………………………………………………… (73)
 4.4 寻找数据约束下的变化域 ……………………………………………………… (76)
  4.4.1 引例 ……………………………………………………………………… (76)
  4.4.2 数据约束下的业务流程 Petri 网中的依赖关系 ………………………… (77)
  4.4.3 数据约束下寻找工作流 Petri 网的变化域 ……………………………… (77)
 4.5 基于交互行为变迁优化的变化域分析 ………………………………………… (81)
  4.5.1 引例 ……………………………………………………………………… (81)
  4.5.2 基于交互行为变迁优化的变化域分析 ………………………………… (82)
  4.5.3 实例分析 ……………………………………………………………… (84)
 4.6 基于特征网的模块日志变化挖掘隐变化 ……………………………………… (88)
  4.6.1 基本概念 ……………………………………………………………… (88)
  4.6.2 基于特征网下的模块日志变化挖掘 …………………………………… (89)
  4.6.3 基于拟间接依赖的日志变化挖掘 ……………………………………… (90)
  4.6.4 实例分析 ……………………………………………………………… (91)
 4.7 小结 ……………………………………………………………………… (93)

第 5 章 业务流程中的变化域分析与处理 ……………………………………… (96)
 5.1 业务流程中的变化域分析概述 ………………………………………………… (96)
 5.2 基于事件日志的无目标模型的变化分析 ……………………………………… (98)
  5.2.1 引例 ……………………………………………………………………… (98)
  5.2.2 基本概念 ……………………………………………………………… (99)
  5.2.3 日志诱导下的变化分析方法 …………………………………………… (100)

  5.2.4 实例分析 ……(101)
 5.3 基于Petri网动态切片的最小变化域分析 ……(104)
  5.3.1 基本概念 ……(104)
  5.3.2 基于Petri网的动态切片技术分析目标模型的最小变化域 ……(105)
  5.3.3 实例分析 ……(106)
 5.4 基于Petri网动力学表达式的寻找最小变化区域的分析方法 ……(109)
  5.4.1 引例 ……(109)
  5.4.2 基于Petri网动力学表达式寻找最小变化区域的分析 ……(110)
  5.4.3 实例分析 ……(112)
 5.5 基于Petri网行为和结构相似性度的业务流程变化域分析 ……(114)
  5.5.1 引例 ……(114)
  5.5.2 基本概念 ……(117)
  5.5.3 基于Petri网寻找源模型和目标模型的行为和结构相似性度 ……(120)
  5.5.4 实例分析 ……(121)
 5.6 数据流约束下变化域分析 ……(123)
  5.6.1 引例 ……(124)
  5.6.2 基于行为Petri网的数据约束下变化域的分析方法 ……(124)
  5.6.3 实例分析 ……(126)
 5.7 小结 ……(129)

第6章 交互业务流程变化传播分析 ……(132)
 6.1 业务流程变化传播概述 ……(132)
 6.2 基于Petri网行为包含的业务流程变化传播分析 ……(133)
  6.2.1 基本定义 ……(134)
  6.2.2 变化域传播分析 ……(136)
  6.2.3 实例分析 ……(137)
 6.3 基于配置和撤销状态的业务流程变化传播分析 ……(138)
  6.3.1 引例 ……(138)
  6.3.2 基本概念 ……(141)
  6.3.3 基于变化类型和变化域的配置 ……(142)
  6.3.4 基于最小域的撤销优化 ……(145)
  6.3.5 仿真分析 ……(147)
 6.4 基于融合网的业务流程变化传播优劣性分析 ……(150)
  6.4.1 融合网的生成 ……(150)
  6.4.2 变化传播的时间成本 ……(157)
  6.4.3 实例分析 ……(159)
  6.4.4 计算变化传播的敏感度 ……(163)
 6.5 小结 ……(169)

第7章 基于配置的业务流程变化域优化分析 ……(173)
 7.1 基于配置的业务流程变化域优化分析概述 ……(173)

7.1.1 研究背景 …………………………………………………………… (173)
7.1.2 配置信息分析 ……………………………………………………… (174)
7.1.3 配置挖掘 …………………………………………………………… (176)
7.1.4 配置优化分析 ……………………………………………………… (177)
7.1.5 本章主要内容 ……………………………………………………… (178)
7.2 基于配置变迁 Petri 网模型优化分析方法 …………………………… (178)
7.2.1 基于配置变迁的变化域优化分析 ………………………………… (179)
7.2.2 实例分析 …………………………………………………………… (181)
7.3 业务流程配置适合性检测和优化算法 ………………………………… (182)
7.3.1 业务流程不适合配置检测 ………………………………………… (183)
7.3.2 业务流程不适合配置优化 ………………………………………… (183)
7.3.3 实例分析 …………………………………………………………… (184)
7.4 基于片段适配的业务模型的优化方法 ………………………………… (186)
7.4.1 引例 ………………………………………………………………… (186)
7.4.2 基本概念 …………………………………………………………… (188)
7.4.3 基于 Petri 网优化交互业务流程模型 …………………………… (188)
7.4.4 实例仿真分析 ……………………………………………………… (191)
7.4.5 仿真实验 …………………………………………………………… (194)
7.5 基于流程树的可配置业务流程模型变化域分析 ……………………… (199)
7.5.1 引例 ………………………………………………………………… (199)
7.5.2 基本概念 …………………………………………………………… (200)
7.5.3 基于流程树的可配置业务流程合并模型变化域分析方法 ……… (201)
7.5.4 基于可配置流程合并模型的变化域分析 ………………………… (202)
7.5.5 实例分析 …………………………………………………………… (203)
7.6 小结 ……………………………………………………………………… (205)

第 1 章 业务流程的 Petri 网建模与分析

随着信息全球化和大数据时代的到来,越来越多的企业在管理运营方法上有了重大突破,例如电子商务、电子购票和电子银行等。业务流程管理是一种整合所有业务资源以满足客户需求的方法,不仅能管理业务流程中包含的活动,而且能够记录流程执行的日志,因此在企业中发挥着越来越重要的作用。企业通过分析业务流程管理系统记录的信息建立模型来改进优化业务流程,从而能更好地满足客户需求,使企业创造更大的价值。业务流程管理保障了企业的运行准确而高效,对促进企业快速发展具有深远的意义,比如优化企业的机构体制,合理改变企业的管理制度,降低企业运行成本,使得企业利润最大化。如何得到高质量、高效率的业务流程成为国内外相关领域的主要课题之一。

1.1 业务流程概述

随着科技的进步,越来越多的业务流程技术应用到企业管理中,业务流程技术使用的好坏直接影响到了企业的利益。业务流程是"企业为完成某一目标(或任务)而进行的一系列逻辑相关的活动的有序集合"[1],它主要解决的是"使在多个参与者之间按照某种预定义的规则传递文档、信息或任务的过程自动进行,从而实现某个预期的业务目标,或者促使此目标的实现"。简单来说,业务流程就是一系列相互衔接、自动进行的业务活动或任务。一个业务流程包括一组任务(或活动)及它们的相互顺序关系,还包括流程及任务(或活动)的启动和终止条件,以及对每个任务(或活动)的描述。业务流程对企业的意义不仅仅是保证企业能够正常运行,它对于企业的运行还有指导意义,比如对企业资源和组织结构的优化、对管理制度的合理改变,从而提高企业对市场要求的服务效率,降低运行成本,使得企业利润最大化。因此,怎样获得高质量、高效率的业务流程成为国内外关注的研究课题。

业务流程涉及计算机科学、管理科学以及数字通信等多个领域,计算机和通信方面的创新仍然是所有业务流程变化的主要驱动力。随着计算机和通信技术的迅速发展,业务流程变得越来越多样化,需要根据信息系统记录产生的事件数据,并通过分析这些数据来构造模型,从而将业务流程模型深入到业务流程管理的其他领域,以满足企业对产品质量等方面的要求,因此流程建模成为至关重要的环节。

流程模型通过记录的程序可以简单化流程管理的复杂性,并且信息系统需要通过流程模型进行配置,同时只有模型间的交互达到一个共同的协议,那些跨组织的流程才能正确实施。业务流程模型因其能明确地捕捉到公司企业进行组织和管理服务的知识,而使得业务流程模型库在各公司企业中逐渐承担了巨大的知识资产价值,对公司的组织和管理服务以及维持公司的竞争力至关重要,加之计算机技术的应用前景也日益广阔,通过业务流程建模已经成为分析解决业务流程问题的一种常用模式。

但是,一个业务流程的产生并不是凭空想象出来的,而是通过时间和经验的积累而产生的。一个新的业务流程并不能一次就达到完美的效果,而是需要经过多次的实施、反复的验证才能得出。因此,需要一种可以对业务流程进行建模与仿真的工具,从而降低在业务流程建模上的消耗。模型的构建不仅要求满足建模目的,还要求能够准确地表现出被模拟对象的逻辑有序性。在这种背景下,建模的语言及原理就成为了构建业务流程模型的核心工具。建模的语言为构建模型提供了基本语法和语义,以及模型建立的标准。Carl Adam Petri 在 1962 年首次提出了一门精确捕捉并发的建模语言[2],为过程挖掘技术提供了优秀的模型基础。当然,过程挖掘的模型建立不拘泥于单一的模型形式,还有业务流程模型标注(business process model and notation)[3]、XML 过程定义语言(XML process definition language)、业务流程执行语言(business process execution language)[4]、事件驱动过程链(event-driven process chain)[5]、UML、LML、YAWL[6]、HPM 和 Petri 网等,可以根据不同的业务流程管理要求选择使用。

本书研究业务流程挖掘算法所选工具是 Petri 网。Petri 网不仅可以用于描述系统的结构以及模拟系统的运行,即可用直观的图形予以表示,又可以引入大量的数学方法对其性质进行分析。对于复杂的系统,通过建立 Petri 网模型,可以直观明了地反映一个系统。Petri 网的行为轮廓理论是建立在合理的自由选择 Petri 网上的,根据行为轮廓关系建立模型,使得模型中的活动关系更加直观、具体。从过程行为角度进行业务流程挖掘以及一致性检验,能够从根本上解决问题。另外,Petri 网理论的发展是数据感知信息系统转向过程感知信息系统的重要标志,其他的表示法也能转换成 Petri 网语言。因此本书选用 Petri 网语言对业务流程挖掘进行研究。

1.2　Petri 网基础知识及性质

1.2.1　Petri 网的基本概念

1962 年,德国的 Carl Adam Petri 在其博士论文 "*Communication with Automata*" 中首次提出 Petri 网的概念,并将其与通信机制相结合,主要用于系统的建模和对模型的分析。经过研究者的不断探索和扩展,目前 Petri 网已经成为一个比较完整的理论体系,在相关研究领域中备受关注。Petri 网的主要研究内容是系统中出现的变化、变化的原因及变化之间的相互关系和这些变化对系统的正常运行产生的影响等。Petri 网不仅能清晰地描述系统的结构,还能用直观而清晰的图形来表示 Petri 网模型,在模拟系统运行的同时展现出系统中的关系,如并发、冲突、共享、同步等。Petri 网还可以用于分析系统的各种结构性质和各种动态性质。基于以上特性,Petri 网成为建立多种具有抽象层次的"网状"系统模型的重要工具。

定义 1.1(网)[7]　一个三元组 $N = (P, T; F)$ 是网,则满足以下条件:

(1) $P \cup T \neq \varnothing, P \cap T = \varnothing$;

(2) $F \subseteq ((P \times T) \bigcup (T \times P))$;
(3) $\text{dom}(F) \bigcup \text{cod}(F) = P \bigcup T$。

其中
$$\text{dom}(F) = \{x \in P \bigcup T \mid \exists y \in P \bigcup T : (x,y) \in F\}$$
$$\text{cod}(F) = \{x \in P \bigcup T \mid \exists y \in P \bigcup T : (y,x) \in F\}$$

定义 1.2(前集与后集)[7] 已知 $N=(P,T;F)$ 为一个网,$\forall x \in P \bigcup T$,定义:

前集 $\cdot x = \{y \mid y \in P \bigcup T \wedge (y,x) \in F\}$

后集 $x \cdot = \{y \mid y \in P \bigcup T \wedge (x,y) \in F\}$

定义 1.3(Petri 网)[7] 一个四元组 $PN=(P,T;F,M_0)$ 称作 Petri 网,当且仅当:

(1) $N=(P,T;F)$ 为一个网。
(2) $M:P \to Z^*$ 为标识(或状态)函数,M_0 是初始标识。
(3) 发生规则:
① 变迁 $t \in T$ 可以发生,当且仅当 $\forall p \in \cdot t : M(p) \geq 1$,记作 $M[t>$;
② 在标识 M 下能使得变迁 t 发生后,得到一个新的标识 M',记作 $M[t>M'$,则有
$$M^n(p) = \begin{cases} M(p)+1, & \text{如果 } p \in t \cdot - \cdot t \\ M(p)-1, & \text{如果 } p \in \cdot t - t \cdot \\ M(p) & \text{否则} \end{cases}$$

基网 N 和初始标识 M_0 描述了 Petri 网的系统,以及决定着该网的初始状态,任何一个变迁发生之后不仅都会改变当前的标识,而且还在此标识下继续发生,给定基网 N 和初始标识 M_0 就可以确定一个网系统。

定义 1.4[8] 设 $PN=(P,T;F,M_0)$ 是一个 Petri 网,t_1,t_2 是 PN 中的两个变迁,若对于 PN 中的一个标识 M,有 $M[t_1> \wedge M[t_2>$,则:

(1) 若 $M[t_1>M_1 \to M_1[t_2> \wedge M[t_2>M_2 \to M_2[t_1>$,称 t_1,t_2 在 M 下并发;
(2) 若 $M[t_1>M_1 \to \neg M_1[t_2> \wedge M[t_2>M_2 \to \neg M_2[t_1>$,称 t_1,t_2 在 M 下冲突。

Petri 网中的冲突关系体现了结构中的错误性,在 Petri 网系统标识下有两个以上事件同时发生,而实际中只有一个事件可以发生,所以对系统存在着一定的干扰。

1.2.2 Petri 网的性质

Petri 网是一个很好的建模工具,通过流程模型来分析系统的性质和功能是使用 Petri 网建模的目的之一,可以通过分析 Petri 网模型的性质实现对系统的分析[8]。Petri 网的主要性质体现在动态性质和结构性质两个方面,其中动态性质是指在 Petri 网运行过程中体现出来的一些性质,比如可达性、有界性、活性、公平性等,即行为性质;结构性质是由网的结构决定的,不会受到外界环境的影响,例如有界性、活性、死锁和陷阱等,因此 Petri 网可以清晰准确地描述一个系统的结构和运行[8]。

性质 1.1(可达性)[9] 已知 Petri 网 $PN=(P,T;F,M)$,若 $\exists t \in T$,使得 $M[t>M'$,则称 M' 是从 M 直接可达的。如果存在变迁序列 $t_1,t_2,t_3,\cdots,t_k$ 和标识序列 $M_1,M_2,M_3,\cdots,M_k$,使得 $M[t_1>M_1[t_2>M_2[t_3> \cdots M_{k-1}[t_k>M_k$,则称 M_k 是从 M 可达的。从 M 可达的一切标识的集合记为 $R(M)$,记为 $M \in R(M)$。

若将变迁序列记为 $\sigma = t_1 t_2 t_3 \cdots t_k$,则上述定义中的式子可改为 $M[\sigma>M_k$。在网 PN

中,M_0 为其初始标识,由 M_0 可达的所有标识的集合记为 $R(M_0)$,并且是满足以下两条的集合:

(1) $M_0 \in R(M_0)$;

(2) 若 $M \in R(M_0)$,且 $\exists t \in T$,使得 $M[t>M'$,则 $M' \in R(M_0)$。

性质 1.2(有界性和安全性)[7] 设 $\Omega = (P, T; F, M)$ 是一个 Petri 网,其中 $p \in P$。若存在一个正整数 B,使得 $\forall M \in R(M_0)$,都有 $M(p) \leq B$,则称库所 p 是有界的。将满足该条件 B 的最小值称为库所 p 的界,记为 $B(p)$,也就是说,$B(p) = \min\{B \mid \forall M \in R(M_0): M(p) \leq B\}$。

特别的,当 $B(p) = 1$ 时,称库所 p 是安全的。同理,若对任意的 p 都是有界的,那么网 Ω 是有界 Petri 网,且 $B(\Omega) = \max\{B(p) \mid p \in P\}$ 为 Ω 的界。特别的,当 $B(\Omega) = 1$ 时,称网 Ω 是安全的。

有界性可以保证 Petri 网系统在运行的过程中库所的容量不会超出被模拟系统的容量要求,使得系统正常运行。

性质 1.3(活性)[7] 一个 Petri 网 $PN = (P, T; F, M_0)$,M_0 为其初始标识,$t \in T$。如果 $\forall M \in R(M_0)$,$\exists M' \in R(M)$,使得 $M'[t>$,那么称变迁 t 是活的。进一步,如果 $\forall t \in T$ 都是活的,称 PN 为一个活的 Petri 网。

性质 1.4(公平性)[7] 设 $PN = (P, T; F, M_0)$ 是一个 Petri 网,$t_1, t_2 \in T$。如果存在正整数 k,使得 $\forall M \in R(M_0)$ 和 $\forall \sigma \in T^*: M[\sigma>$,都有

$$\#(t_i/\sigma) = 0 \to \#(t_j/\sigma) \leq k, \quad i, j \in \{1, 2\} 且 i \neq j$$

则称 t_1 和 t_2 处于公平关系(fair relation)。如果 PN 中的任意两个变迁都处于公平关系,则称 PN 为公平 Petri 网(fair Petri net)。

性质 1.5(弱公平性)[7] 设 $PN = (P, T; F, M_0)$ 是一个 Petri 网,$t_1, t_2 \in T$。如果 $\forall M \in R(M_0)$,都存在正整数 k,使得 $\forall \sigma \in T^*: M[\sigma>$,都有[11]

$$\#(t_i/\sigma) = 0 \to \#(t_j/\sigma) \leq k, \quad i, j \in \{1, 2\} 且 i \neq j$$

则称 t_1 和 t_2 处于弱公平关系(weak fair relation)。如果 PN 中的任意两个变迁都处于弱公平关系,则称 PN 为弱公平 Petri 网(weak fair Petri net)。

上述定义中 $\#(t_i/\sigma)$ 表示 t_i 在 σ 中出现的次数。

公平性主要用来反映网系统中两个变迁发生的相互关系。这种关系反映被模拟系统的各个部分在资源竞争中的无饥饿性问题。公平关系和弱公平关系的主要区别在于正整数 k 是否依赖于 Petri 网的可达标识 M。文献[10]中对有界 Petri 网和无界 Petri 网的公平性和弱公平性做了进一步的研究。

性质 1.6(自由选择网)[11] 设 $N = (P, T; F)$ 为一个 Petri 网,若网 N 运行完以后无小黑点逗留,则称 $t_i > t_j$ 为自由选择网。

性质 1.7(死锁与陷阱)[7] 一个网 $N = (P, T; F)$,$p_1 \in P$。

(1) 如果 $\cdot p_1 \supseteq p_1 \cdot$,则称 p_1 为 N 的一个死锁;

(2) 如果 $p_1 \cdot \subseteq \cdot p_1$,则称 p_1 为 N 的一个陷阱。

从上述定义可以看出,死锁和陷阱是网的两种特殊的库所的子集,而且,如果一个死锁中没有标识,那么它将永远得不到标识;如果一个陷阱中含有标识,那么它将永远不会失去标识。

性质 1.8(合理的自由选择网)[11] 设 $N = (P, T; F)$ 为一个 Petri 网,若 $t_i > t_j$ 中不存

在循环、死锁以及活锁,并且运行完以后无小黑点逗留,则称 $t_i\succ t_j$ 为合理的自由选择网。

1.2.3 Petri 网行为轮廓的基本概念

行为轮廓(behavioral profile)最早是由 Johannes Koskinen 等人提出来的,他们在文献[12]中提出了交互规则,之后 Kimmo Kiviluoma 和 Johannes Koskinen 对其做了进一步完善,得出了行为轮廓的概念。其后 Matthias Weidlich 对行为轮廓做了更进一步的研究和应用,将之运用到流程模型的行为约束中,做出了巨大的贡献[11]。

行为轮廓描述的是一个网系统的微观信息,具体地说,它体现的是变迁之间的潜在发生顺序。行为轮廓是在弱序概念的基础上定义的,对于两个变迁 t_1 和 t_2 是弱序关系,如果在初始标识下存在一个发生序列使得 t_1 发生在 t_2 之前[11]。

定义 1.5(流程模型)[13] 称 $P=(A,a_i,a_0,C,F,T)$ 为一个六元组的进程模型,其中:
A 为一个非空的活动变迁节点集;
C 为控制流节点集,A 和 C 不相交;
$a_i\in A$ 为一个最初的活动变迁;
$a_0\in A$ 为一个最终的活动变迁;
$F\subseteq((A\setminus\{a_0\})\cup C)\times((A\setminus\{a_i\})\cup C)$ 为流关系;
$T:C\mapsto\{AND,OR,XOR\}$ 为流程模型控制流的类型。

定义 1.6(弱序关系(流程模型))[13] 设 $P=(A,a_i,a_0,C,F,T)$ 是一个六元组的流程模型,ε_P 为它的执行序列集。$\succ_P\subseteq(A\times A)$ 包含所有的变迁对 (x,y),如果 ε_P 存在一条执行序列 $\sigma=n_1,\cdots,n_m$,并且存在 $j\in\{1,\cdots,m-1\}$,$j<k\leqslant m$ 且 $n_j=x,n_k=y$。

在流程模型中弱序是以变迁对为基础的,在此基础之上又定义了变迁集合的三种关系,即严格序关系、排他序关系、交叉序关系,这三种关系称为行为轮廓。

定义 1.7(行为轮廓(流程模型))[13] 设 $P=(A,a_i,a_0,C,F,T)$ 为一个六元组的流程模型,变迁对 $(x,y)\in(A\times A)$ 至多存在下面三种关系中的一种:
(1) 严格序关系 $\rightarrow_P$,当且仅当 $x\succ_P y,y\not\succ_P x$;
(2) 排他序关系 $+_P$,当且仅当 $x\not\succ_P y,y\not\succ_P x$;
(3) 交叉序关系 $\parallel_P$,当且仅当 $x\succ_P y$ 或 $y\succ_P x$。

这三种关系的集合 $B_P=\{\rightarrow_P,+_P,\parallel_P\}$ 组成了行为轮廓。

此外,如果变迁对 (x,y) 满足严格序关系,即 $x\rightarrow y$,那么变迁对 (y,x) 满足逆严格序关系,即 $y\rightarrow^{-1}x$。

下面介绍日志的行为轮廓的相关概念。与流程模型行为轮廓的定义方式差不多,日志的行为轮廓也是定义在弱序基础之上的。

定义 1.8(弱序关系(日志))[13] 设 $L_P=n_1,\cdots,n_m$ 是流程模型 $P=(A,a_i,a_0,C,F,T)$ 中的一条日志。弱序关系 $\succ_L\subseteq(A_L\times A_L)$ 包含了所有的变迁对 (x,y),如果存在两个下标指数 $j,k\in\{1,\cdots,m-1\}$ 使得 $j<k\leqslant m$ 且 $n_j=x,n_k=y$。

定义 1.9(行为轮廓(日志))[13] 设 $L_P=n_1,\cdots,n_m$ 为流程模型 $P=(A,a_i,a_0,C,F,T)$ 中的一条日志,变迁对 $(x,y)\in(A_L\times A_L)$ 至多存在下面两种关系中的一种:
(1) 严格序关系 $\rightarrow_L$,当且仅当 $x\succ_L y,y\not\succ_L x$;
(2) 交叉序关系 $\parallel_L$,当且仅当 $x\succ_L y$ 或 $y\not\succ_L x$。

这两种关系的集合 $BP_L = \{\rightarrow_L, \|_L\}$ 称为日志中的行为轮廓。

注 一条日志中的两个活动变迁是不存在排他序关系的。

图 1.1 给出的即是行为轮廓结构图。图 1.1(a) 属于严格序关系,即 $A \rightarrow B$, A 发生在 B 之前,反之为逆序关系,即 $B \rightarrow^{-1} A$。图 1.1(b) 属于排它序关系,即 $A + B$, A、B 只能发生一个。图 1.1(c) 和图 1.1(d) 属于交叉序关系, A、B 以任意的顺序发生。

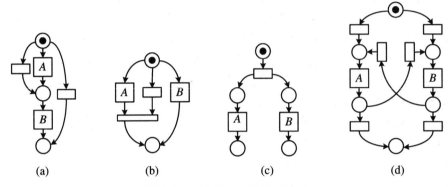

图 1.1 行为轮廓的关系结构图

定义 1.10(日志的弱行为轮廓)[11] 设 L 为一条日志,对任意两个变迁 $P, Q \in L$,则 P 与 Q 之间至多存在下面三种关系中的一种:

(1) 如果满足 $N(P,Q) \neq 0 \wedge N(P,Q) = 0$,则称为严格序关系 $\rightarrow_L$,记作 $P \rightarrow_L Q$;

(2) 如果满足 $N(P,Q) \neq 0 \wedge N(P,Q) \neq 0$,则称为交叉序关系 $\|_L$,记作 $P \|_L Q$;

(3) 如果满足 $N(P,Q) = 0 \wedge N(P,Q) = 0$,则称为排他序关系 $+_L$,记作 $P +_L Q$。

我们称集合 $B_L = \{\rightarrow_L, \|_L, +_L\}$ 为日志 L 的弱行为轮廓。其中,对任意两个变迁 P 和 Q, $N(P,Q) = n$, n 表示以 PQ 形式在所有执行日志中出现的次数。

例如,给出一组日志序列: $\{ACDE, ABDE, ADBE, ADCE\}$,可得出 $A \rightarrow_L C$, $A \rightarrow_L D$, $A \rightarrow_L E$, $B +_L C$, $B \|_L D$, $C \|_L D$。根据定义 1.10,可以画出日志活动关系表如表 1.1 所示。

表 1.1 活动关系表

	A	B	C	D	E
A	0	1	1	1	0
B	0	0	0	1	1
C	0	0	0	1	1
D	0	1	1	0	1
E	0	0	0	0	0

研究日志的行为轮廓将为后面基于行为轮廓及概率行为关系挖掘不可见任务打下良好的基础。

1.2.4 Petri 网行为轮廓的性质

性质 1.9[11] 对于任意流程模型,就变迁集合 T 上的行为轮廓 $BP = \{\rightarrow, +, \|\}$,严格序关系具有反对称性和非自反性,排他序和交叉序关系都是对称的。

记 $>^{-1}$ 为 $>$ 的逆关系,则 $>^{-1} = \{(y,x) \in T' \times T' | x > y\}$,上述性质可表述为: 严格序

关系,→ = >\>⁻¹;排他序关系,+ = (T' × T')\(> ∪ >⁻¹);交叉序关系,∥ = > ∩ >⁻¹。此性质表明三种关系之间是相互排斥的,模型中的一个变迁对只能是三种关系中的一种[11]。

性质 1.10[11]　对于任意流程模型,就变迁集合 T 上的行为轮廓 $BP = \{\rightarrow, +, \parallel\}$,严格序关系、排他序关系和交叉序关系三种关系是相互排斥的。

此性质说明,行为轮廓的三种关系不可能出现两个或两个以上的关系同时发生的情况。另外,逆严格序同行为轮廓中的三种关系也是互斥的[11]。

性质 1.11[11]　对于任意流程模型,就变迁集合 T 上的行为轮廓 $BP = \{\rightarrow, +, \parallel\}$,一个变迁与它自身的关系是 $t + t$ 或者是 $t \parallel t$。

性质 1.12[11]　对于任意流程模型,就变迁集合 T 上的行为轮廓 $BP = \{\rightarrow, +, \parallel\}$,四种关系 $\rightarrow, \rightarrow^{-1}, +$ 和 $\parallel$,满足 $\{\rightarrow, \rightarrow^{-1}, +, \parallel\} \subseteq T \times T$。

1.3　业务流程的控制流建模和数据流建模及分析

随着计算机技术的不断成熟,Petri 网业务流程模型作为形象化公司业务的方法开始广泛应用于公司、企业和电子商务等领域。在用建模方法研究业务流程问题的过程中,由于实际背景的约束,对所建立的业务流程 Petri 网模型的合理性、实用性和一致性的验证至关重要,对于一个业务流程来说,控制流和数据流是其重要的组成部分,它们对业务流程模型的影响是不容忽视的。一旦控制流或数据流出现变化,业务流程模型也会出现问题,反之亦然。Petri 网不仅能够形象、直观、清晰地描述系统的结构,而且能够很好地模拟系统的运行过程,是现代流程模型研究的主要建模和分析工具。例如文献[14]在传统 Petri 网挖掘方法的基础上,提出了一种基于逻辑 Petri 网的过程挖掘方法,并给出了逻辑 Petri 网中逻辑变迁的挖掘算法。它可以充分挖掘活动之间的业务逻辑,并且业务逻辑可用逻辑表达式表示。文献[15]依据障碍 Petri 网和模糊 Petri 网的基础理论知识,借助对活动变迁的发生条件和准则的定义,给出了一种基于模糊障碍 Petri 网构建模型的新方法。该方法有两大好处:一是能对障碍性的传播方式进行再模拟,二是能在模拟的基础上利用模糊数学理论进行推理。基于以上特性,本文采用 Petri 网的相关理论知识和性质对业务流程建模进行较为全面的研究。

业务流程模型主要由数据流和控制流两部分组成,二者及其之间的关系是支持业务流程模型建模、分析和执行的重要信息,对业务流程模型的结构和行为的执行有重要的约束作用。尤其是在大数据时代,数据流对业务流程运行的影响更是不可轻视。通常情况下,需要根据多个服务对象的复杂交互式的方式来设计业务流程。首先,模拟业务流程的控制流,包括描述业务流程的行为的相互联系的任务集;其次,用抽象的数据信息拓展控制流系统;最后,生成一个抽象的或概念上的业务流程模型。设计一个业务流程模型是一项复杂且容易出错的任务,即使是对一个经验丰富的流程设计员来说也不例外,所设计的业务流程是否满足预期要求、是否可信等是衡量一个业务流程模型好坏的标准。在实际中,从控制流和数据流两方面建立业务流程模型具有很强的实用性,对所建模型的合理性验证也需要从这两方面考虑。也就是说,一个业务流程 Petri 网就是控制流 Petri 网和数据流 Petri 网交互而成的。

因此，综合考虑控制流和数据流的合理性是研究业务流程模型正确性与实用性的重要方法。

1.3.1 引例

图1.2所示的某自动销售机的购物流程图中，描述了顾客从选择商品种类、数目到投币支付的全过程。图中包含两方面的信息：一是控制流关系，主要作用是约束业务模型结构，使服务的行为可满足。例如顾客浏览商品、选中商品；只有选择商品种类后才能选择商品数目；只有顾客投入钱币后，系统才能进入辨别钱币真伪阶段；只有顾客投入的钱币总额达到所购商品价格时，系统才会自动送出相应的商品。另一个是数据流的传播与变化。例如顾客选购的商品种类、商品数目、商品价格等都是固定数据信息，在整个业务流程中传递。

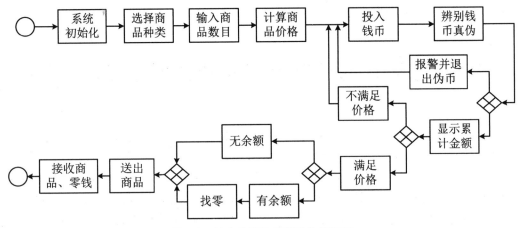

图1.2 某自动销售机的购物流程图

对该系统进行分析后可知，若不考虑图中的所有数据信息，则该系统流程模型是可以正常运行的，即满足业务流程的合理性要求，但结合具体的实际数据信息，如当顾客输入的商品数目大于自动销售机所储备的商品数量时，系统是无法提供相应的商品数量的，因此使得系统出错，即该业务流程模型无法正常运行，是不合理的。由此可见，要判定一个业务流程模型是否合理，不仅要考虑控制流信息，还要结合实际的数据信息，综合分析才能做出判定。因此，为更好地结合实际服务客户，图1.2所示的业务流程模型有需要改进的地方，比如避免出现不合理的情况。

1.3.2 基本概念

目前Petri网因其自身特性被广泛用于模型研究领域，以下通过Petri网的基本概念，给出业务流程Petri网、控制流Petri网和数据流Petri网以及业务流程合理性的概念。

定义1.11(业务流程Petri网) 一个业务流程Petri网是一个四元组，记为$PN_{bp}=(P,T,F,C)$，满足以下五个条件：

(1) P为条件节点集合，T为活动变迁节点集合，且满足条件：$P\neq\varnothing,T\neq\varnothing,P\cap T=\varnothing$；

(2) $F\subseteq(P\times T)\cup(T\times P)$，为网的流关系；

(3) $C=\{od,or,pl,cy\}$，为业务流程Petri网的结构类型，即顺序、选择、并行和循环四种结构；

(4) 有唯一的开始库所 P_s 和结束库所 P_e;

(5) 对任意的变迁 $t \in T$,都存在一个变迁序列 σ,使得 $t \xrightarrow{\sigma} P_e$。

业务流程 Petri 网既包含控制流关系,也包含数据流关系,所以在用业务流程 Petri 网描述业务流程模型时,可将其分解成控制流模型和数据流模型。接下来将给出业务流程模型的控制流 Petri 网和数据流 Petri 网的概念。

定义 1.12(控制流 Petri 网) 网 $PN_C = (P_C, T_C, F_C)$ 称为控制流 Petri 网,当其满足条件:

(1) P_C 为控制流库所集,有 $P_C \neq \varnothing$,$P_C \subset P$;

(2) T_C 为控制流变迁集,有 $T_C \neq \varnothing$,$T_C \subset T$;

(3) $F_C = (P_C \times T_C) \bigcup (T_C \times P_C)$ 为流关系。

控制流 Petri 网不仅体现了自身对 Petri 网模型的结构约束关系,而且清晰地展示了控制流在网中的运行情况,它通常与前提条件和期望效果有关。例如,只有在顾客选中商品种类和商品数目后,系统才能计算出商品价格,即选中商品种类和商品数目是计算商品价格的前提条件,也可理解为计算商品价格是选中商品种类和商品数目的期望结果。可见控制流 Petri 网是网 PN 的一个子集。

定义 1.13(数据流 Petri 网) 网 $PN_D = (P_D, T_D, F_D, Wr, Re)$ 称作数据流 Petri 网,当其满足以下条件:

(1) P_D 为数据流库所集,有 $P_D \neq \varnothing$,$P_D \subset P$;

(2) T_D 为数据流变迁集,有 $T_D \neq \varnothing$,$T_D \subset T$;

(3) $F_D = (P_D \times T_D) \bigcup (T_D \times P_D)$ 为流关系;

(4) Wr 为输入数据信息的标签函数,即当变迁 t 发生时输入数据;

(5) Re 为输出数据信息的标签函数,即当变迁 t 发生时输出数据。

与控制流 Petri 网不同,数据流 Petri 网描述了业务流程 Petri 网中所包含的数据信息在网运行过程中的传播与变化情况。这里所指的数据信息不仅包括数字信息,还有一些文字信息等。通常,数据库所里包含的信息应该与其输入和输出有关。这些数据会根据系统设计要求随着变迁序列的发生而传递到下一个数据库所中。

例如,图 1.2 中,顾客选定商品 A 后,又输入商品数量 n,则系统根据序列"商品 A"和"商品数量 n"的发生计算出商品价格为 m。此外,实际的数据信息会基于网所处的环境以及网自身的结构而影响系统的正常运行,如上部分提到的,当顾客输入的商品数量大于自动销售机系统的储备时,将导致系统无法继续正常运行。

由此可见,要判定一个业务流程模型是否合理,不仅要考虑控制流信息,还要结合实际的数据信息,综合分析才能做出判定。一旦数据流或控制流某一个或者两个都出现变动,整个业务流程系统也会对应地随之变动。当所建立的模型在数据流和控制流任何一方面不满足合理性亦或不实用,都会导致相应的错误结果,这便有必要分析此类业务流程模型 Petri 网的合理性。

在文献[16]的基础上,我们对业务流程的合理性做如下定义:

定义 1.14(合理性) 若一个业务流程模型 $PN_{bp} = (P, T, F, C)$ 是合理的,则它满足以下条件:

(1) $\forall m_0 \to m_n$,都 $\exists \sigma$,使得 $m_n \to m_e$,其中,$n = 1, 2, 3, \cdots, e-1$;

(2) $m_e = m(p_e)$;

(3) $\forall t$,都 $\exists m_n$,使得 $m_n \xrightarrow{t}$,其中,$m_0 \rightarrow m_n$,$n = 1, 2, 3, \cdots, e-1$。

文献[17]定义了数据流模型的可能合理和必然合理的性质。通常,数据流模型必然合理的性质保证了所有可执行的业务流程都合理。如果一个数据流模型不合理,则相应的可执行的数据流模型就不合理。因此在判定业务流程的合理性时,有可能在不考虑具体的数据信息时是合理的,但是结合具体的数据信息后该业务流程模型不合理,因此在判定业务流程的合理性时不能只考虑控制流,而应该结合具体背景,用抽象的数据信息拓展控制流,得到概念上的数据约束下的业务流程模型,再判定其合理性。

1.3.3 业务流程的控制流与数据流建模与分析

由于 Petri 网的行为轮廓能够对活动变迁之间的约束关系进行分类讨论,基于此,以下给出控制流 Petri 网的行为依赖和数据流依赖的形式化定义。

定义 1.15(控制流 Petri 网的行为依赖关系) 设 $PN_C = (P_C, T_C, F_C)$ 为网 $PN = (P, T, F)$ 的控制流 Petri 网,对于任意的 $a, b \in T$,a, b 之间存在的关系有:

(1) 直接依赖:$a \mapsto b$ 当且仅当 $(a^{\cdot} \cap {}^{\cdot}b \neq \varnothing) \wedge \exists \sigma = t_1, t_2, \cdots, t_n, i \in \{1, 2, \cdots, n-1\}$:$(t_i = a \wedge t_{i+1} = b) \vee \{\exists 可达标识 M \in [PN_C, [i]\rangle 使得 (PN_C, M)[a\rangle(PN_C, M - {}^{\cdot}a + a^{\cdot})[b\rangle\}$。

(2) 间接依赖:$a \infty b$ 当且仅当 $(a^{\cdot} \cap {}^{\cdot}b \neq \varnothing) \wedge \exists c \in a^{\cdot} \cap {}^{\cdot}b \wedge \exists 可达标识 M \in [PN_C, [i]\rangle$,使 $(PN_C, M)[a\rangle \wedge \exists 可达标识 M' \in [PN_C, M - {}^{\cdot} + a^{\cdot}\rangle$,使 $(PN_C, M')[b\rangle \vee \exists \sigma = t_1, t_2, \cdots, t_n, 1 \leqslant i < j < k, k \in \{3, 4, \cdots, n\}$:$(t_i = a \wedge t_j = c \wedge t_k = b)$。

(3) 相互依赖:$a \Leftrightarrow b$ 当且仅当 $\{a \mapsto b \wedge b \mapsto a\} \vee \{a \infty b \wedge b \infty a\}$。

(4) 互不依赖:$a \parallel b$ 当且仅当 $a \mapsto b \wedge b \mapsto a \wedge a \neg \infty b \wedge b \neg \infty a$。

这四种控制依赖关系统记作 $Cde = \{\mapsto, \infty, \Leftrightarrow, \parallel\}$。

根据以上定义可知,活动变迁之间的依赖关系均与其前提条件和效果有关,而且这些依赖关系主要是考虑与控制流库所有某些关联的活动变迁之间的关系且具有传递性。图 1.2 对应的控制流 Petri 网依赖关系如图 1.3 所示。

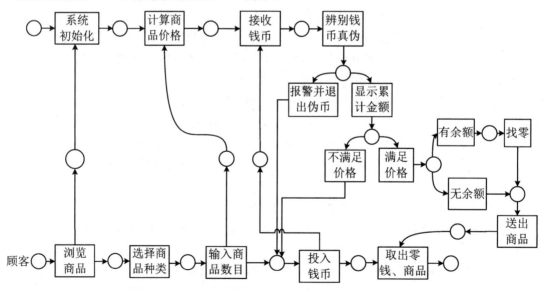

图 1.3 某自动销售机控制流 Petri 网的行为依赖关系

定义 1.16(数据流依赖关系) 设 $PN_D = (P_D, T_D, F_D, Wr, Re)$ 为网 $PN = (P, T, F)$ 的数据流 Petri 网,则 $\forall a, b \in T$, a, b 之间应存在以下关系:

(1) 因果依赖:$a \leftrightarrow b$ 当且仅当 $(a^{\cdot} \cap {}^{\cdot}b \neq \varnothing) \wedge \exists \sigma = t_1, t_2, \cdots, t_m, i, j \in \{1, 2, \cdots, m\}, i < j: (t_i = a \wedge t_j = b) \vee a \notin T_d, \exists M \in [PN_D[i], 使 (PN_D, M)[a\rangle \wedge (PN_C, M - {}^{\cdot}a + a^{\cdot})[b\rangle$。

(2) 选择依赖:$a \triangleleft b$ 当且仅当 $\exists \sigma_1 = t_1, t_2, \cdots, t_m, i, j \in \{1, 2, \cdots, m\}, i < j: (t_i = a \wedge t_j = b \wedge c \notin \sigma) \wedge a \leftrightarrow b \wedge a \leftrightarrow c$。

(3) 互不依赖:$a \parallel b$ 当且仅当 $a \not\leftrightarrow b \wedge b \not\leftrightarrow a \wedge a \not\triangleleft b \wedge b \not\triangleleft a$。

这三种数据流依赖关系统记作 $Dde = \{\leftrightarrow, \triangleleft, \parallel\}$。

数据流依赖关系说明数据信息的产生和传播与活动库所发生的前提条件及其附加要求有关,因而也具有传递性。前面提到的实例的数据流依赖关系如图 1.4 所示。

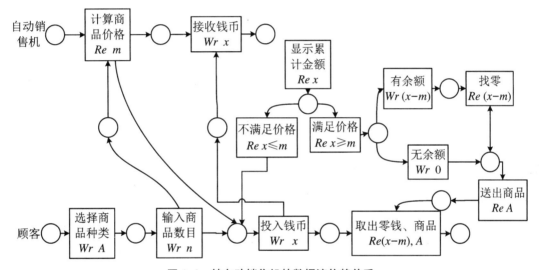

图 1.4 某自动销售机的数据流依赖关系

根据模型的控制流依赖关系和数据流依赖关系综合分析模型的合理性,下面给出具体的检测模型合理性的算法:

算法 1.1 检测模型的合理性

(1) 分别输入由定义 1.12 和定义 1.13 得到的系统的控制流 Petri 网 PN_C 和数据流 Petri 网 PN_D。

(2) 运行控制流 Petri 网 PN_C,若能正常运行,说明该业务流程模型的控制流网是合理的,则转入步骤(3),否则将阻止运行的变迁计入集合 W_0。

(3) 运行数据流 Petri 网 PN_D,若正常运行,说明该业务流程模型的控制流模型和数据流模型都合理,即该业务流程模型是合理的,则退出,否则将阻止运行的变迁计入集合 W_0,并转入步骤(4)。

(4) 加入初始标识 M_0,同时列出所有的经过区域 W_0 内的发生序列:$\sigma_1, \sigma_2, \sigma_3, \cdots, \sigma_s$, $1 \leq i \leq s$,执行步骤(5)。

(5) 取序列 σ_i,对任给的两个节点 $t_i \in W_0 \cap \sigma_i$ 和 $t_j \in W_0 \cap \sigma_j$,且 $t_i \neq t_j, i < j$,若 ${}^{\cdot}t_i \neq \varnothing$ 或 ${}^{\cdot}t_j \neq \varnothing$,则 $T_1 = t_i \cup {}^{\cdot}t_i \cup t_j \cup {}^{\cdot}t_j \cup \cdots$,依次观察在其前集中使能发生的变迁以及

该变迁可能引起发生的库所,直到结束,否则 $T_1 = \sigma_i$;若 $t_i \cdot \neq \varnothing$ 或 $t_j \cdot \neq \varnothing$,则 $T_2 = t_i \cup t_i \cdot \cup t_j \cup t_j \cdot \cup \cdots$,依次观察在其后集中使能发生的变迁以及该变迁可能引起发生的库所,直到结束,否则 $T_2 = \sigma_i$。输出 $W_i = T_1 \cap T_2$。

(6) 回到步骤(5),依次得到每条执行序列段并进行操作。

(7) 输出引起业务流程模型不合理的区域 $W = \cup W_i$。

根据以上算法分析实例,发现该实例模型是不合理的,并且得到变迁"选择商品种类""输入商品数目""计算商品价格"是引起该模型出现不合理性的问题变迁。因为考虑数据约束时,顾客不知自动销售机的商品库存数量,导致顾客输入的商品数目可能大于自动销售机的现有数目,造成系统瘫痪,无法满足顾客需求。为解决此类问题需改进系统,使得顾客在选择商品种类时,系统同时自动显示商品的库存数量,这样顾客就可以在提示下选择商品数目以避免上述问题的发生。

综合 Petri 网的性质和电子商务的实际需求,得到改进后的自动销售流程的 Petri 网模型如图 1.5 所示。

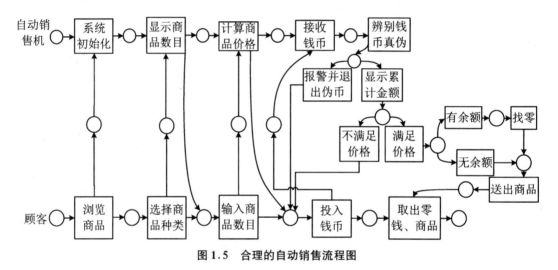

图 1.5 合理的自动销售流程图

参 考 文 献

[1] 芮明杰. 再造流程[M]. 杭州:浙江人民出版社,1997.

[2] PETRI C A. Kommunikation mit automaten[D]. Institut für Instrumentelle Mathematik, Bonn, Germany, 1962.

[3] MENDLING J, WEIDLICH M, WESKE M. Business process modeling notation: second international workshop[C]//BPMN 2010, Potsdam, Germany, October 13-14, 2010. Springer, 2010.

[4] DAVIES I, GREEN P, ROSEMANN M, et al. How do practitioners use conceptual modeling in practice? [J]. Data & Knowledge Engineering, 2006, 58(3): 358-380.

[5] SCHEER A W, THOMAS O, ADAM O. Process modeling using event-driven process chains[J]. Process-aware Information Systems, 2005: 119-145.

[6] HOFSTEDE A. Modern Business Process Automation: YAWL and Its Support Environment[M].

Springer, 2010.

[7] 吴哲辉. Petri 网导论[M]. 北京：机械工业出版社, 2006.

[8] KIVILUOMA K, KOSKINEN J, MIKKONEN T. Run-time monitoring of architecturally significant behaviors using behavioral profiles and aspects[C]//Proceedings of the 2006 International Symposium on Software Testing and Analysis. 2006: 181-190.

[9] 袁崇义. Petri 网原理与应用[M]. 北京：电子工业出版社, 2005.

[10] 施洲琪,丁志军,陈闳中. Petri 网弱公平性和公平性关系的进一步研究[J]. 计算机科学, 2014, 41(7): 49-51.

[11] WEIDLICH M, MENDLING J, WESKE M. Efficient consistency measurement based on behavioral profiles of process models[J]. IEEE Transactions on Software Engineering, 2011, 37(3): 410-429.

[12] AALST W M P, WEIJTERS T, MARUSTER L. Workflow mining: discovering process models from event logs[J]. IEEE Transactions on Knowledge and Data Engineering, 2004, 16(9): 1128-1142.

[13] WEIDLICH M, POLYVYANYY A, DESAI N, et al. Process compliance measurement based on behavioural profiles[C]//International Conference on Advanced Information Systems Engineering. Springer, 2010: 499-514.

[14] 杜玉越,朱鸿儒,王路,等. 一种基于逻辑 Petri 网的过程挖掘方法[J]. 电子学报, 2016, 11(44): 2742-2751.

[15] HUANG M, LIN X, HOU Z. Modeling method of fuzzy fault Petri nets and its application[J]. Zhongnan Daxue Xuebao (Ziran Kexue Ban)/Journal of Central South University (Science and Technology), 2013, 44(1): 208-215.

[16] ANTUNES J, NEVES N F. Using behavioral profiles to detect software flaws in network servers[C]//2011 IEEE 22nd International Symposium on Software Reliability Engineering. IEEE, 2011: 1-10.

[17] SIDOROVA N, STAHL C, TRCKA N. Soundness verification for conceptual workflow netswith data: early detection of errors with the most precision possible[J]. Information Systems, 2011, 36(7): 1026-1043.

第 2 章 业务流程变化及其分类

业务流程管理(business process management, BPM),是一套达成企业各种业务环节整合的全面管理模式,以流程管理作为切入点去改善企业的管理。BPM 是指能够根据业务环境的变化,推进人与人之间、人与系统之间以及系统与系统之间的整合及调整的经营方法与解决方案的 IT 工具。通常以 Internet 方式实现信息传递、数据同步、业务监控和企业业务流程的持续升级优化,从而实现跨应用、跨部门、跨合作伙伴与客户的企业运作。

由于生产力的显著增长以及节约成本的需要,业务流程管理近年来被广泛应用到生产管理、流程优化等领域。它融信息技术和管理科学于一体,旨在提供一种可操作的业务流程建模及管理的方式。无论是在信息科学、计算机技术、互联网技术等现代化科学领域,还是在传统的生产制造和服务行业,业务流程管理已经渗透到现代生产生活的方方面面。业务流程管理不但涵盖了传统"工作流"的流程传递、流程监控的范畴,而且突破了传统"工作流"技术的瓶颈。通过对企业内部及外部的业务流程的整个生命周期进行建模、自动化、管理监控和优化,使企业成本降低,利润得以大幅提升。业务流程管理的推出,是企业管理理念的一次划时代飞跃。

由于内部或外部因素的影响,例如当地的法律法规要求、市场需求的改变等,流程会出现变化,从而使业务流程管理出现问题。业务流程变化是业务流程管理的核心,为了使业务流程管理能够灵活地适应不断变化的业务需求,对业务流程变化的研究是非常有必要的。

2.1 业务流程变化概述

业务流程在不同的内部或外部因素的影响下可能会出现变化,内部因素如由于交互行为多样性,多个流程进行交互时产生不可预期的变化;外部因素如当地的政策发生改变、市场需求发生改变等,这些变化会使 BPM 系统产生一些异常的结果。

业务流程受到上文提及的因素影响发生改变,将会产生流程变体。流程变体可以被定义为系统流程族(模型)中相似但不相同的模型(片段),即这些模型(片段)至少有一个共同的特征,也至少有一个特征相互区分。从流程系统粗粒度的角度分析,流程变体是流程族模型中从基模型衍生出的其他相似流程模型,从系统流程细粒度的角度分析,流程变体是指各流程模型中具有某些共性且又具备各自个性的模型片段。

在现实生活中,流程变体的产生会带来许多危害。例如,在组织合并、收购或重组的背景下,不同组织之间的业务流程往往存在着多种变体结构。对于组织管理者来说,业务流程的诸多变体在组织管理时会耗时耗力,同时也会增加运营成本。在多方交易的电子商务流程背景下,多个流程进行交互时产生的流程变体可能使交易过程出现漏洞,进而造成公司财产的损失。因此,对业务流程变化进行分析和处理,是具有现实意义的。

业务流程的变化域分析研究主要以行为一致性和兼容性研究为主,通过建立系统模型,然后对模型交互行为进行研究,进而对系统的交互行为进行分析。变化域研究对模型的可靠性具有很大影响,因此对变化域的研究也是行为可信研究课题的一部分。模型合并方法和流程配置方法的研究主要是为简化相似模型的分析建模工作,在变化域分析研究中,模型的复杂程度对寻找变化域的难度有很多影响,因此先降低模型的复杂度可以减轻变化域分析的工作量。

在信息化时代,安全可靠对于信息网络和信息系统的发展与应用都有着至关重要的作用。业务流程的变化域研究不但能加快信息化进程的健康、有序和可持续的发展,并且对国家的信息安全有保障作用。

目前,对业务流程的评估和变化域分析都是建立在某种形式化描述方法的基础上的,如Petri网、进程代数等。其中,Petri网是一种适合于描述分布式系统的行为描述方法。它既可以清晰地描述系统的结构,具有有界性、安全性等,为分析系统的流程结构建立了基础,又可以模拟实际系统的执行过程,具有可达性、有界性、安全性等动态性质。本书将以此为基础进行研究。

2.2 业务流程变化分类

根据当前的研究经验及文献[1],业务流程变化可以分为13个主要的种类。具体分类如下:

1. 插入(Insert)流程片段

插入流程片段,即是将流程片段添加到现有的流程中。例如,对于一个特定的病人,由于药物的不相容性,必须增加过敏试验。

我们将额外的流程片段称之为片段X,将片段X插入流程之中有三种不同的分类。

(1) X插入两个直接后续的活动之间。如图2.1所示。

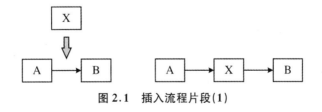

图2.1 插入流程片段(1)

(2) X插入到两个不直接后续的活动之间,且不包括附加条件。如图2.2所示。

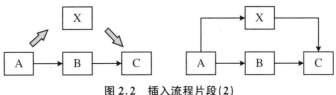

图2.2 插入流程片段(2)

(3) X 插入到两个不直接后续的活动之间,并且包括附加条件。如图 2.3 所示。

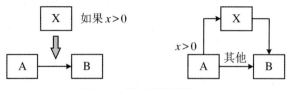

图 2.3 插入流程片段(3)

2. 删除(Delete)流程片段

删除流程片段,即是从现有的流程中删除一个流程片段,用于应对在现实世界中必须跳过或删除任务的情况。如图 2.4 所示。

图 2.4 删除流程片段

3. 移动(Move)流程片段

移动流程片段,即是将流程片段从其在流程中的当前位置移动到另一个位置。如图 2.5 所示。

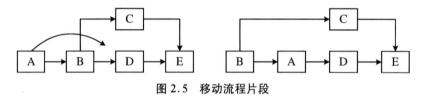

图 2.5 移动流程片段

4. 替代(Replace)流程片段

用一个流程片段替换另一个流程片段。如图 2.6 所示。

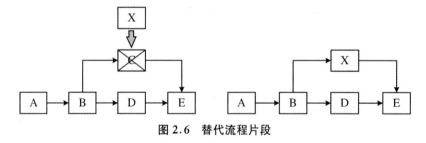

图 2.6 替代流程片段

5. 交换(Swap)流程片段

交换两个现有的流程片段。与替代不同,交换所涉及的流程片段都是流程中现有的。例如,交换前的某流程模型如图 2.7 所示,交换后如图 2.8 所示。

6. 提取(Extract)子流程

从给定的流程模式中提取流程片段,并用相应的子流程替换它。实际的应用场景,例如,为了降低一个流程的复杂性,操作者提取并对特定组件进行重新设计,并将其封装在单独的子流程中。提取前的流程模型如图 2.9 所示,提取后的流程模型如图 2.10 所示。

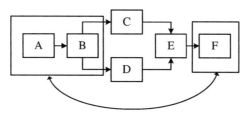

图 2.7 交换前的流程模型

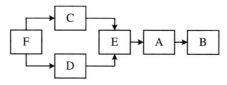

图 2.8 交换后的流程模型

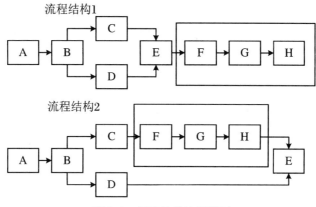

图 2.9 提取前的流程模型

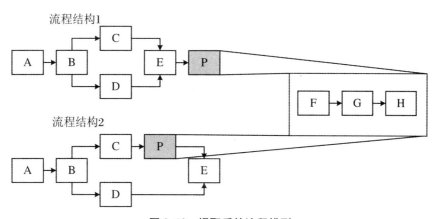

图 2.10 提取后的流程模型

7. 内联(Inline)子流程

一个或多个流程模型所引用的子过程被分解,与此相关的子流程图直接嵌入到原模型中。实际的应用场景,例如,层次结构流程过程的顶层仅给出产品开发过程的粗略概述,对此,总工程师决定将所选子流程的结构提升到顶层。内联前的流程模型如图 2.11 所示,内联后的流程模型如图 2.12 所示。

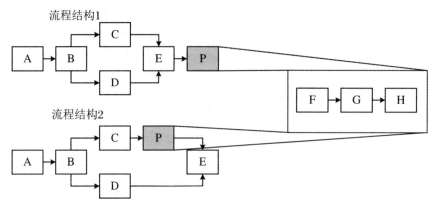

图 2.11　内联前的流程模型

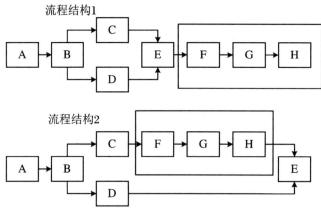

图 2.12　内联后的流程模型

8. 嵌入(Embed)循环流程片段

将循环结构嵌入到现有的流程模型中。在实际应用中,有些流程片段仅会被执行一次,但是在某些特殊情况下,可能需要重复执行某些流程片段。例如,对特定患者的治疗过程,不能仅按照标准治疗方式只进行一次检查,而要每天都进行检查以排除隐患。嵌入前的流程模型如图 2.13 所示,嵌入后的流程模型如图 2.14 所示。

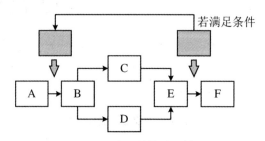

图 2.13　嵌入前的流程模型

9. 并行化(Parallelize)流程片段

将顺序执行的流程片段并行化。在建模过程中,可能会发现对一组流程片段的顺序约束过于严格,因此要进行并行化。例如,对于某些产品生产流程,资源的数量是在动态增加的,因此,最开始按顺序排列的活动可以并行处理。并行化前的流程模型如图2.15所示,并行化后的流程模型如图2.16所示。

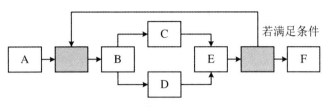

图 2.14　嵌入后的流程模型

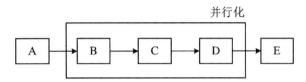

图 2.15　并行化前的流程模型

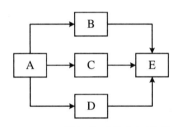

图 2.16　并行化后的流程模型

10．嵌入(Embed)条件分支流程片段

只有在满足某些条件时,才执行现有的流程片段。例如,医院接收病人时,只有病人出现发热的症状才会进行新冠病毒检查,否则将进行常规检查。嵌入前的流程模型如图2.17所示,嵌入后的流程模型如图2.18所示。

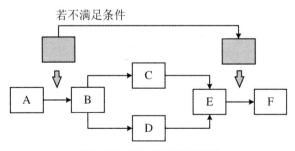

图 2.17　嵌入前的流程模型

11．添加(Add)控制依赖

额外的控制依赖被添加到流程之中。例如,用于同步两个并行活动的执行顺序。如图2.19所示。

12．移除(Remove)控制依赖

从流程中移除控制依赖。如图2.20所示。

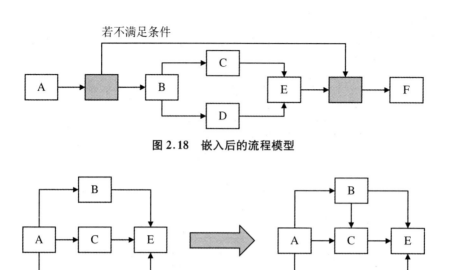

图 2.18 嵌入后的流程模型

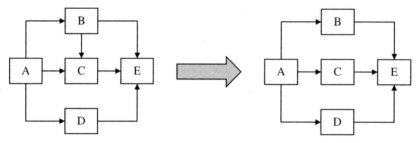

图 2.19 添加控制依赖

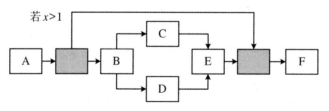

图 2.20 移除控制依赖

13. 更新(Update)条件

更新流程中的条件。用于旧条件不再使用的场景。如图 2.21 和图 2.22 所示。

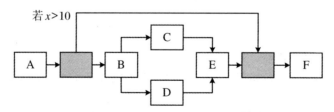

图 2.21 更新条件前的流程模型

图 2.22 更新条件后的流程模型

2.3 业务流程变化相关研究

业务流程模型中的变化部分或导致出现异常的部分会直接影响业务流程的执行结果。为了提高业务流程模型的可执行性,找出模型的变化域并对其进行控制是至关重要的。因此,业务流程变化一直是热点研究课题。

文献[2]提出采用模块替换的方法实现动态结构重置,从而对变化域进行控制与修复。但这些方法都是基于某种特定语言上的,缺乏主流软件的支持,局限了它们的应用和调度范畴。随着研究的不断深入,文献[3]基于服务设施,提出了动态模块替换方法。文献[4]从语义学角度提出了多种检测模型变化的方法,但是这些方法存在缺陷。文献[5]基于变化的特征对变化进行追踪,从多个方面检测模型的变化,避免了单一性和不准确性。通过不同方法检测出模型的变化,依据 Petri 网语言可以确定模型中变化的部分之间的关系。由于变化具有传播性,因此模型中小范围的变化可能会受外界因素或自身原因对与之交互的模型或匹配的模型产生影响,从而累积成变化域。为了估算模型中变化的影响,文献[6]使用了变化分类系统来计算变化的范围。文献[7,8]在行为轮廓的基础上研究了模型间变化是怎样传播的以及如何确定变化的最小范围。文献[9]构建了一种 UML 模型,可以对模型中的变化传播进行分析。在此基础上,对于 UML 模型建立给出了一致性规则,然后在模型建立的过程中将违反其规则的部分确定为变化部分,并依据规则对其进行修复。变化域的处理方法一般都比较抽象,从静态方面文献[10]避免了上述的抽象性,依据数据变化的任意性给出了模型变化域修复的算法。在对变化域进行模块替换时,模型的适配性也非常重要,文献[11]提出了适配新技术,可以根据其目的选择最优的服务交互。文献[12]通过服务行为的适配协议,有效避免了不兼容的情况,确保了适配行为的正确性。通过模块的替换以及适配协议的限制,模型变化域的修复可以简单化。文献[13]基于 Petri 网的行为轮廓,通过分析源模型中匹配变迁的行为关系分析目标模型的变化域,由此引发了通过行为轮廓分析变迁之间的关系,从变迁的行为变化上确定变化域的方法。在此基础上,文献[14,15]基于 Petri 网方法及行为轮廓思想,提出从动态行为角度分析流程模型中变化前后的行为关系,从而寻找变化域。文献[7]基于复杂对应关系,利用行为在一个业务流程模型中的变化,分析它在另一个模型中的变化域。然而,随着社会的发展,这些方法因只局限于开放网,其适用性日益下降。为解决这一问题,文献[16]提出在适当的库所上引入并发和消除的方法。文献[17]提出了基于 Petri 网动力学表达式寻找业务流程模型的最小变化域的分析方法,并通过微分 Petri 网的模块适配的方法对业务流程模型的变化域进行优化控制。文献[18]基于执行跟踪分析提出了一种以设计为基础检测模型的变化传播的方法,该方法可以有效地检查复杂的大型业务流程模型的一致性标准和变化传播的过程。虽然目前考虑分层覆盖、跨进程和跨服务的变化域分析已经受到了相当大的关注,但大多数的对变化传播的分析与解决方案还是自上而下和半自动化的,自下而上的分析一直是最被忽视的研究领域[19]。

对于数据流变化问题,文献[20]中将更多的数据错误定义为数据流的反模式。但是,相对一般的数据流错误,数据的无意变化显得更加危险。文献[21]针对复杂流程模型中的并发结构,在区分同步异常的级别后,使用动态数据流分析技术检测程序中的异常,如数据丢失和数据过剩。文献[22]提出采用探索性的数据及分析技术,通过过程挖掘和变更管理分析技术,对进程设计中的变化传播进行分析与预测。

业务流程变化研究可以分为变化分析、变化传播、变化挖掘等若干个方面,本书将在之后的章节中对这些内容进行详细的研究与讨论。

参 考 文 献

[1] WEBER B, RINDERLE S, REICHERT M. Change patterns and change support features in process-aware information systems[C]// International Conference on Advanced Information Systems Engineering. Springer-Verlag, 2007:574-588.

[2] TOBY B, MARK D. Reconfiguration and module replacement in argus: theory and practice[J]. Software Engineering Journal, 1993,8(2): 102-108.

[3] SRIDHAR N, PIKE S M, WEIDE B W. Dynamic module replacement in distributed protocols [C]//23rd International Conference on Distributed Computing Systems, 2003. IEEE, 2003: 620-627.

[4] DIJKMAN R. Diagnosing differences between business process models[C]//International Conference on Business Process Management. Springer, 2008: 261-277.

[5] WEBER B, REICHERT M, RINDERLE-MA S. Change patterns and change support features - enhancing flexibility in process-aware information systems[J]. Data & Knowledge Engineering, 2008,66(3): 438-466.

[6] GUPTA C, SINGH Y, CHAUHAN D S. A dynamic approach to estimate change impact using type of change propagation[J]. Journal of Information Processing Systems, 2010, 6(4): 597-608.

[7] WEIDLICH M, MENDLING J, WESKE M. Propagating changes between aligned process models [J]. The Journal of Systems and Software, 2012,85(8): 1885-1898.

[8] WEIDMANN M, ALVI M, KOETTER F, et al. Business process change management based on process model synchronization of multiple abstraction levels[C]//2011 IEEE International Conference on Service-Oriented Computing and Applications (SOCA). IEEE, 2011: 1-4.

[9] DAM H-K, WINIKOFF M, et al. Supporting change propagation in UML models: IEEE International Conference on Software Maintenance (ICSM 2010)[C]. Timisoara, Romania, 2010:1-10.

[10] DAM H-K, WINIKOFF M. An agent-oriented approach to change propagation in software maintenance[J]. Autonomous Agents and Multi-agent Systems, 2011,23(3): 384-452.

[11] ZHOU Z, YANG L T, BHIRI S, et al. Verifying mediated service interactions considering expected behaviours[J]. Journal of Network and Computer Applications, 2011,34(4): 1043-1053.

[12] MARTÍN J A, PIMENTEL E. Contracts for security adaptation[J]. The Journal of Logic and Algebraic Programming, 2011,80(3-5): 154-179.

[13] WEIDLICH M, WESKE M, MENDLING J. Change propagation in process models using behavioural profiles[C]//IEEE International Conference on Services Computing (SCC 2009), Bangalore, India. IEEE, 2009:33-40.

[14] WEIDMANN M, ALVI M, KOETTER F, et al. Business process change management based on process model synchronization of multiple abstraction levels[C]//IEEE International Conference on Service-oriented Computing & Applications. IEEE, 2011:1-4.

[15] 郝文君,方贤文. 基于 Petri 网的流程模型中最小变化域的分析方法[J]. 计算机科学,2012,39(z3):76-78,98.

[16] MOOIJ A-J. System integration by developing adapters using a database abstraction[J]. Information and Software Technology,2013,55(2):357-364.

[17] 陶小燕. 基于 Petri 网的业务流程模型变化域分析与优化[D]. 淮南:安徽理工大学,2014.

[18] GROSSMANN G, MAFAZI S, MAYER W, et al. Change propagation and conflict resolution for the co-evolution of business processes[J]. International Journal of Cooperative Information Systems,2015,24(01):1540002.

[19] ALAM K A, AHMAD R, AKHUNZADA A, et al. Impact analysis and change propagation in service-oriented enterprises: a systematic review[J]. Information Systems (Oxford),2015,54:43-73.

[20] TRČKA N, AALST W M P, SIDOROVA N. Data-flow anti-patterns: discovering data-flow errors in workflows[C]//International Conference on Advanced Information Systems Engineering. Springer,2009:425-439.

[21] HUBBALLI N, BISWAS S, NANDI S. Towards reducing false alarms in network intrusion detection systems with data summarization technique: false alarm minimization using data summarization [J]. Security and Communication Networks,2013,6(3):275-285.

[22] FDHILA W, RINDERLE-MA S, INDIONO C. Change propagation analysis and prediction in process choreographies[J]. International Journal of Cooperative Information Systems,2015,24(3).

第 3 章　业务流程模型行为一致性分析

随着企业业务流程变得越来越复杂,可靠的业务流程对企业来说也愈加重要。为了满足更复杂的需求,人们将业务流程进行组合操作,虽然单个流程是正确的,但是在组合过程中受到外部因素或内部因素的影响,使得目标模型不可信。为了实现业务流程可信管理,可信研究一般分为业务流程模型一致性分析、非一致性研究即变化域分析以及一致性的控制和管理。其中业务流程模型的一致性分析是可信管理的核心内容。一致性有着两个方面的含义,一是判断多个相关模型间的一致性程度,分析它们之间存在哪些差异,为之后的变化域和变化传播方面的研究打下基础;二是单个模型与其自身的控制流网和数据流网之间的一致性,分析控制流和数据流对业务流程模型的影响程度,作为判断业务流程模型好坏的标准。业务流程模型的一致性对于保证系统的可信性有着重要的意义,也是现在许多业务流程模型管理研究的焦点。

3.1　业务流程模型行为一致性概述

企业业务流程运转过程中会产生大量的日志信息,若能充分利用这些信息来进一步改进已有的业务流程,不仅可以提高企业的效率,为企业带来巨大收益,同时可以及时地满足现实需求。流程挖掘是处于数据挖掘与业务流程管理之间的领域,其主要思想是从事件日志中发现、检测问题进而改进原业务流程。业务流程的挖掘过程中有一个重要的部分是模型的选择优化过程,在这个过程中既需要验证日志序列与挖掘模型的一致性,还要检测得到的模型是否保持一致。一般情况下,模型间的一致性检验采用行为一致性判定方法。

3.1.1　日志与模型间的一致性

日志与模型的一致性分析的判定方法主要是根据日志序列在模型中的重放来计算合理性和适当性,其中,合理性是最重要的,这种一致性评价方法[1]在文献[2]中有详细介绍。文献[3]中提出了基于 token 重放的一致性检测技术,提出拟合度指标(fitness)来描述事件迹与流程模型执行路径的相关程度,以及一种适配度指标(appropriateness)来评估流程模型是否足够准确地描述了观察到的行为。该技术利用缺失、剩余 token 数来诊断偏差位置,即在重放过程中通过添加 token 方法使流程继续运行,但是这可能让后面本不应执行的活动使能,从而产生误导信息。

为了克服这个问题,人们陆续提出了几种解决方法。Weidlich 等人[4,5]提出了一种基于行为轮廓的一致性检测系统,该系统可以直接且有效地导出流程模型的一致性结果,但由于流程模型的行为轮廓相比于模型,其行为更多,这会导致诊断结果出现偏颇。Swinnen 等人[6]使用模糊挖掘技术(流程挖掘与数据挖掘技术的结合)从日志中挖掘出模型,并将此模型与给定模型进行比较,从而发现偏差并计算偏离程度。Agrawal[7]及 Jans 等人[8]采用相似的关联规则挖掘方法对高频行为偏差进行洞察,但都是通过人工比较发现模型与原模型,而不是在原模型中重放日志。

不久,对齐在文献[9]中被初步提出,并迅速发展成为一致性检测的实施标准。随后该思想在文献[10~12]中得到进一步使用,将事件迹与模型执行路径之间尽可能地匹配,通过匹配结果来判断观测事件是否偏离模型行为,并根据偏差类型从不同的维度出发定义不同的度量指标。

一致性检测技术不仅仅存在重放方式的差别,也存在着度量维度的区别。通常的一致性从以下几个维度进行度量:(1) 拟合度(fitness);(2) 精确度(precision);(3) 泛化度(generalization);(4) 简洁度(simplicity)[13~16]。

(1) 拟合度:测量模型重放迹的程度,即日志是否能在模型中出现。当拟合度为 1 时,代表迹中的每一个观测行为都能在模型中重现,但是允许模型中存在日志行为以外的其他行为。

(2) 精确度:模型精确表达日志行为的程度,对允许事件日志中行为以外行为的模型做出惩罚。当精确值为 1 时,代表模型中只包含日志行为,而无其他行为,一旦日志中出现其他的行为关系,模型都无法拟合,所以并不是精确度越高越好,而需要选择合适的阈值。

(3) 泛化度:评估流程模型能够重现未来行为的程度。通常,流程模型不应该只关心日志中观察到的行为,不然可能生成一个仅包含当前日志行为关系的模型,泛化度能够解决这个问题。一个不够泛化的模型或许能够很好地解释当前日志,但是对于另一个日志,便不一定能很好地解释,即模型可能无法符合出现其他行为关系的日志。

(4) 简洁度:衡量模型的复杂程度,即对不必要的行为结构做出惩罚,无理由时不应增加流程模型的复杂度。

3.1.2 行为一致性与交互一致性

文献[17]在非单片流程实例中核查一个给定模型如何符合实际模型,并将一致性问题分解成两部分:(1) 行为一致性问题;(2) 交互一致性问题。

行为一致性对于内部流程的建模(如流程-流程(B2B))和一个单一组织的范围来说是一个核心的概念。这个一致性是建立在内部交互的不同阶段基础上的。对于模型的行为一致性,"Business-IT-Gap"是众所周知的典型[18,19]。文献[20]提到业务到业务的交互服务中,一致性检验能够保证一个应用服务与其他服务相兼容,这样既可以避免死锁,又能保证正确地终止合作,在这样的前提下,提出了一致性和兼容性的统一框架,对于给定的兼容性提供了最优的一致性评价标准。文献[21]提出了一种分析 DEMO 中定义的业务交易流程模型的一致性和完整性的方法,业务交易是为了达到业务结果而指定的用来描述参与者如何合作的基于模式的行为,根据这种业务交易该方法有可能评估流程模型的一致性。

以上研究对于模型的一致性评价得到的结果只是"一致"或"不一致",并不涉及一致性度的问题,自从 Weidlich 等提出行为轮廓的概念之后,一致性才得到度量,以数字的形式表示出来,能够准确地测量两个模型间的相似程度。文献[22]介绍了行为轮廓的概念,它能获得一个流程模型中必要的限制条件,并阐述了在定义两模型间的一致性时其条件要弱于迹等价。文献[23]同样先是介绍了行为轮廓的概念,然后就行为轮廓和迹等价在流程模型的行为一致性计算上做了比较,进一步得出行为轮廓在探讨行为一致性上具有优越性的结论。文献[24]提出了基于因果行为轮廓的一致性概念,比起迹等价这种一致性比较弱,但是能够更有效地进行计算,文中也提出了因果行为轮廓的计算方法。文献[25]通过一个工作流模型阐述了因果行为轮廓计算及对模型一致性进行判定的过程。

交互行为的一致性已经得到广泛的研究。文献[26]研究了协议兼容性、等价和替换的概念,并描述了两个服务是否是基于它们的协议定义交互的,但只是从协议概念层面对等价、兼容性概念进行了描述。文献[27]加强了流程间交互关系的概念,这个交互关系提出了兼容性,并说明了是否一个流程可以被认为是另一个流程的特殊情况或是另一个模型的扩展。文献[28]提出了一个体系结构,较标准、较开放地测试和评估了服务交互方法。文献[29]提出了一种对流程模型的服从偏差进行测量的方法,以一种测量行为准确性(behavior precision)和行为覆盖性(behavior recall)的方法来测量一致性,但没有明确提出一致性度的问题。文献[30]提出用迹等价或互模拟来分析模型间的行为一致性,这就存在一些问题,迹等价或互模拟只能产生布尔值1或0,其能够有效地表现一致性,却不能说明不一致的程度。文献[31]用因果足迹(causal footprints)作为一个行为抽象来定义两个流程模型间的相似度。文献[32]提出一个比迹等价更弱的行为约束条件——行为轮廓,并在此基础上提出了服从度测量方法,将模型间的行为一致性转化为数(0~1之间),可直观看出模型的相似程度,从而判断模型的匹配情况。

3.1.3 一致性评价方法

在这一节中,主要讲述模型与模型之间的一致性评价方法和日志与模型间的一致性评价方法,这两种方法是业务流程挖掘过程中常用的两种类型,既保证了模型与模型间保持一致,又能使得挖掘模型满足日志序列,提高挖掘模型的准确度。

1. 日志与模型间的一致性评价方法

两个流程模型的一致性分析偏重的是"理论",而日志与模型间的一致性分析较前者而言更加注重于"实践",它是利用日志一致性相对通过"实践"来检验一个模型是否为优化的模型。两模型间的一致性分析研究的是两个模型整体的一致性,而日志与模型间的一致性分析研究的是日志序列和模型的行为是否一致,或者说,日志序列是否能够在模型中模拟重放。因为程序生成的日志数量是庞大的,所以将它们分成两部分,一部分用于初始模型的建立,另一部分作为增量日志用于初始模型的优化过程。根据增量日志的行为关系来调整初始模型,具体来说,就是根据增量日志中的行为轮廓关系与模型中对应的活动的行为轮廓关系是否一致来做出下一步选择,若是,则验证下一条增量日志,否则在模型的相应位置做标记,根据日志与模型间的一致性指标做出最好的选择。

首先,通过日志在模型中的重放(replay)来评价模型的合理性(合理性是验证过程行为是否满足过程模型定义的控制流,即执行日志是否能在模型中运行)。下面给出行为合理性[2]的判断标准——*fitness*:

$$fitness = \frac{1}{2}\left(1 - \frac{\sum_{i=1}^{k} n_i m_i}{\sum_{i=1}^{k} n_i c_i}\right) + \frac{1}{2}\left(1 - \frac{\sum_{i=1}^{k} n_i r_i}{\sum_{i=1}^{k} n_i p_i}\right)$$

其中,k 为给定日志中的不同轨迹数,n_i 为第 i 类轨迹中所含的实例数,m_i 为第 i 类轨迹中缺少的托肯数,r_i 为第 i 类轨迹中遗留的托肯数,c_i 为第 i 类轨迹中消耗的托肯数,p_i 为第 i 类轨迹中产生的托肯数。

其次,在合理性接近 1 的情况下,再来考虑行为适当性 a_B 和结构适当性 a_S。行为适当性是所观察到的行为在该模型中的精确程度,结构适当性是在满足要求的情况下尽可能使得结构简单。两者相比较,显然行为适当性要比结构适当性重要得多。下面给出这两个评价标准:

$$a_S = \frac{|T| + 2}{|T| + |P|}$$

其中,T 为变迁集,P 为库所集,2 指的是初始库所与结束库所的个数。

$$a_B = 1 - \frac{\sum_{i=1}^{k} n_i(x_i - 1)}{(m-1)\sum_{i=1}^{k} n_i}$$

其中,k 为给定日志中的不同轨迹数,n_i 表示日志轨迹 i 中包含的过程实例数,x_i 表示在轨迹 i 中日志重放时就绪变迁的平均个数,m 表示模型中可见任务的个数(不包含不可见任务,假设 $m>1$)。

综合前面三种评价标准,可以知道在评价模型时,进行比较分析的顺序应该是 $fitness \rightarrow a_B \rightarrow a_S$。

2. 模型与模型间的一致性评价方法

在业务流程管理系统中,不同的利益相关者之间都要保持流程模型一致性,因此,分析与评价两个匹配的业务流程模型的一致性就成为一个不容忽视的问题。利用行为轮廓来分析一致性,即行为轮廓一致性[33]。它是在对应变迁的行为关系的基础上进行研究的,基于迹等价一致性的对应为单射的限制,这里的对应可以是 $1:n$,甚至是 $n:m$。另外,行为轮廓一致性是在对应活动的行为关系的基础上做出的研究,这种对应不包含重叠对应[2]。

定义 3.1(行为轮廓一致性变迁对)[34] 设 $S_1 = (P_1, T_1; F_1, M_1)$ 和 $S_2 = (P_2, T_2; F_2, M_2)$ 是两个 Petri 网系统,$B_1 = \{\rightarrow_1, +_1, \|_1\}$ 和 $B_2 = \{\rightarrow_2, +_2, \|_2\}$ 分别是它们的行为轮廓,$\sim \subseteq T_1 \times T_2$ 是对应关系。令 $R_1 \in B_1 \cup \{\rightarrow_1^{-1}\}$,$R_2 \in B_2 \cup \{\rightarrow_2^{-1}\}$,则网系统 S_1 的行为轮廓一致性变迁对的集合 $C\widetilde{T}_1 \subseteq \widetilde{T}_1 \times \widetilde{T}_1$ 包含所有的变迁对 (t_x, t_y),使得:

如果 $t_x = t_y$,$\forall t_s \in \widetilde{T}_2$,$t_x \sim t_s$,都有 $(t_x R_1 t_x \wedge t_s R_2 t_s) \Rightarrow R_1 = R_2$;

如果 $t_x \neq t_y$,$\forall t_s, t_t \in \widetilde{T}_2$,$t_s \neq t_t$,$t_x \sim t_s$,$t_y \sim t_t$,有或者 $(t_x R_1 t_y \wedge t_s R_2 t_t) \Rightarrow R_1 = R_2$ 成立,或者 $t_x \sim t_t$,$t_y \sim t_s$ 成立。

另外,S_2 的 $C\widetilde{T}_2$ 也是类似定义的。

定义 3.2(行为轮廓一致性度) 设 $S_1 = (P_1, T_1; F_1, M_1)$ 和 $S_2 = (P_2, T_2; F_2, M_2)$ 是两个 Petri 网系统,它们关于 $\sim$ 匹配,$C\widetilde{T}_1 \subseteq \widetilde{T}_1 \times \widetilde{T}_1$,$C\widetilde{T}_2 \subseteq \widetilde{T}_2 \times \widetilde{T}_2$ 是它们一致的变迁对

集,则~的基于变迁集的行为轮廓的一致性度定义为

$$MBP(S_1,S_2) = \frac{\sum_{(t_x,t_y)\in C\widetilde{T}_1 \cup C\widetilde{T}_2}|(t_x,t_y)|}{\sum_{(t_x,t_y)\in(\widetilde{T}_1,\widetilde{T}_1)\cup(\widetilde{T}_2,\widetilde{T}_2)}|(t_x,t_y)|}$$

业务流程管理的核心任务是对现实中大量相关模型的相关程度,即它们的相互影响程度进行分析,从而得知它们对彼此行为的影响。已有的分析一致性的方法大部分都是通过迹等价或行为轮廓分别比较输入模型与合并模型之间的一致性度,而当输入模型为多个带有行为语义的模型时,此方法具有明显的局限性。针对这种模型,本章3.2节提出了基于行为轮廓和行为语义的合并模型一致性度量方法。

现有的研究主要单一地考虑流程模型的结构一致性,或者考虑单个数据的分析。但是,有可能对于同一模型,不考虑数据的时候是一致的,反而考虑数据的时候是不一致的。因此,研究方法不能局限于控制流结构的一致性,而应当结合数据流的影响度分析业务流程模型的一致性。本章3.3节提出了基于行为距离的行为兼容度的计算方法,可精确地反映控制流与数据流对业务流程模型的影响程度。

当前许多系统的业务流程都包含数据流与控制流两方面,因此要精确地判定其行为是否存在偏差往往不是轻而易举的。如何快速且精确地检测行为是否存在偏差以及准确定位出偏差区域是业务流程管理中的关键问题。对于行为偏差度量领域,现存的大多数技术仅侧重于控制流角度,鲜少考虑到数据变化带来的影响,从而降低了结果的精确性。本章3.4节基于相似最优对齐的概念检测数据约束下的行为偏差,该方法不仅考虑了控制流,同时也从数据角度弥补了现存方法存在的缺陷。

行为等价和兼容性分析都要求行为的对应关系是已经被确定了的,那么对于一个业务流程的一致性分析的前提也必然是建立活动间的对应关系基础上的[35]。由于所研究的流程模型用于不同的建模目的或用于捕获业务流程的不同变体,这其中很可能就存在着复杂对应的情况。而相对于简单的1∶1的对应而言,复杂的对应关系着彼此的活动对,它们来源于不同的抽象水平。复杂对应的存在妨碍了被定义于线性时间——分支的时间范围内的行为等价的直接应用[36],因为这个行为等价的概念仅仅是建立在1∶1的简单对应基础上的,因此如何有效地解决复杂对应关系便显得至关重要。本章3.5节提出了复杂对应的处理方法和基于复杂对应的行为约束的服从测量方法。

3.2 基于行为轮廓和行为语义的合并模型一致性分析

对于通过考虑模型间的行为轮廓来分析一致性的方法,其主要考虑了流程模型之间的顺序关系,而当流程模型本身带有特殊语义时,这些方法具有明显的局限性;对于通过考虑模型间的语义约束来分析一致性的方法,其主要从静态分析的角度,考虑流程模型中的语义约束,依赖于模型之间的匹配关系,而忽略了模型中的顺序关系,从而这些方法也存在明显的片面性。为了改善现有方法的缺陷,本节提出同时考虑流程模型中的行为关系和语义约

束来分析输入模型与合并模型之间一致性的问题。首先,基于推广的行为轮廓,比较模型间的顺序约束;然后,通过测量模型间的语义相似度,比较输入模型与合并模型间的语义约束;最后,基于 Petri 网自身的结构特点,测量出模型间的一致性度。

3.2.1 引例

图 3.1 和图 3.2 是三个事件驱动的流程链图,G_1 和 G_2 是两个具有匹配节点的单个模型,CG 是 G_1、G_2 的合并模型。通过可达性分析可知这三个模型均是可达的、可终止的、无死锁的。表 3.1 和表 3.2 分别给出了 G_1 与 G_2 之间的一个匹配关系 H,及与 H 对应的输入模型 G_1、G_2 与合并模型 CG 之间的一个匹配关系 H_0。

表 3.1 输入模型 G_1 与 G_2 之间的一个匹配关系 H

G_1	a'	b'	c'	d'	l'	e'	f'
G_2	a''	b''	c''	d''	l''	e''	f''

表 3.2 与 H 对应的输入模型 G_1、G_2 与合并模型 CG 之间的一个匹配关系 H_0

G_1G_2	$A_1=(a',a'')$	$B_1=(b',b'')$	$C_1=(c',c'')$	$D_1=(d',d'')$	$L_1=(l',l'')$	$E_1=(e',e'')$	$F_1=(f',f'')$
CG	A_2	B_2	C_2	D_2	L_2	E_2	F_2

在网络平台运行时,G_1 与 G_2 作为独立个体进行合作完成一个任务和将它们合并作为一个整体模型 CG 完成同样的任务,这两个看似等同的方式,运行结果却往往会出现偏差,这就需要我们分析输入模型与合并模型之间的一致性。已有的文献给出了对流程模型一致性和兼容性的分析方法,分别判断输入模型与合并模型之间的序关系。如果按照以往仅仅考虑序关系,我们可得图 3.1 中 G_1 和 G_2 与图 3.2 中合并模型 CG 之间的一致性度为 0.779。而实际中,在元素多元化和信息多元化的现代,为了满足业务需要,建模者在设计模型时往往会带有多个输入模型,并且为了表述这些模型的设计目的,在模型的活动节点中都会加入相应的行为语义。对于这样具有多个带有行为语义的输入模型而言,现有的分析合并模型的方法具有明显的局限性和片面性。为了改善现有方法的片面性,寻找一种新的分析合并模型一致性的方法就显得尤为重要。为此,这一部分提出了基于行为轮廓和行为语义分析合并模型的一致性方法。

3.2.2 基本概念

定义 3.3(带标签的选择 Petri 网) 一个带标签的选择 Petri 网是一个七元组 $CP = (P, T; F, P_C, L, \tau, M)$,满足以下几个条件:
(1) P 是有限非空库所集合,T 是有限非空活动变迁集合,且 $P \cap T = \varnothing$;
(2) $F \subseteq (P \times T) \cup (T \times P)$ 为 CP 的流关系;
(3) $P_C \subseteq P$ 为 P 中带选择功能的库所集合;
(4) $L: T \to L(T)$ 给 T 中每个变迁匹配一个标签;
(5) $\tau: P_C \to \{\text{AND}, \text{XOR}, \text{OR}\}$ 给 P_C 中每个库所匹配一个选择功能;
(6) $M: P \to \{0, 1, 2, \cdots\}$ 为 CP 的一个标识。

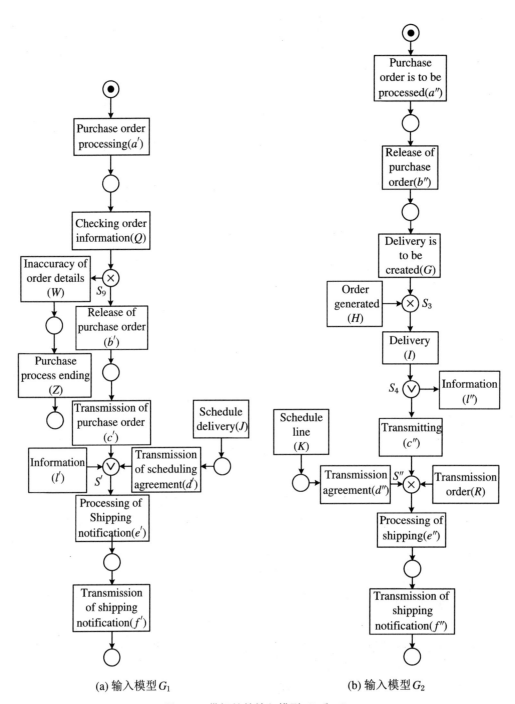

(a) 输入模型 G_1 (b) 输入模型 G_2

图 3.1 带标签的输入模型 G_1 和 G_2

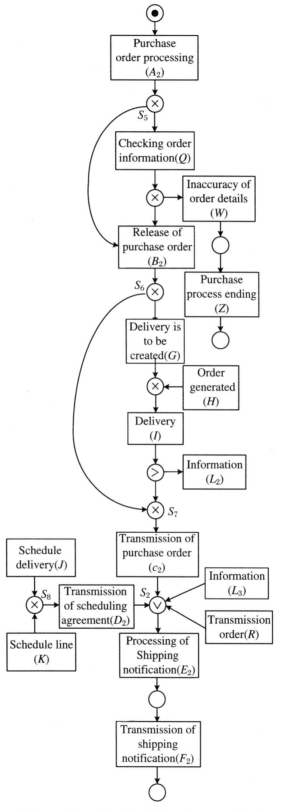

图 3.2 CG 由两个输入模型 G_1 和 G_2 合并而成

在上面的定义中,AND 和 XOR 又分别分为 AND-join、AND-split 和 XOR-join、XOR-split。其中 AND-join 代表与此库所相连的多个输入的平行分支必须要全部发生,AND-split 代表与此库所相连的多个输出的平行分支必须要全部发生,XOR-join 意味着选取一个输入路线发生,XOR-split 意味着选取一个输出路线发生,而 OR 意味着选取多个路线发生或等待。

定义 3.4(合并模型) $CP_1 = (P_1, T_1; F_1, P_{C_1}, L_1, \tau_1, M_1)$ 和 $CP_2 = (P_2, T_2; F_2, P_{C_2}, L_2, \tau_2, M_2)$ 分别为两个带标签的选择网,$MP = (P, T; F, P_C, L, \tau, M)$ 称为 CP_1 与 CP_2 的合并选择 Petri 网,需满足以下四个条件:

(1) $P = (P_1 \cup P_2 \cup P_*) \setminus (P_2 \cap SN)$;
$P_C = (P_{C_1} \cup P_{C_2} \cup P_*) \setminus (P_{C_2} \cap SN)$;
$T = (T_1 \cup T_2) \setminus (T_2 \cap SN)$,

其中 SN 为流程模型中的交换节点,P_* 为合并模型 MP 中新增加的选择库所,其具体含义参照文献[37]中的可配置节点。

(2) $F = (F_1 \cup F_2) \cup (P_* \times P_C) \cup (P_C \times P_*)$。

(3) 若 $n = H_0(n_1, n_2)$,其中 $n_1 \in CP_1, n_2 \in CP_2$,则 $L(n) = L_1(n_1)$;若 $n = m \in (P_1 \cup P_2) \setminus SN$,则 $L(n) = L(m)$。

(4) 若 $s = s' \in (P_{C_1} \cup P_{C_2}) \setminus SN$,则 $\tau(s) = \tau(s')$;若 $s = H_0(s', s'')$,其中 $s' \in P_{C_1}, s'' \in P_{C_2}$,且有一个为 AND 类型,则 $\tau(s) = OR$。

本节在基于 Petri 网分析合并模型的一致性度时大量运用到行为轮廓,行为轮廓是建立在弱序的基础上定义的,其主要描述模型中活动变迁之间的行为约束。若在模型中存在一个执行序列,使得一个变迁发生在另一个变迁之后,那么就说这两个变迁是处于弱序关系的。

定义 3.5(弱序) 在一个带标签的选择 Petri 网 $CP = (P, T; F, P_C, L, \tau, M)$ 中,$(x, y) \in T \times T$,若存在一个发生序列 $\sigma = t_1, t_2, \cdots, t_n$,使得当 $i \in \{1, 2, \cdots, n-1\}, i < j \leqslant n$ 时满足 $t_i = x$ 且 $t_j = y$,则称 x, y 是弱序关系,记作 $x \succ y$。

3.2.3 基于匹配节点之间的行为轮廓与语义约束分析合并模型的一致性

当输入模型为多个带有行为语义的 Petri 网模型时,如何较为全面地考察输入模型与由其合并成的流程模型之间的一致性问题,是本节的重点。本节提出基于行为关系与行为约束两个方面分析一致性的方法。首先考虑输入模型与合并模型之间的顺序约束。

1. 考虑输入模型与合并模型之间的行为关系

首先基于 Petri 网将输入模型作为一个整体与合并模型进行行为约束的比较。行为轮廓是判断行为约束最有力的方法,基于之前定义的行为轮廓,下面定义两个选择 Petri 之间扩充的行为轮廓。

定义 3.6(扩充的行为轮廓) $CP_1 = (P_1, T_1; F_1, P_{C_1}, L_1, \tau_1, M_1)$ 和 $CP_2 = (P_2, T_2; F_2, P_{C_2}, L_2, \tau_2, M_2)$ 分别为两个带标签的选择网,H 为 CP_1 与 CP_2 的一个匹配关系,$(a_1, b_1) \in H, (a_2, b_2) \in H$,其中 $a_1, a_2 \in T_1$ 且 $b_1, b_2 \in T_2$,将 a_1 与 b_1 作为一个整体记为 A_1,即 $A_1 = (a_1, b_1)$;将 a_2 与 b_2 作为一个整体记为 B_1,即 $B_1 = (a_2, b_2)$,则 A_1 与 B_1

之间至少满足下面四种关系中的一种:

(1) 顺序关系:如果 $a_1 \to a_2$ 且 $b_1 \to b_2$,记作 $A_1 \Rightarrow B_1$;或者 $a_1 \to^{-1} a_2$ 且 $b_1 \to^{-1} b_2$,记作 $A_1 \Rightarrow^{-1} B_1$。

(2) 互斥关系:如果 $a_1 + a_2$ 且 $b_1 + b_2$,则记作 $A_1 \oplus B_1$。

(3) 交叉关系:如果 $a_1 \parallel a_2$ 且 $b_1 \parallel b_2$,则记作 $A_1 \otimes B_1$。

(4) 交错关系:如果 a_1、b_1 之间的关系与 a_2、b_2 之间的关系相异,则记作 $A_1 \Theta B_1$,其包含两种子关系。

将集合 $CB = \{\Rightarrow, \Rightarrow^{-1}, \oplus, \otimes, \Theta\}$ 称为 CP_1 与 CP_2 之间扩充的行为轮廓。

例如,图 3.1 中,将 G_1 与 G_2 中的匹配节点 a'、a'' 与 b'、b'' 分别作为一个整体记为 A_1、B_1,由于 $a' \to b'$ 且 $a'' \to b''$,则 $A_1 \Rightarrow B_1$;同理将 l'、l'' 与 e'、e'' 分别记为 L_1、E_1,由于 $l' \to e'$ 且 $l'' \parallel e''$,所以 $L_1 \Theta E_1$,其包含两种子关系即严格序关系与交叉序关系。

定义 3.7(扩充的匹配关系) $CP_1 = (P_1, T_1; F_1, P_{C_1}, L_1, \tau_1, M_1)$ 和 $CP_2 = (P_2, T_2; F_2, P_{C_2}, L_2, \tau_2, M_2)$ 分别为两个带标签的选择网,$MP = (P, T; F, P_C, L, \tau, M)$ 为 CP_1 与 CP_2 的合并选择 Petri 网,若 H 为 CP_1 与 CP_2 的一个匹配关系,则其就会对应一个 MP 与 CP_1、CP_2 之间的匹配 H_0,即若 $(a,b) \in H$,将 a 与 b 作为一个整体记为 A_1,在 MP 中将由节点 a 与 b 合并而成的节点记为 A_2,则 $(A_1, A_2) \in H_0$。

例如,在前面的例子中,A_1 与 A_2 匹配,B_1 与 B_2 匹配。

定义 3.8(扩充的一致性对) $CP_1 = (P_1, T_1; F_1, P_{C_1}, L_1, \tau_1, M_1)$ 和 $CP_2 = (P_2, T_2; F_2, P_{C_2}, L_2, \tau_2, M_2)$ 分别为两个带标签的选择网,$MP = (P, T; F, P_C, L, \tau, M)$ 为 CP_1 与 CP_2 的合并选择 Petri 网,H 为 CP_1 与 CP_2 的一个匹配关系,H_0 是与 H 对应的 MP 与 CP_1、CP_2 之间的一个匹配,$CB = \{\Rightarrow, \Rightarrow^{-1}, \oplus, \otimes, \Theta\}$,$B = \{\to, \to^{-1}, +, \parallel\}$,$(A_1, A_2) \in H_0$,$(A_1, A_3) \in H_0$,$(B_1, B_2) \in H_0$,$(C_1, C_2) \in H_0$,其中 A_1 是由节点 $a_1 \in T_1$ 与 $b_1 \in T_2$ 作为一个整体构成,同理 $B_1 = (a_2, b_2)$,$C_1 = (a_3, b_3)$,A_2、A_3、B_2 和 C_2 均为 MP 中的节点,$CT_{12}^{H_0}$ 和 CT^{H_0} 分别为 CP_1、CP_2 中一致性对的集合和 MP 中一致性对的集合,有:

(1) 若 $B_1 \Rightarrow C_1$ 且 $B_2 \to C_2$,或者 $B_1 \Rightarrow^{-1} C_1$ 且 $B_2 \to^{-1} C_2$,则 $(B_1, C_1) \in CT_{12}^{H_0}$ 且 $(B_2, C_2) \in CT^{H_0}$。

(2) 若 $B_1 \oplus C_1$ 且 $B_2 + C_2$,或者 $B_1 \otimes C_1$ 且 $B_2 \parallel C_2$,则 $(B_1, C_1) \in CT_{12}^{H_0}$ 且 $(B_2, C_2) \in CT^{H_0}$。

(3) 若 $a_1 \to a_2$,$b_1 \parallel b_2$ 且 $A_2 \to B_2$,$A_3 \parallel B_2$,则 $(A_1, B_1) \in CT_{12}^{H_0}$。

(4) 若 $a_1 \to a_2$,$b_1 + b_2$ 且 $A_2 \to B_2$,$A_3 + B_2$,则 $(A_1, B_1) \in CT_{12}^{H_0}$。

(5) 若 $a_1 \parallel a_2$,$b_1 + b_2$ 且 $A_2 \parallel B_2$,$A_3 + B_2$,则 $(A_1, B_1) \in CT_{12}^{H_0}$。

例如,在图 3.1 中,$A_1 \Rightarrow B_1$ 且 $A_2 \to B_2$,则 (A_2, B_2) 与 (A_2, B_2) 均为一致性对;L_1 在 CG 中的匹配节点有两个,分别为 L_2、L_3,且 L_1 是由 G_1 中的 l' 与 G_2 中的 l'' 构成,因为在 G_1 中 $l' \to e'$,而在 G_2 中 $l'' \parallel e''$,且在 CG 中 $L_2 \parallel E_2$,$L_3 \to E_2$,所以 (L_1, E_1) 为一致性对。

2. 考虑输入模型与合并模型之间的行为约束

在分析合并模型的一致性度时也考虑了匹配节点之间的语义约束,由于输入选择 Petri 网 CP_1 与 CP_2 在合并成 MP 时,对于 MP 中的变迁,如果其是由 CP_1 与 CP_2 中的匹配变迁节点合并而成的,则 MP 中的这个变迁其标签与 CP_1 中对应节点的标签一样,所以在分析合并模型的一致性度时,真正比较的是 CP_2 与 MP 中匹配节点之间的语义约束。下面给出匹配变迁之间的语义相似度的概念。

定义 3.9(语义相似度) $CP_1 = (P_1, T_1; F_1, P_{C_1}, L_1, \tau_1, M_1)$ 和 $CP_2 = (P_2, T_2; F_2, P_{C_2}, L_2, \tau_2, M_2)$ 为两个带标签的选择网，$MP = (P, T; F, P_C, L, \tau, M)$ 为 CP_1 与 CP_2 的合并选择 Petri 网，$t_1 \in T_1$ 与 $t_2 \in T_2$ 合并成 MP 中的变迁 t，且 $L_1(t_1) = L(t)$，则 t_2 与 t 之间的相似度采用如下步骤计算：

(1) 若 $L_2(t_2) = L(t)$，或分别删除 t_2 与 t 标签中的连词、冠词、be 动词及单词后缀后，t_2 所分离出的单词集和 t 分离出的单词集完全相同或语义相同，则 $S(t_2, t) = 1$，否则转 (2)。

(2) 通过(1)，t_2 的标签分离出 n 个单词，t 的标签分离出 m 个单词，比较 $n \times m$ 个单词对的语义相似度，若单词对的语义相同则相似度为 1，否则为 0。

(3) t_2 与 t 之间的语义相似度 $S(t_2, t) = \dfrac{\lambda}{n \times m}$，表示 $n \times m$ 个单词对中有 λ 个单词对语义相同。

例如在图 3.1 中，G_2 中 $L_2(c'') = \text{Transmitting}$，$CG$ 中 $L(C_2) = L_1(c') = \text{Transmission of purchaseorder}$，根据定义 3.9 中的(1)、(2)可得 {Transmit} 与 {Transmit, purchase, order}，可知 $S(\text{Transmit}, \text{Transmit}) = 1$，而 $S(\text{Transmit}, \text{purchase}) = S(\text{Transmit}, \text{order}) = 0$，则 $S(c'', C_2) = \dfrac{1}{1 \times 3} = 0.33$。

带选择功能的库所其拥有的标签 AND、XOR、OR 分别具有特殊的语义，所以下面需要给出带选择功能的库所之间的相似度的定义。

定义 3.10(外延相似度) 设 CP_1 与 CP_2 为两个带标签的选择 Petri 网，MP 为 CP_1 与 CP_2 的合并选择 Petri 网，$(S_1, S_2) \in P_{C_1} \times P_{C_2}$，$S_1$ 与 S_2 合并成 MP 中的 S，且 $\tau_1(S_1)$、$\tau_2(S_2)$ 与 $\tau(S)$ 均为 join 或 split，将 S 与 S_1、S_2 之间的外延相似度记为 $S(S, S_1, S_2)$，则

$$S(S, S_1, S_2) = \frac{|H({}^{\cdot}S_1 \cap {}^{\cdot}S_2) \cap {}^{\cdot}S| + |H(S_1^{\cdot} \cap S_2^{\cdot}) \cap S^{\cdot}|}{\max(|{}^{\cdot}S_1 \cap {}^{\cdot}S_2|, |{}^{\cdot}S|) + \max(|S_1^{\cdot} \cap S_2^{\cdot}|, |S^{\cdot}|)}$$

其中若 $(a, b) \in (T_1 \times T_2) \cup (P_{C_1} \times P_{C_2})$ 且 a 与 b 合成 MP 中的 α，则 $H(a) = H(b) = \alpha$，若 ${}^{\cdot}S_1$ 与 ${}^{\cdot}S_2$ 中存在两个变迁合并成 MP 中的一个变迁，则在计算 $|{}^{\cdot}S_1 \cap {}^{\cdot}S_2|$ 时仅记为一个，$|S_1^{\cdot} \cap S_2^{\cdot}|$ 同理。

例如由图 3.1、图 3.2 可知 $H({}^{\cdot}s' \cap {}^{\cdot}s'') = \{C_2, D_2, L_3\}$，$H(s'^{\cdot} \cap s''^{\cdot}) = \{E_2\}$，$|{}^{\cdot}s' \cap {}^{\cdot}s''| = 4$，$|s'^{\cdot} \cap s''^{\cdot}| = 1$，所以 $|H({}^{\cdot}s' \cap {}^{\cdot}s'') \cap {}^{\cdot}S_2| = 3$，$|H(s'^{\cdot} \cap s''^{\cdot}) \cap S_2^{\cdot}| = 1$，因此 $S(s', s'', S_2) = \dfrac{3 + 1}{4 + 1} = 0.8$。

定义 3.11(交换节点，插入节点) 设 CP_1 与 CP_2 为两个带标签的选择 Petri 网，MP 为 CP_1 与 CP_2 的合并选择 Petri 网，H 为 CP_1 与 CP_2 的一个匹配关系，H_0 是与 H 对应的 MP 与 CP_1、CP_2 之间的一个匹配，则：

(1) 若 $(A_1, A_2) \in H_0$，其中 A_1 由节点 $a \in P_{C_1} \times T_1$ 与 $b \in P_{C_2} \times T_2$ 构成，$A_2 \in P_C \times T$，则称 A_1 与 A_2 均为交换节点。

(2) $c \in (P_{C_1} \cup T_1) \cup (P_{C_2} \cup T_2)$，若不存在 $d \in (P_{C_1} \cup T_1) \cup (P_{C_2} \cup T_2)$，使得 $(c, d) \in H$ 或 $(d, c) \in H$，则称 c 为插入节点。

(3) $e \in P_C$，若不存在 F，使得 $(F, e) \in H_0$，则称 e 为插入节点。

例如,前面的例子中,A_1、B_1、A_2 及 C_1 均为交换节点,J、G、S_3 及 S_5 均为插入节点。由定义 3.11 可得交换节点集合 $SN = \{A_1, A_2 | (A_1, A_2) \in H_0\}$,插入节点集合 $IN = \{a \in (P_{C_1} \cup T_1 \cup P_{C_2} \cup T_2) | \text{不存在} \ b \in (P_{C_1} \cup T_1 \cup P_{C_2} \cup T_2)[(a,b) \in H \vee (b,a) \in H]\} \cup \{e \in P_C | \text{不存在} \ F[(F,e) \in H_0]\}$。

定义 3.12(合并模型的一致性度) 设 CP_1 与 CP_2 为两个带标签的选择 Petri 网,MP 为 CP_1 与 CP_2 的合并选择 Petri 网,H 为 CP_1 与 CP_2 的一个匹配关系,H_0 是与 H 对应的 MP 与 CP_1、CP_2 之间的一个匹配,SN 与 IN 分别为交换节点集合和插入节点集合,则合并模型 MP 与输入模型 CP_1、CP_2 之间的一致性度 MC^{H_0} 定义为

$$MC^{H_0} = \frac{2 + |CT_{12}^{H_0}| + |CT^{H_0}| - \left[\frac{|IN|}{|N|} + \frac{2.0 \times \sum_{(A,B) \in H_0}(1 - S(A,B))}{|SN|}\right]}{2 + |T_{12}^{H_0} \times T_{12}^{H_0}| + |T^{H_0} \times T^{H_0}|}$$

其中

$$N = P_{C_1} \cup T_1 \cup P_{C_2} \cup T_2 \cup P_C \cup T$$
$$T_{12}^{H_0} = \{A_1 \mid \exists A_2 \in P_C \times T[(A_1, A_2) \in H_0]\}$$
$$T^{H_0} = \{A_2 \in P_C \times T \mid \exists A_1[(A_1, A_2) \in H_0]\}$$

从行为轮廓和语义约束两个方面分析合并模型的一致性问题,下面给出具体测量合并模型一致性的算法:

算法 3.1 基于行为轮廓和行为语义的合并模型一致性分析

输入:带标签的选择 Petri 网 $CP_1 = (P_1, T_1; F_1, P_{C_1}, L_1, \tau_1, M_1)$ 和 $CP_2 = (P_2, T_2; F_2, P_{C_2}, L_2, \tau_2, M_2)$,$H$ 为 CP_1 与 CP_2 的一个匹配关系,$t_1 \in T_1$ 与 $t_2 \in T_2$ 合并成 MP 中的变迁 t,$(S_1, S_2) \in P_{C_1} \times P_{C_2}$,$S_1$ 与 S_2 合并成 MP 中的 S,且 $\tau_1(S_1)$、$\tau_2(S_2)$ 与 $\tau(S)$ 均为 join 或 split。

输出:合并模型 $MP = (P, T; F, P_C, L, \tau, M)$ 与 CP_1、CP_2 之间的一致性度。

(1) $P = (P_1 \cup P_2 \cup P_*) \backslash (P_2 \cap SN)$,$T = (T_1 \cup T_2) \backslash (T_2 \cap SN)$;$P_C = (P_{C_1} \cup P_{C_2} \cup P_*) \backslash (P_{C_2} \cap SN)$;$F = (F_1 \cup F_2) \cup (P_* \times P_C) \cup (P_C \times P_*)$;若 $n = H_0(n_1, n_2)$,其中 $n_1 \in CP_1, n_2 \in CP_2$,则 $L(n) = L_1(n_1)$;若 $n = m \in (P_1 \cup P_2) \backslash SN$,则 $L(n) = L(m)$;若 $s = s' \in (P_{C_1} \cup P_{C_2}) \backslash SN$,则 $\tau(s) = \tau(s')$;若 $s = H_0(s', s'')$,其中 $s' \in P_{C_1}, s'' \in P_{C_2}$,且有一个为 AND 类型,则 $\tau(s) = $ OR,从而得到合并模型 MP。

(2) 基于 Petri 网将输入模型 CP_1 与 CP_2 作为一个整体记为 CP',根据定义 3.7,找出与 H 对应的合并模型 MP 与输入模型 CP_1、CP_2 之间的匹配 H_0。

(3) 基于匹配关系 H_0,通过定义 3.6 及定义 3.8 全面分析输入模型与合并模型之间的序关系,找出输入模型 CP' 中扩充的一致性对 $T_{12}^{H_0} = \{A_1 | \exists A_2 \in P_C \times T[(A_1, A_2) \in H_0]\}$ 以及合并模型 MP 中的扩充的一致性对 $T^{H_0} = \{A_2 \in P_C \times T | \exists A_1[(A_1, A_2) \in H_0]\}$。

(4) 根据定义 3.9 分析在 H_0 中参与匹配的变迁之间的语义相似度 $S(t_2, t) = \frac{\lambda}{n \times m}$。

(5) 根据定义 3.10 分析在 H_0 中参与匹配的选择库所之间的外延相似度 $S(S, S_1, S_2)$
$= \frac{|H(\cdot S_1 \cap \cdot S_2) \cap \cdot S| + |H(S_1 \cdot \cap S_2 \cdot) \cap S \cdot|}{\max(|\cdot S_1 \cap \cdot S_2|, |\cdot S|) + \max(|S_1 \cdot \cap S_2 \cdot|, |S \cdot|)}$。

(6) 在分析输入模型与合并模型之间的序关系,及充分考虑匹配节点之间的行为约束

条件基础上,结合 Petri 网的结构特点和标签语义,根据定义 3.12 得出合并模型的一致性度:

$$MC^{H_0} = \frac{2+|CT_{12}^{H_0}|+|CT^{H_0}|-\left[\frac{|IN|}{|N|}+\frac{2.0 \cdot \sum_{\langle A,B \rangle \in H_0}(1-\text{sim}(A,B))}{|SN|}\right]}{2+|T_{12}^{H_0} \times T_{12}^{H_0}|+|T^{H_0} \times T^{H_0}|}$$

3.2.4 实例分析

以 3.2.1 节中的引例作为实验对象验证本节方法的有效性。

首先,根据匹配 H_0 分别找出输入模型 G_1、G_2 中的一致性对和合并模型 CG 中的一致性对,通过表 3.3、表 3.4 给出。

表 3.3 输入模型 G_1、G_2 中的一致性对

	A_1	B_1	C_1	D_1	L_1	E_1	F_1
A_1	⇒	⇒			⊗	⊗	
B_1	⇒$^{-1}$		⊗		⊗	⊗	
C_1				⊗	⊗	⇒	⇒
D_1	⊗	⊗			⊗	⇒	⇒
L_1	⊗	⊗	⊗	⊗		Θ	Θ
E_1			⇒$^{-1}$	⇒$^{-1}$	Θ	⇒	⇒
F_1			⇒$^{-1}$	⇒$^{-1}$	Θ	⇒$^{-1}$	CG

表 3.4 合并模型 CG 中的一致性对

	A_2	B_2	C_2	D_2	L_2	L_3	E_2	F_2
A_2	+	→		∥	∥	∥		
B_2	→$^{-1}$	+		∥	∥	∥		
C_2			+		∥	∥	→	→
D_2	∥	∥		+	∥	∥	→	→
L_2	∥	∥	∥	∥	+			
L_3	∥	∥	∥	∥		+		
E_2			→$^{-1}$	→$^{-1}$			+	→
F_2			→$^{-1}$	→$^{-1}$			→$^{-1}$	+

其次,给出在匹配 H_0 下,对应节点之间的语义相似度,如表 3.5 所示。

表 3.5 在匹配 H_0 下对应节点之间的语义相似度

匹配节点对	(a'',A_2)	(b'',B_2)	(c'',C_2)	(d'',D_2)	(l'',L_2L_3)	(e'',E_2)	(f'',F_2)	(s'',S_2)
语义相似度	1	1	1/3	1/3	1	1/3	1	0.8

最后,给出模型中的交换节点集合 SN 和插入节点集合 IN:

$$SN = \{A_1, A_2, B_1, B_2, C_1, C_2, D_1, D_2, L_1, L_2, L_3, S_1, S_2, E_1, E_2, F_1, F_2\}$$
$$IN = \{Q, W, Z, J, G, H, K, R, I, S_3, S_4, S_5, S_6, S_7, S_8, S_9\}$$

由定义 3.12 中的公式计算可得

$$MC^{H_0} = 0.654$$

由此计算结果,与 3.3.1 节引例中利用以往方法计算的结果相比可知,以往仅考虑序关系的分析一致性方法往往会给建模者提供错误的信息,认为考察的流程模型一致性很高,而实际上如果全面考虑顺序约束及语义约束可知,考察的模型之间一致性度并不是很高,从建模好坏的角度上说,考察的模型有待进一步改善,才能更好地满足业务需要。

3.3 基于行为 Petri 网的业务流程模型一致性分析

本节将基于行为 Petri 网的定义,给出控制流 Petri 网和数据流 Petri 网的概念,然后在行为轮廓的基础上,通过计算控制流 Petri 网和数据流 Petri 网与其兼容后的流程模型之间的行为兼容度,分析控制流与数据流对业务流程模型的影响程度。该方法主要结合了控制流和数据流两方面对业务流程模型的一致性进行分析,避免了以往单一研究的片面性和对数据刻画的局限性。同时,采用了基于行为距离的行为兼容度的计算方法,能够精确地反映控制流与数据流对业务流程模型的影响程度。

3.3.1 引例

某位客户在网上购物,在确认收货付款的时候,网络系统受到攻击,黑客在接收到付款操作返回的金额后,修改金额,并按修改后的金额付款,付款中心收到之后仅仅通知买家交易成功并没有显示付款金额,卖家核对账目的时候,则会发现款额有问题。买卖双方都没有核实付款中心的金额,付款中心也没有回馈付款金额信息,只是通知付款成功。显然,该问题有数据方面的变化,那么就需要深入地研究是控制流的不一致性影响了业务流程的数据出现问题,还是数据流自身的不一致性影响了业务流程模型。如文献[38]所述,以目前的方法分析可得该流程模型的一致性是很好的,可见是数据流的变化影响了业务流程模型的一致性。因此,若要精确分析业务流程模型的一致性,则需要分析控制流和数据流的一致性。图 3.3 是客户在网上购物的部分业务流程模型。

3.3.2 控制流和数据流的概念

控制流和数据流是业务流程模型的重要组成部分,在建立业务流程模型的同时可以构建出控制流和数据流模型。本节首先在 Petri 网语义的基础上,结合 Petri 网语言简洁和易于理解的性质,给出带标签的行为 Petri 网的定义。

定义 3.13(带标签的行为 Petri 网) 带标签的行为 Petri 网是一个五元组 $LBP = (S, P; F, L, l)$,满足:

(1) S 是状态库所集,且 $S \neq \varnothing$;

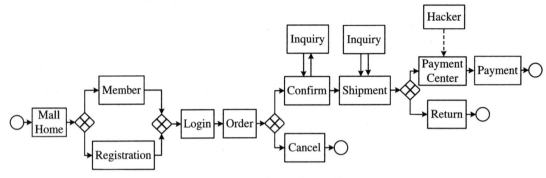

图 3.3 网上购物业务流程模型

(2) P 是变迁活动节点集合,且 $P \neq \varnothing$,$S \cap P = \varnothing$;
(3) $F \subseteq (S \times P) \cup (P \times S)$ 是 LBP 的流关系;
(4) L 是所有标签的集合;
(5) l 是标记函数,即 $l: P \to L \setminus \{\varphi\}$。

与控制流 Petri 网(见定义 1.12)不同,数据流 Petri 网(见定义 1.13)是运行过程中对业务流程模型数据信息的描述和控制。也就是说,一个业务流程 Petri 网就是由控制流 Petri 网和数据流 Petri 网交互而成的。因此,综合考虑控制流和数据流的一致性是深入研究业务流程模型一致性的重要工作。

3.3.3 基于行为 Petri 网计算行为兼容度

业务流程模型的建立、分析以及执行都离不开控制流和数据流,文献[39]给出了业务流程中控制行为之间的关系和数据行为之间的关系;文献[40]描述了控制流和数据流对业务流程模型异常检测的重要性,并给出了基于控制流和数据流的异常检测的分析方法。可见,控制流和数据流的一致性对于业务流程模型的一致性具有一定的影响。为了更精确地分析控制流和数据流对业务流程模型的影响程度,本节在行为轮廓的基础上,提出了业务流程模型的控制流模型和数据流模型与其兼容模型之间的行为兼容度的问题。

首先在文献[41]的基础上给出流程模型交互和行为兼容度的定义。

定义 3.14 (伙伴流程) $AP = (S, P; F, L, l)$ 是 LBP 的一个伙伴流程,满足:
(1) S 为状态库所集;
(2) P 为变迁集合,分为外部变迁 P^e 和内部变迁 P^i,且有 $P \neq \varnothing$、$S \cap P = \varnothing$ 以及 $P^e \cup P^i = P$;
(3) $F \subseteq (S \times P) \cup (P \times S)$ 是 AP 的流关系;
(4) L 是所有标签的集合,对应于 P 分为外部标签 L^e 和内部标签 L^i,$L^e \cup L^i = L$;
(5) l 是标记函数。

其中,内部变迁 P^i 是指该变迁仅被 AP 调用,而不会被 LBP 调用,用图形 □ 表示。外部变迁 P^e 可分为触发变迁 P^{ing} 和被触发变迁 P^{ed},分别用图形 ▢ 和 ▨ 表示。触发变迁能调用 LBP 中的变迁,而被触发变迁仅仅是能够被 LBP 调用。显而易见,如果伙伴流程 AP 中的所有外部变迁都是被触发变迁,那么 AP 是被动的。

定义 3.15 (行为映射) 伙伴流程 AP 和带标签的行为 Petri 网 LBP 之间有一个行为映

射 M，AP 中的每一个外部变迁至少对应 LBP 中的一个变迁，即触发变迁映射到被触发变迁，且被触发变迁映射到触发变迁。

显然，对于每一个业务流程模型都有两个伙伴流程，即控制流程和数据流程。图 3.4 所示的控制流程模型是 3.3.1 节部分所提到的购物流程模型的伙伴流程，同时，图 3.5 所示的数据流程模型也是图 3.3 的伙伴流程。表 3.6 中给出了控制流程和数据流程与购物流程模型之间的行为映射。

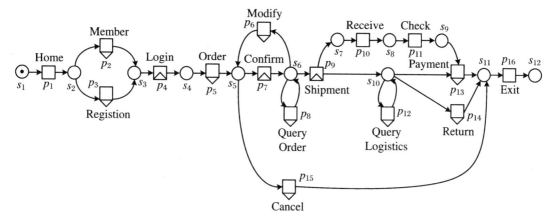

图 3.4 购物流程模型的控制流程

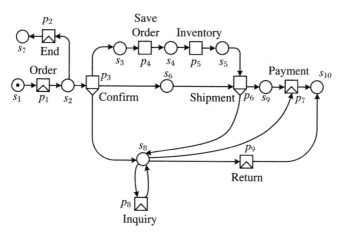

图 3.5 购物流程模型的数据流程

其中，控制流程的内部变迁集为 $P^e = \{p_1, p_{10}, p_{11}, p_{16}\}$，其余的变迁都是外部变迁；在外部变迁集合中，触发变迁集为 $P^{ing} = \{p_2, p_3, p_5, p_6, p_8, p_{12}, p_{13}, p_{14}, p_{15}\}$，剩余的变迁都是被触发变迁。同理，数据流程的内部变迁集为 $P^e = \{p_4, p_5\}$，剩余的变迁都是外部变迁；在外部变迁集合中，触发变迁集为 $P^{ing} = \{p_3, p_6\}$，其余的变迁都是被触发变迁。

业务流程都是由控制流程模型和数据流程模型交互而成的，因此控制流程模型和数据流程模型的兼容度可以用于分析影响业务流程模型一致性的主导因素。下面给出模型交互和行为兼容度的定义。

表 3.6　控制流程和数据流程与购物流程模型之间的行为映射

t		$M(t)$
控制流程	数据流程	购物流程模型
p_5	p_1	Order
p_7	p_3	Confirm
p_9	p_6	Shipment
p_{13}	p_7	Payment
p_{14}	p_9	Return
p_8	p_8	Inquiry
p_{12}		
p_{15}	p_2	Cancel

定义 3.16(模型交互)　在行为映射 M 的基础上,带标签的 Petri 网流程模型 $N_1 = \{S_1, P_1; F_1, L_1, l_1\}$ 和 $N_2 = \{S_2, P_2; F_2, L_2, l_2\}$ 之间的交互记为 $N_1 \otimes N_2$,即有 $N_1 \otimes N_2 = (S_1 \bigcup S_2, P_1 \bigcup P_2, F_1 \bigcup F_2, L_1 \bigcup L_2, l_{N_1 \bigcup N_2})$。其中,被映射的变迁应认为是相同的,其他所有元素是不同的。在交互过程中,若以流程模型 N_1 为主体,则记为 $N_1[N_2] \otimes N_2$,即在 $N_1 \otimes N_2$ 的基础上除去 N_2 中多余的且没有结束的库所。

定义 3.17(行为值)　对带标签的行为 Petri 网 $LBP = (S, P; F, L, l)$,变迁对$(p_1, p_2) \in P \times P$ 的行为值 $V_B(p_1, p_2)$ 定义如下:

(1) 如果 p_1 与 p_2 是排他关系即 $p_1 + p_2$,那么 $V_B(p_1, p_2) = 0$;

(2) 如果 p_1 与 p_2 是严格序关系即 $p_1 \rightarrow p_2$ 或 $p_1 \rightarrow^{-1} p_2$,那么 $V_B(p_1, p_2) = 1$;

(3) 如果 p_1 与 p_2 是交叉序关系即 $p_1 \parallel p_2$,那么 $V_B(p_1, p_2) = 2$。

定义 3.18(模型行为距离向量)　$LBP = (S, P; F, L, l)$ 是带标签的行为 Petri 网,设外部变迁集合 $P = \{p_1, p_2, \cdots, p_n\}$ 以及行为映射集合 $M = \{t_1, t_2, \cdots, t_m\}$,则有:

(1) 模型行为向量:

$$X = \left\{ \sum_{i=1}^{n} V(t_1, p_i), \sum_{i=1}^{n} V(t_2, p_i), \cdots, \sum_{i=1}^{n} V(t_j, p_i), \cdots, \sum_{i=1}^{n} V(t_m, p_i) \right\}$$
$$= \{x_1, x_2, \cdots, x_j, \cdots, x_m\}$$

其中,$n = |P|$ 即变迁的个数,且 $0 < j \leqslant m$。

(2) 模型行为距离向量:

$$D = \left(\frac{x_1 - x_{\min}}{x_{\max} - x_{\min}}, \frac{x_2 - x_{\min}}{x_{\max} - x_{\min}}, \cdots, \frac{x_j - x_{\min}}{x_{\max} - x_{\min}}, \cdots, \frac{x_m - x_{\min}}{x_{\max} - x_{\min}} \right) = (d_1, d_2, \cdots, d_m)$$

其中,$x_{\min} = \min\{x_1, x_2, \cdots, x_m\}$,且 $x_{\max} = \max\{x_1, x_2, \cdots, x_m\}$。

定义 3.19(模型行为兼容度)　$LBP_1 = (S_1, P_1; F_1, L_1, l_1)$ 和 $LBP_2 = (S_2, P_2; F_2, L_2, l_2)$ 是两个带标签的行为 Petri 网,LBP_1 的行为距离向量为 $D = (d_1, d_2, \cdots, d_m)$,$LBP_2$ 的行为距离向量为 $D^* = (d_1^*, d_2^*, \cdots, d_m^*)$,则两个模型的行为兼容度为

$$BC = \frac{\sum_{i=1}^{m} d_i \times d_i^*}{\sqrt{\left(\sum_{i=1}^{m} d_i^2\right) \times \left(\sum_{i=1}^{m} d_i^{*2}\right)}}$$

基于以上定义,在带标签的 Petri 网的基础上描述出业务流程模型的两个伙伴流程,即控制流 Petri 网和数据流 Petri 网。然后根据模型交互的定义,分别以控制流 Petri 网和数据流 Petri 网为主体,将两个伙伴流程模型进行交互。最后,在行为轮廓的基础上,分别计算出两个伙伴流程模型与两个交互模型的行为距离向量,从而得到模型间的行为兼容值。下面给出计算流程模型行为兼容度的算法。

算法 3.2 计算业务流程模型行为兼容度

输入:活的有界的带标签的行为 Petri 网模型 $LBP=(S,P;F,L,l)$;行为映射集合 M;行为轮廓 $BP_{LBP}=\{\rightarrow,\rightarrow^{-1},+,\parallel\}$;$T_1$ 是控制流 Petri 网中行为映射对应的变迁集合;T_2 是数据流 Petri 网中行为映射对应的变迁集合;$|T_1|$ 和 $|T_2|$ 是相应集合元素的个数,$n=|M|$。

输出:各个流程模型间的行为兼容度 BC_1 和 BC_2,以及 BC_1^* 和 BC_2^*。

(1) 首先将给定的业务流程模型转化为带标签的行为 Petri 网模型 $LBP=(S,P;F,L,l)$,然后给出其伙伴流程:控制流 Petri 网 $CF=(S_C,P_C;F_C,L_C,l_C)$ 和数据流 Petri 网 $DF=(S_D,P_D;F_D,L_D,l_D)$。

(2) 根据定义 3.16,分别以控制流 Petri 网和数据流 Petri 网为主体,对两个流程模型 $CF=(S_C,P_C;F_C,L_C,l_C)$ 和 $DF=(S_D,P_D;F_D,L_D,l_D)$ 进行交互,最终得到两个流程模型 $CF[DF]\otimes DF$ 和 $DF[CF]\otimes DF$。

(3) 根据定义 3.15,得到变迁集合 T_1 和 T_2 在流程模型 $CF[DF]\otimes DF$ 中对应的变迁集合为 Q_1,在流程模型 $DF[CF]\otimes DF$ 中对应的变迁集合为 Q_2。

(4) 根据定义 3.17 和定义 3.18,得到控制流 Petri 网的变迁集 T_1 的行为向量 X_1 和其行为距离向量 $D_1=(d_{11},d_{12},\cdots,d_{1i})$,数据流 Petri 网变迁集 T_2 的行为向量 X_2 和其行为距离向量 $D_2=(d_{21},d_{22},\cdots,d_{2j})$,流程模型 $CF[DF]\otimes DF$ 的变迁集 Q_1 的行为向量 Y_1 和其行为距离向量 $D_3=(d_{31},d_{32},\cdots,d_{3k})$,流程模型 $DF[CF]\otimes DF$ 的变迁集 Q_2 的行为向量 Y_2 和其行为距离向量 $D_4=(d_{41},d_{42},\cdots,d_{4t})$。

① 若 $|T_r|<|Q_s|\leqslant n$,其中 $r,s=\{1,2\}$,则两个流程模型的行为映射中,存在变迁 $t\in T_r$ 和 $q_1,q_2\in Q_s$,使得 $M(t)=q_1$ 且 $M(t)=q_2$,即在行为向量 X_r 的元素中,$\sum_{i=1}^{|T_r|}V(t,p_i)$ 对应于行为向量 Y_s 中的元素为 $\sum_{i=1}^{|Q_S|}V(q_1,p_i)+\sum_{i=1}^{|Q_S|}V(q_2,p_i)$,从而满足 $|X_r|=|Y_s|$,然后进入步骤(5)。

② 若 $|Q_s|<|T_r|\leqslant n$,其中 $r,s=\{1,2\}$,则两个流程模型的行为映射中,存在变迁 $q\in Q_s$ 和 $t_1,t_2\in T_r$,使得 $M(t_1)=q$ 且 $M(t_2)=q$,即在行为向量 Y_s 的元素中,$\sum_{i=1}^{|Y_S|}V(q,p_i)$ 对应于行为向量 X_r 中的元素为 $\sum_{i=1}^{|T_r|}V(t_1,p_i)+\sum_{i=1}^{|T_r|}V(t_2,p_i)$,从而满足 $|X_r|=|Y_s|$,然后进入步骤(5)。

③ 若 $|Q_s|=|T_r|$,其中 $r,s=\{1,2\}$,则进入步骤(5)。

(5) 根据定义 3.19,分别得到 $CF=(S_C,P_C;F_C,L_C,l_C)$ 和 $DF=(S_D,P_D;F_D,L_D,l_D)$ 与 $CF[DF]\otimes DF$ 的行为兼容度的值 BC_1 和 BC_2,与 $DF[CF]\otimes DF$ 的行为兼容度的值 BC_1^* 和 BC_2^*。

该算法在行为轮廓的基础上,以行为映射集合中的变迁为标准,计算控制流程模型、数据流程模型以及两者交互后所得到模型的行为距离向量,并对应所得结果,综合分析控制流和数据流对业务流程模型的影响程度以及影响业务流程模型的主导因素。

3.3.4 实例分析

现有的方法在业务流程执行过程中不仅没有具体描述数据流的变化,也没有深入分析控制流和数据流的变化对业务流程模型一致性的影响度。本节基于带标签的行为 Petri 网,具体分析控制流和数据流变化对业务流程模型的影响程度。

针对 3.3.1 节给出的引例,首先描绘出其流程模型的伙伴流程模型,如图 3.4、图 3.5 所示。根据算法,分别以控制流时间 Petri 网 $CF=(S_C,P_C;F_C,L_C,l_C)$ 和数据流时间 Petri 网 $DF=(S_D,P_D;F_D,L_D,l_D)$ 为模型进行交互得到交互流程模型 $CF[DF]\otimes DF$ 和 $DF[CF]\otimes DF$,如图 3.6、图 3.7 所示。

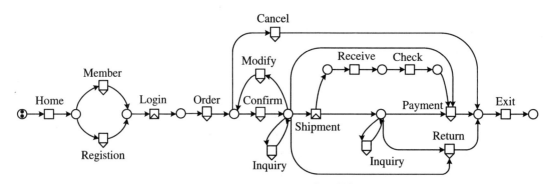

图 3.6 交互流程模型 $CF[DF]\otimes DF$

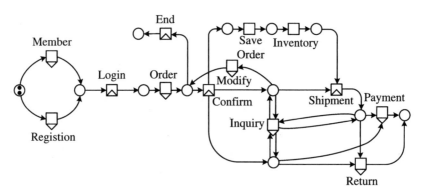

图 3.7 交互流程模型 $DF[CF]\otimes DF$

然后根据算法,由表 3.6 在行为映射 M 下可得各个流程模型的行为向量为 $X_1=(11,14,10,8,8,26,4)$,$X_2=(6,6,5,4,4,7,1)$,$Y_1=(11,14,10,8,8,26,4)$,$Y_2=(10,14,14,8,8,14,4)$;行为距离向量为 $D_1=\left(\dfrac{7}{22},\dfrac{10}{22},\dfrac{6}{22},\dfrac{4}{22},\dfrac{4}{22},1,0\right)$,$D_2=\left(\dfrac{5}{6},\dfrac{5}{6},\dfrac{2}{3},\dfrac{1}{2},\dfrac{1}{2},1,0\right)$,$D_3=\left(\dfrac{7}{22},\dfrac{5}{11},\dfrac{3}{11},\dfrac{2}{11},\dfrac{2}{11},1,0\right)$,$D_4=\left(\dfrac{6}{10},1,1,\dfrac{4}{10},\dfrac{4}{10},1,0\right)$。

最后得到的结果为:对于以控制流为主体的交互流程模型 $CF[DF] \otimes DF$,控制流与其之间的行为兼容度 $BC_1 = 1.00$,数据流与其之间的行为兼容度 $BC_2 = 0.90$;对于以数据流为主体的交互流程模型 $DF[CF] \otimes DF$,控制流与其之间的行为兼容度 $BC_1^* = 0.75$,数据流与其之间的行为兼容度 $BC_2^* = 0.59$。可见,在这个实例中,所有的行为兼容度不能都达到一个很高的值,因此业务流程模型是不一致的。而且,数据流对业务流程模型一致性的影响占主导作用,而控制流的一致性是很高的。显然,本节的方法可以更精确地分析业务流程模型的一致性以及影响一致性的主导因素。

3.4 数据约束模型的相似最优对齐一致性分析

当前对于行为是否存在偏差的检测探究仅侧重控制流角度,忽视了数据信息变化传播的影响导致结果准确性较低。为了提高结果的精确程度,本节首先基于相似最优对齐的思想,计算模型与日志的最优对齐简化集,然后通过对齐移动映射到模型定位不一致区域,并把控制节点添加到控制模型的不一致部分对模型进行优化,以提高模型与日志间的服从度。

3.4.1 引例

某位用户在淘宝上购物,在确认订单后付款时,发现自己支付宝中的金额不足以支付,因此打算先支付一部分,其余部分找他人代付或以其他方式支付。在支付部分金额后,网络系统受到攻击,使得付款中心收到少于商品总价的金额之后仅通知用户交易成功以及通知卖家付款成功并提醒发货,并没有显示付款金额信息。很明显,这个问题中有数据方面的变化,因此需要研究是控制流的不一致数据出现了变化,还是数据变化本身影响了业务流程。如果采用文献[42]中的技术进行检测,可以得到 M 与 L 中行为是完美一致的。然而,当考虑变迁活动赋予的属性值时,我们可以知道 M 与 L 的行为并不完全一致:任务 J 执行后的属性赋值与 M 中不一致。也就是说,仅考虑控制流时行为是完美一致的,但加之数据因素后则存在异常行为,数据变化的确可以降低判定结果的准确程度。因此,为了能准确判断出所给模型行为符合实际执行情况的程度,不仅需要关注控制流,还要考虑数据信息,两者融合再进行一致性分析才能做出比较精确的判断。图 3.8 为某用户在淘宝上购物的部分业务流程模型与实际执行记录的事件日志,表 3.7 给出了图中字母的含义。

表 3.7　日志所对应事件列表

日志	事件	日志	事件
A	选择商品	G	确认收货地址
B	加入购物车	H	提交订单
C	选择商品	I	货到付款
D	加入购物车	J	网上支付
E	生成订单	K	配送
F	确认购买订单	L	取消订单

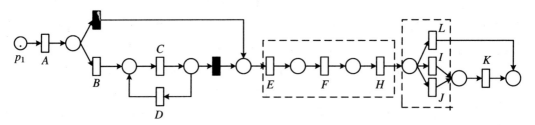

$L=\langle(A,\{g=衣服\}),(B,\{p=60\}),(D,\{p=210\}),(E,\{g=衣服、鞋,p=270\}),$
$(G,\{a=安徽合肥\}),(H,\{g=衣服、鞋\}),(J,\{m=260\}),(K,\{g=衣服、鞋\})\rangle$

图 3.8 网上购物业务流程模型(M)与事件日志(L)

3.4.2 基本概念

定义 3.20(标签 Petri 网)[43] 设五元组 $CP=(P,T;F,l,a_s)$ 是一个标签 Petri 网,则满足以下条件:

(1) P 是非空的状态库所集,即 $P\neq\varnothing$;
(2) T 是非空的变迁活动节点集合,即 $T\neq\varnothing$;
(3) $P\cap T=\varnothing$;
(4) $F\subseteq(P\times T)\cup(T\times P)$ 为 CP 的流关系;
(5) l 是所有标签的集合;
(6) a_s 是标记函数,即 $a_s:T\to l\setminus\{\varnothing\}$。

定义 3.21(对齐)[44] 设 $CP=(P,T;F,l,a_s)$ 是一个标签 Petri 网系统,假设 $l=a_1a_2\cdots a_n$ 是关于 Σ 的迹,一个移动记作变迁对 $(x,y)\in(\Sigma\cup\{\bot\})\times(T\cup\{\bot\})\setminus\{(\bot,\bot)\}$,日志 L 与模型 M 的一个对齐记作一个移动序列 $\beta=(x_1,y_1)(x_2,y_2)\cdots(x_s,y_s)$,其中当 $i=1,2,\cdots,s$ 时:

(1) 如果 $x_i=\bot,y_i\neq\bot$,那么 (x_i,y_i) 为模型上的移动;
(2) 如果 $x_i\neq\bot,y_i=\bot$,那么 (x_i,y_i) 为日志上的移动;
(3) 如果 $x_i\neq\bot,y_i\neq\bot$,那么 (x_i,y_i) 为同步移动。

模型 M 的每个迹通常有多个对齐,这里我们需要寻找一个最优(即成本最少)的对齐。

定义 3.22(成本函数)[45] 日志 L 的对齐成本 $k:\Sigma\cup T\to R_0^+$ 对于所有的 $x\in\Sigma\cup T$ 均成立,一个移动 (x,y) 的成本包括:

(1) 同步移动成本:

$$k(x,y)=\begin{cases}\|Diff(x,y)\|, & 如果 \#_{act}(x)=\#_{act}(y)\\ \infty, & 其他\end{cases}$$

其中 $Diff(x,y)$ 是 x 与 y 中赋有不同值的属性集合。

(2) 日志移动成本 $k(x,y)=k(x,\bot)=1$。
(3) 模型移动成本 $k(x,y)=k(\bot,y)=1$。

因此可以得出:移动序列 $\beta=(x_1,y_1)(x_2,y_2)\cdots(x_s,y_s)$ 的成本为 $k(\beta)=\sum_{i=1}^{s}k(x_i,y_i)$。

对于所获得的最优对齐序列,可能存在多个最优对齐之间包含的移动完全相同,只是出现的顺序不同,这里我们称它们是相似最优对齐。

定义 3.23(相似最优对齐)[44]　设 γ_1 与 γ_2 是关于成本函数 k 的两个最优对齐,对于任意的移动 (x_i,y_i),若 $(x_i,y_i)\in\gamma_1$ 则 $(x_i,y_i)\in\gamma_2$,同理,若 $(x_i,y_i)\in\gamma_2$ 则 $(x_i,y_i)\in\gamma_1$,则称 γ_1 与 γ_2 为相似最优对齐,或者说 γ_1 与 γ_2 是相似的。

定义 3.24(最优对齐移动集合)[44]　若 γ 是关于成本函数 k 的一个最优对齐,则 γ 的移动集合为记录最优对齐 γ 中所有移动的集合,记作 $C_\gamma=\partial_{\mathrm{set}}(\gamma)$。

定理 3.1　设 γ_1 与 γ_2 是关于成本函数 k 的两个最优对齐,集合 $C_{\gamma_1}=\partial_{\mathrm{set}}(\gamma_1)$,$C_{\gamma_2}=\partial_{\mathrm{set}}(\gamma_2)$,那么 $C_{\gamma_1}=C_{\gamma_2}\Leftrightarrow\gamma_1$ 与 γ_2 是相似的。

由定理 3.1 可知,若两个最优对齐相似,则它们包含的移动集合相同。如图 3.9 所示,γ_1 与 γ_2 均为日志 L_1 与模型 M_1 的最优对齐,根据定义 3.24 可知,$C_{\gamma_1}=\{(a_1,t_1),(a_2,t_2),(a_3,t_3),(a_3,\gg),(\gg,t_2),(a_4,t_4)\}=C_{\gamma_2}$,根据定理可得:$\gamma_1$ 与 γ_2 是相似的。

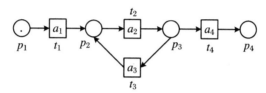

$$L_1=(a_1,a_2,a_3,a_3,a_2,a_3,a_3,a_2,a_3,a_3,a_4)$$

$$\gamma_1=\left|\frac{a_1}{a_1}\right|\left|\frac{a_2}{a_2}\right|\left|\frac{a_3}{a_3}\right|\left|\frac{a_3}{\gg}\right|\left|\frac{a_2}{a_2}\right|\left|\frac{a_3}{a_3}\right|\left|\frac{a_3}{\gg}\right|\left|\frac{a_2}{a_2}\right|\left|\frac{a_3}{a_3}\right|\left|\frac{\gg}{a_2}\right|\left|\frac{a_3}{a_3}\right|\left|\frac{a_4}{a_4}\right|$$
$$\ \ t_1\ \ \ \ \ t_2\ \ \ \ \ t_3\ \ \ \ \ \ \ \ \ \ \ \ \ t_2\ \ \ \ \ t_3\ \ \ \ \ \ \ \ \ \ \ \ \ t_3\ \ \ \ \ t_3\ \ \ \ \ t_2\ \ \ \ \ t_3\ \ \ \ \ t_4$$

$$\gamma_2=\left|\frac{a_1}{a_1}\right|\left|\frac{a_2}{a_2}\right|\left|\frac{a_3}{a_3}\right|\left|\frac{a_3}{\gg}\right|\left|\frac{a_2}{a_2}\right|\left|\frac{a_3}{a_3}\right|\left|\frac{\gg}{a_2}\right|\left|\frac{a_3}{a_3}\right|\left|\frac{a_3}{a_3}\right|\left|\frac{\gg}{a_2}\right|\left|\frac{a_3}{a_3}\right|\left|\frac{a_4}{a_4}\right|$$

图 3.9　模型 M_1、日志 L_1 及两者的两个最优对齐 γ_1 与 γ_2

3.4.3　数据约束模型的一致性检测算法

数据流与控制流为业务流程的两大要素,对于检测数据约束的模型的行为一致性,如果仅采用文献[46]中提出的基于对齐的一致性分析方法进行分析,工作量大且精确度较低,对进一步确定行为偏差区域及模型修正具有一定的约束性。为了提高结果的精确程度,需要融合两者再进行检测操作。

1. 模型与日志之间的对齐集

进行数据约束下的行为是否存在异常检测的第一步是需要获取模型与日志的对齐集。为了定义行为偏差的严重性,我们将引入一个成本函数,然而对于选定的成本函数来说,可能存在一些最优匹配集,其中某些匹配具有完全相同的移动集与偏差,区别仅在于出现顺序不同而已,因此为了减少工作量且不失真实性,可以将符合上述条件的最优对齐归为一类,并选取一个最优对齐进行业务流程一致性检测。接下来,依据相似最优匹配[44]的概念以及四种基础网结构,进行模型与日志简化的最优匹配集计算操作。为此,给出算法 3.3。

算法 3.3　模型与日志的简化最优对齐集

输入:模型 $N=(P,T,F,l,M_\mathrm{i},M_\mathrm{o})$ 与日志 $l=<a_1,a_2,\cdots,a_{|l|}>$。

输出：日志与模型的简化最优对齐集 γ。

(1) 将给定的模型按如下方式分解为四种基本结构的子网：

$M = M_i$；

  While $M \neq M_o$ Do % M_i 与 M_o 分别是初（终）始标识

    {对于模型 N 的一个子网 N_l 而言，如果存在 t_1 与 t_2，满足条件：

      ① $M[t_1 > \wedge M[t_2 >$；

      ② $M[t_1 > M_1 \to M_1[t_2 > \wedge M[t_2 > M_2 \to M_2[t_1 >$，

    则该子网为并发结构子网；

    否则，如果存在 t_1 与 t_2，满足条件：

      ① $M[t_1 > \wedge M[t_2 >$，

      ② $M[t_1 > M_1 \to \neg M_1[t_2 > \wedge M[t_2 > M_2 \to \neg M_2[t_1 >$，

    此时该子网为选择结构子网；

    否则，如果存在 p_1, t_1, p_2, t_2，满足条件：$M_{p_1}[t_1 > M_{p_2} \to M_{p_2}[t_2 > M_{p_1}$，则该子网为循环结构子网；

    否则，如果存在 p 与 t，满足条件 $|\cdot p| = |p \cdot| = |t \cdot| = 1$，则该子网为顺序结构子网。

  }

(2) 根据模型划分的子网段对日志进行分段：

  For $j = 1; j \leqslant k - 1; j = j + 1$

    $l_j = l_{|t \in N_j}$ % k 表示子网的总数，N_j 表示第 j 个子网

(3) 将(1)中得到的子网与对应的(2)中的子日志运用文献[44]中的对齐方法，获取分段的简化最优对齐集：

  For $j = 1; j \leqslant k - 1; j = j + 1$

  Select $f(j)$

    { Case 1: $\gamma_j = \text{SA}(N_j, l_j)$；

      Case 2: $\gamma_j = \text{PA}(N_j, l_j)$；

      Case 3: $\gamma_j = \text{CA}(N_j, l_j)$；

      Case 4: $\gamma_j = \text{LA}(N_j, l_j)$；

    } %SA 表示顺序结构，PA 表示并行结构，CA 表示选择结构，LA 表示循环结构

(4) 将每段的简化最优对齐集组合，从而得到日志与模型的完整的简化最优对齐集。

2. 行为偏差区域的定位

计算出模型与日志之间的简化最优对齐集后，下一步需要对简化最优对齐集中出现的变化对齐移动进行分析以定位行为出现偏差的位置。因此，接下来根据文献[45]中提出的对齐移动映射的思想，通过将该对齐移动映射到模型中，其中模型或日志的移动阐述了模型存在异常区域这一实情，匹配移动映射定位出待修复的区域，运用此映射，我们可以精确地定位出行为出现偏差的区域，以便进行下一步的行为偏差区域修复与优化工作。为此，给出算法 3.4。

算法 3.4　分析目标模型的行为偏差区域

输入：模型与日志的简化最优对齐集 γ。

输出：目标模型的行为偏差区域 R。

(1) 根据简化最优对齐集 γ(由算法 3.3 可得)计算最优对齐移动集合 C_γ。

(2) 对于(1)中得到的 C_γ,分别运用不同的方式映射到模型中来了解不一致信息:若 C_γ 中存在 (x_i,y_i) 为模型移动或同步移动,则该移动映射到模型中对应的活动 $\sharp_{act}(y_i)$;若存在 (x_i,y_i) 为日志移动,则该移动映射到该活动之前在模型中执行的最后一个活动和该活动之后在 (x_i,y_i) 模型中执行的第一个活动。其中 $x_i,y_i \in \{A,\cdots,N\}$,循环直至结束。

(3) 输出模型中的不一致变迁活动 $t_i \subseteq \sharp_{act}(x_i)$ 或 $\sharp_{act}(y_i)$,并根据文献[45]中基于 token 的模型变化域的识别方法找到业务流程模型行为出现偏差的区域 R,即 $R=\bigcup R_i$(其中,R_i 为 t_i 对应的偏差区域)。

上述算法 3.3 与算法 3.4 提供了如何运用相似最优对齐检测数据约束下的行为是否存在偏差并找出行为偏差区域的方法,图 3.10 给出了这一过程的基本思路。

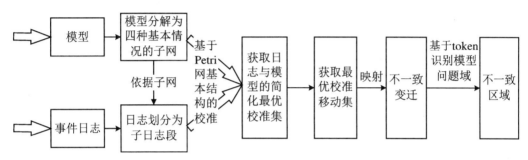

图 3.10 基于相似最优对齐分析模型一致性的基本思路

3.4.4 实例分析

对于 3.4.1 节提出的引例,如果采用文献[44]中提出的模型行为一致性分析方法进行分析,可以得到所给的流程模型与其记录的事件日志行为是一致的。由此可见,仅从控制流角度考虑直接判定行为是否存在异常这一技术具有较严重的弊端。本节将运用 3.4.3 节中开发出的算法准确定位出图 3.8 的行为出现偏差的区域。

首先,根据算法 3.3 的步骤(1)、(2),将图 3.8 所示的模型与日志分段,得到相应的子模型与子日志片段,见图 3.11。

然后,根据算法 3.3 的步骤(3),得到模型 M 与日志 L 的分段简化最优对齐集:

$$\gamma_1 = \left|\begin{array}{c} A,\{g=\text{衣服}\} \\ A,\{g=\text{衣服}\} \end{array}\right|$$

$$\gamma_2 = \left|\begin{array}{c} B,\{p=60\} \\ B,\{p=60\} \end{array}\right| \left|\begin{array}{c} \gg \\ C,\{g=\text{鞋}\} \end{array}\right| \left|\begin{array}{c} D,\{p=210\} \\ D,\{p=210\} \end{array}\right|$$

$$\gamma_3 = \left|\begin{array}{c} E,\{g=\text{衣服、鞋},p=270\} \\ E,\{g=\text{衣服、鞋},p=270\} \end{array}\right| \left|\begin{array}{c} G,\{a=\text{合肥}\} \\ \gg \end{array}\right| \left|\begin{array}{c} \gg \\ F,\{g=\text{衣服、鞋}\} \end{array}\right| \left|\begin{array}{c} H,\{g=\text{衣服、鞋}\} \\ H,\{g=\text{衣服、鞋}\} \end{array}\right|$$

$$\gamma_4 = \left|\begin{array}{c} J,\{m=260\} \\ J,\{m=260\} \end{array}\right| \left|\begin{array}{c} K,\{g=\text{衣服、鞋}\} \\ \gg \end{array}\right| \cup \left|\begin{array}{c} J,\{m=260\} \\ J,\{m=270\} \end{array}\right| \left|\begin{array}{c} K,\{g=\text{衣服、鞋}\} \\ K,\{g=\text{衣服、鞋}\} \end{array}\right|$$

$$\cup \left|\begin{array}{c} J,\{m=260\} \\ J,\{m=270\} \end{array}\right| \left|\begin{array}{c} K,\{g=\text{衣服、鞋}\} \\ K,\{g=\text{鞋}\} \end{array}\right|$$

$$\cup \left|\begin{array}{c} J,\{m=260\} \\ \gg \end{array}\right| \left|\begin{array}{c} \gg \\ L,\{g=\text{空}\} \end{array}\right| \left|\begin{array}{c} K,\{g=\text{衣服、鞋}\} \\ \gg \end{array}\right|$$

$$\cup \left| \begin{array}{c} J, \{m=260\} \\ \rangle\rangle \end{array} \right| \begin{array}{c} \rangle\rangle \\ L, \{m=270\} \end{array} \left| \begin{array}{c} K, \{g=衣服、鞋\} \\ K, \{g=衣服、鞋\} \end{array} \right.$$

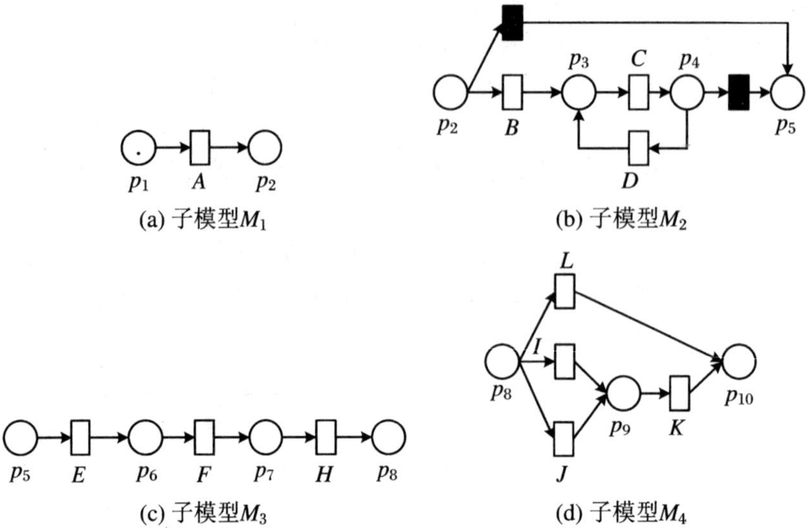

(a) 子模型 M_1

(b) 子模型 M_2

(c) 子模型 M_3

(d) 子模型 M_4

$L_1 = \langle (A, \{g=衣服\}) \rangle$

$L_2 = \langle (B, \{p=60\}), (D, \{p=210\}) \rangle$

$L_3 = \langle (E, \{g=衣服、鞋, p=270\}), (G, \{a=合肥\}), (H, \{g=衣服、鞋\}) \rangle$

$L_4 = \langle (J, \{m=260\}), (K, \{g=衣服、鞋\}) \rangle$

图 3.11 图 3.8 所示模型 M 与日志 L 的分段

其次,组合上述的分段最优对齐集得到完整的简化最优对齐集 γ,并选取其中一个进行分析,例如:

$$\gamma' = \left| \begin{array}{c} A, \{g=衣服\} \\ A, \{g=衣服\} \end{array} \right| \begin{array}{c} B, \{P=60\} \\ B, \{P=60\} \end{array} \left| \begin{array}{c} \rangle\rangle \\ C, \{g=鞋\} \end{array} \right| \begin{array}{c} D, \{P=210\} \\ D, \{P=210\} \end{array} \right.$$
$$\left. \begin{array}{c} E, \{g=衣服、鞋, p=270\} \\ E, \{g=衣服、鞋, p=270\} \end{array} \right| \begin{array}{c} G, \{a=安徽合肥\} \\ \rangle\rangle \end{array} \left| \begin{array}{c} \rangle\rangle \\ H, \{g=衣服、鞋\} \end{array} \right.$$
$$\left. \begin{array}{c} J, \{m=260\} \\ \rangle\rangle \end{array} \right| \begin{array}{c} \rangle\rangle \\ I, \{m=270\} \end{array} \left| \begin{array}{c} K, \{g=衣服、鞋\} \\ K, \{g=衣服、鞋\} \end{array} \right|$$

接下来,利用算法 3.4 可以得到模型行为不一致信息,例如:(1) 对于所购买的物品来说,顾客所要支付的金额应为 270 元,因此提出付款金额为 260 元的行为是不合适的;(2) 对于所考虑的情况,由于没有再次执行网上支付 10 元,因此不可能执行配送商品这一活动等(如图 3.8 模型 M 中的虚线区域)。对此添加控制节点控制不一致区域,例如,当顾客支付金额不足以购买所选商品时,系统可以提醒顾客再次进行支付方式选择,足够购买商品即可,或取消购物或货到付款,这样可以保证系统操作的规范性,如图 3.12 所示。

最后,对本方法与文献[47]的方法在最优对齐集的计算方面做了比较,结果说明了本方法的有效性,具体如表 3.8 所示。

分析表 3.8 可知,用本节方法计算 M 与 L 的最优对齐集数量为 5,而用文献[45]提到的方法计算最优对齐集的数量高达 16,是前者花费时间的 3 倍,由此可看出本节提出的方法在最优对齐集的计算上明显优于文献[45]的方法。

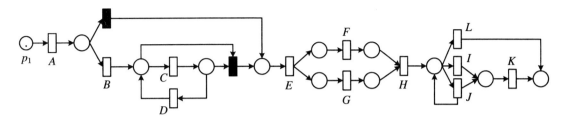

图 3.12　网上购物流程模型 M'

表 3.8　结果的比较

	M_1 与 L_1	M_3 与 L_3	M_4 与 L_4	M 与 L
本节方法计算最优对齐集的数量	1	1	5	5
文献[47]方法计算最优对齐集的数量	1	2	8	16

3.5　复杂对应条件下交互行为的行为轮廓一致性分析

本节为有效解决 Petri 网行为交互过程中出现的含有复杂对应关系的行为轮廓一致性问题,提出了一种基于复杂对应条件下的行为轮廓一致性测量方法。在标签 Petri 网环境下,在复杂对应关系的基础上,分析了模型中的复杂对应关系,提出了一种考虑一致匹配变迁包与匹配的变迁包的比值的测量方法,测量了含有复杂对应关系的行为轮廓的一致性服从度。通过理论和实例分析表明该方法的有效性。

3.5.1　复杂对应关系的处理分析

在介绍处理方法之前,我们先就文献[35]中提出的对应的定义给出说明。

定义 3.25(对应)　$N=(P,T,F)$ 和 $N'=(P',T',F')$ 是两个工作流网。对应关系 $\equiv\subseteq\varnothing(T)\times\varnothing(T')$ 联系着相应的两个网的各自的变迁集。令 $T_1\subseteq T$,$T_2\subseteq T$。如果 $T_1\equiv T_2$,称为是一个对应。(T_1,T_2) 称为是基本的 $\Leftrightarrow |T_1|=|T_2|=1$,否则是复杂的。

给出简单的示例如图 3.13、图 3.14 所示。

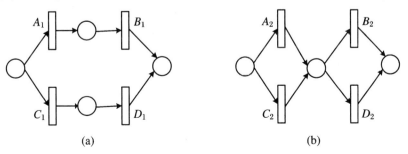

图 3.13　简单对应关系

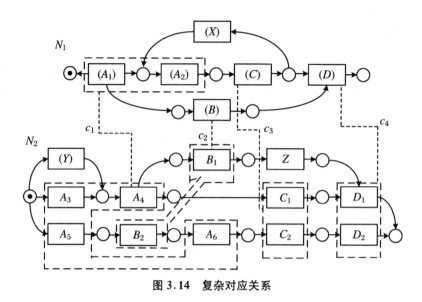

图 3.14 复杂对应关系

在图 3.14 中,有四个对应,它们都是复杂的。例如,c_1 代表的是 N_1 中的 $\{A_1,A_2\}$ 与 N_2 中的 $\{A_3,A_4,A_5,A_6\}$ 对应;c_2 代表的是 N_1 中的 $\{B\}$ 与 N_2 中的 $\{B_1,B_2\}$ 对应;c_3 代表的是 N_1 中的 $\{C\}$ 与 N_2 中的 $\{C_1,C_2\}$ 对应;c_4 代表的是 N_1 中的 $\{D\}$ 与 N_2 中的 $\{D_1,D_2\}$ 对应。注意这个对应的定义是建立在模型结构的基础上的。我们以对应 c_1 为例考虑,这个对应涉及业务流程的相同的工作。这个例子的行为语义是,A_2 在 N_1 中的发生与 N_2 中变迁 A_3 的潜在的发生,或 A_3 与 A_4 的同时发生,A_5 和 A_6 的发生是等价的。

对于像多对多对应关系的情景,我们可以加入中间模型,先把多对多关系转化为两个 1 对多关系。我们举一个简单的例子,如图 3.15(a)、(b)所示,(a)中 $\{t_{21},t_{22},t_{23}\}$ 和(b)中 $\{t_{24},t_{25}\}$ 是 3∶2 的对应关系,其他变迁都是一对一关系,且 $\{t_{21},t_{22},t_{23}\}$ 在(a)中与 t_1、t_3 的行为关系和 $\{t_{24},t_{25}\}$ 在(b)中与 t_1、t_3 的行为关系都是严格序关系(行为关系相同),这样的话,我们可以很容易地找到中间模型,如图 3.15(c)所示。我们引入模型(c)后,(a)中的 $\{t_{21},t_{22},t_{23}\}$ 与(c)中的 t_2 成为 3∶1 的对应关系,(c)中的 t_2 与(b)中的 $\{t_{24},t_{25}\}$ 成为 1∶2

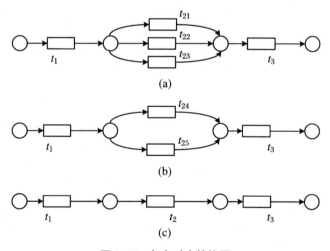

图 3.15 复杂对应转换图

的对应关系,这样一来,(c)就成为(a)和(b)间的桥梁模型,从而把多对多的对应关系转化为 1 对多(或多对 1)的对应关系,如此,多对多的对应就转化为两个 1 对多的对应。

但是对于更为复杂的关系图,如图 3.14 所示,$\{A_3, A_4, A_5, A_6\}$ 中变迁与变迁 B_1、B_2 行为关系不相同的情况,那么我们就要讨论哪种关系才是其主要的行为关系了。下面我们给出寻找中间模型的算法。

算法 3.5 寻找中间模型

输入:网系统 $S_1 = (N_1, M_1)$ 和 $S_2 = (N_2, M_2)$,其中 $N_1 = (P_1, T_1, F_1)$,$N_2 = (P_2, T_2, F_2)$,$T_1 = \{t_{11}, t_{12}, \cdots, t_{1n}\}$,$T_2 = \{t_{21}, t_{22}, \cdots, t_{2m}\}$ 且 $B_1 = \{\overrightarrow{}_1, +_1, \|_1\}$、$B_2 = \{\overrightarrow{}_2, +_2, \|_2\}$ 是行为轮廓。令 $R_1 \in B_1 \cup \{\overrightarrow{}_1^{-1}\}$,$R_2 \in B_2 \cup \{\overrightarrow{}_2^{-1}\}$,且存在复杂对应关系 $\simeq_0$、$\simeq_1$ 和 $\simeq_2$(其中 $\simeq_0$ 为简单对应关系,$\simeq_1$ 为 $1:n$ 对应关系,$\simeq_2$ 为 $n:m$ 对应关系)。

输出:中间网模型 N'。

(1) 分析 T_1 中的变迁 $t_{11}, t_{12}, \cdots, t_{1n}$,以 t_{1i} 为例,若不存在一个变迁 $t_{2j} \in T_2$,使得 $t_{1i} \sim t_{2j}$,那么输出 $T' = \{t_{11}, \cdots, t_{1n}, t_{21}, \cdots t_{2m}\}$,接着执行步骤(2)。

(2) 同样地分析 T_2 中的变迁 $t_{21}, t_{22}, \cdots, t_{2n}$,以 t_{2s} 为例,若不存在一个变迁 $t_{1t} \in T_1$,使得 $t_{2s} \sim t_{1t}$,那么输出 $T' = T'$,接着执行步骤(3)。

(3) 按照步骤(1)、(2)一直进行下去,若直到最后一个变迁 $t_{1n} \in T_1$,都不存在一个变迁 $t_{2l} \in T_2$,使得 $t_{1n} \sim t_{2q}$,那么算法终止,输出 $T' = \varnothing$,即中间网模型 S' 不存在;否则执行步骤(4)。

(4) 若有一个变迁 $t_{1b} \in T_1$,使得存在一个变迁 $t_{2d} \in T_2$,使得 $(t_{1b}, t_{2d}) \in \simeq_0$,那么输出 $T' = T' \setminus \{t_{1b}, t_{2d}\} \cup \{s_1\}$,接着执行步骤(5)。

(5) 一直进行下去,直到找到最后一个一一对应的变迁对 $\{t_{1f}, t_{2g}\}$,输出 $T' = T' \setminus \cdots \setminus \{t_{1f}, t_{2g}\} \cup \cdots \{s_h\}$,接着执行步骤(6)。

(6) 分析 $T' \cap T_1$ 中的变迁,以 t_{1h} 为例,若在 T_2 中能找到 $\{t_{2c}, \cdots, t_{2e}\}$,使得 t_{1h} 与 $\{t_{2c}, \cdots, t_{2e}\}$ 处于一对多的关系中,且 t_{1h} 与 $t_{1,h-1}$ 和 $t_{1,h+1}$ 在 T_1 中,同 $\{t_{2c}, \cdots, t_{2e}\}$ 与 $t_{2,c-1}$ 和 $t_{2,e+1}$ 在 T_2 中有着相同的行为轮廓关系,那么输出 $T' = T' \setminus \{t_{1k}, t_{2c}, \cdots, t_{2e}\} \cup \{s_l\}$,执行步骤(7);否则执行步骤(8)。

(7) 这样一直进行下去,直到 $T' \cap T_1$ 中最后一个变迁 t_{1n},在 T_2 中可以找到 $\{t_{2d}, \cdots, t_{2l}\}$,使得 t_{1n} 与 $\{t_{2d}, \cdots, t_{2l}\}$ 处于一对多的关系中,且 t_{1n} 与 $t_{1,n-1}$ 和 $t_{1,n+1}$ 在 T_1 中,同 $\{t_{2d}, \cdots, t_{2l}\}$ 与 $t_{2,d-1}$ 和 $t_{2,l+1}$ 在 T_2 中有着相同的行为轮廓关系,那么输出 $T' = T' \setminus \{t_{1n}, t_{2d}, \cdots, t_{2l}\} \cup \{s_e\}$,执行步骤(8);否则执行步骤(10)。

(8) 同理,在 $T' \cap T_2$ 中执行上面的步骤,直到 $T' \cap T_2$ 中最后一个变迁 t_{2m},在 T_1 中可以找到 $\{t_{1d}, \cdots, t_{1e}\}$,使得 t_{2m} 与 $\{t_{1d}, \cdots, t_{1e}\}$ 处于一对多的关系中,且 t_{2m} 与 $t_{2,m-1}$ 和 $t_{2,m+1}$ 在 T_2 中,同 $\{t_{1d}, \cdots, t_{1e}\}$ 与 $t_{1,d-1}$ 和 $t_{1,l+1}$ 在 T_1 中有着相同的行为轮廓关系,那么输出 $T' = T' \setminus \{t_{2m}, t_{1d}, \cdots, t_{1e}\} \cup \{s_m\}$,流关系 $F' = F' \cup \{(p, t) | (p, t) \in F'\} \cup \{(t, p) | (t, p) \in F'\}$,执行步骤(10);否则执行步骤(9)。

(9) 若在 T_1 中可以找到 $\{t_{1d}, \cdots, t_{1e}\}$,使得 t_{2m} 与 $\{t_{1d}, \cdots, t_{1e}\}$ 处于一对多的关系中,且 t_{2m} 与 $t_{2,m-1}$ 和 $t_{2,m+1}$ 在 T_2 中,同 $\{t_{1d}, \cdots, t_{1e}\}$ 与 $t_{1,d-1}$ 和 $t_{1,l+1}$ 在 T_1 中有着不相同的行为轮廓关系,那么在 $\{t_{1d}, \cdots, t_{1e}\}$ 中找出最主要的行为关系,以行为轮廓关系 $t_{1,d-1}$ 与 $\{t_{1d}, \cdots, t_{1e}\}$ 中的 t_{1f} 为例,输出 $T' = T' \setminus \{t_{2m}, t_{1d}, \cdots, t_{1e}\} \cup \{t_{1f}\}$,流关系 $F' = F' \cup \{(p_{1,f-1},$

$t_{1f}), (t_{1,f}, p_{1,f+1}), (t_{1f}, p_f)\}$，执行步骤(10)。

(10) 若在 $T' \cap T_1$ 中存在与 $T' \cap T_2$ 中有多对多对应关系的变迁集合，以 $\{t_{1d}, \cdots, t_{1e}\}$ 与 $\{t_{2c}, \cdots, t_{2e}\}$ 为例，假设 $\{\{t_{1d}, \cdots, t_{1e}\}, \{t_{2c}, \cdots, t_{2e}\}\} \in \simeq_2$，分析 $t_{1,d-1}$ 与 $\{t_{1d}, \cdots, t_{1e}\}$ 中各个变迁在 T_1 的行为轮廓关系，选择主要的关系，以主要关系为 $t_{1,d-1}$ 与 t_{1e}、$t_{2,c-1}$ 与 $t_{2,c}$ 为例，输出 $T_1' = T' \bigcup \{t_{1e}\}$，$T_2' = T' \bigcup \{t_{2c}\}$，且输出流关系：

$$F_1' = F' \bigcup \{(p_{1,d-2}, t_{1,d-1}), (t_{1,d-1}, p_d), (t_e, p_{e+1}), (t_e, p_e), (p_{e-1}, t_e)\}$$
$$F_2' = F' \bigcup \{(p_{2,c-2}, t_{2,c-1}), (t_{2,c-1}, p_c), (t_{2c}, p_{c+1}), (t_c, p_c), (p_{c-1}, t_c)\}$$

然后执行步骤(11)。

(11) 一直这样进行下去，直到最后一对多对多的变迁对 $\{t_{1g}, \cdots, t_{1n}\}$ 与 $\{t_{2h}, \cdots, t_{2m}\}$，分析 $t_{1,g-1}$ 与 $\{t_{1g}, \cdots, t_{1n}\}$ 中各个变迁在 T_1 的行为轮廓关系，选择最主要的行为关系，以主要关系 $t_{1,g-1}$ 与 t_{1h}、$t_{2,h-1}$ 与 t_{2l} 为例，输出 $T_1' = T' \bigcup \{t_{1h}\}$，$T_2' = T' \bigcup \{t_{2l}\}$，且输出流关系：

$$F_1' = F' \bigcup \{(p_{1,h-2}, t_{1,h-1}), (t_{1,h-1}, p_h), (t_h, p_{h+1}), (t_h, p_h), (p_{h-1}, t_h)\}$$
$$F_2' = F' \bigcup \{(p_{2,h-2}, t_{2,l-1}), (t_{2,h-1}, p_l), (t_{2l}, p_{2l+1}), (t_{2,h-1}, p_{2,h-1}), (p_{2l-1}, t_{2l})\}$$
$$P_1' = P \setminus \{p \mid (p,t) \notin F_1' \lor (t,p) \notin F_1' \land t \in T_1'\}$$
$$P_2' = P \setminus \{p \mid (p,t) \notin F_2' \lor (t,p) \notin F_2' \land t \in T_2'\}$$

然后执行步骤(12)。

(12) 令 $T_1 = T_1'$、$T_2 = T_2'$、$F_1 = F_1'$、$F_2 = F_2'$，返回步骤(1)，直到得到唯一一个 T'、F'、P'，则输出 $N' = \{T', F', P'\}$，算法终止。

由算法 3.5，我们可以找到图 3.14 的一重中间模型 1 和一重中间模型 2（由算法 3.5 步骤(10)分别得到的 $N_1' = \{P_1', T_1', F_1'\}$ 和 $N_2' = \{P_2', T_2', F_2'\}$），如图 3.16 所示。

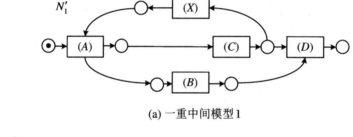

(a) 一重中间模型 1

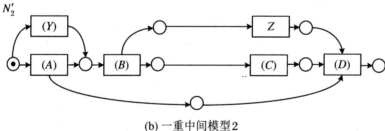

(b) 一重中间模型 2

图 3.16 一重中间模型

再由算法 3.5，可得到中间模型，如图 3.17 所示。

如此，我们可以先把 Petri 网模态化，转化为模态 Petri 网，然后将转化后的模态 Petri 网精炼，最后应用基本对应关系来研究复杂对应关系，但是这种方法只是将复杂对应近似地转化为简单对应，而且在把复杂对应关系转化为简单对应关系的过程中，经历了 Petri 网的模态化、精炼、再比较等操作,这样就使得得到的两个新的 Petri 网的一致性度有所偏差,且较繁琐;而对于打包操作,我们可以借用一种方法将模型中的处于某种行为关系的变迁打包,研究变迁包的对应关系。

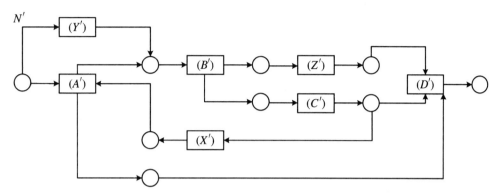

图 3.17　中间模型

3.5.2　基于复杂对应关系的 Petri 网的行为轮廓一致性分析

定义 3.26(对应的路径一致性)　$N=(P,T,F)$ 和 $N'=(P',T',F')$ 是两个工作流网,关于对应 $C_1=(T_1,T_3)$ 和 $C_2=(T_2,T_4)$ 的路径一致性定义如下:

(1) C_1 和 C_2 是从 N 到 N' 路径一致的,当且仅当对于任意的变迁路径 $\pi \in P_N^T$,存在一个路径 $\pi' \in P_{N'}^T$,使得对于分割的投影 $\rho_{(T_1,T_2)}(\tau_{(T_1,T_2)}(\pi))=\pi_1,\cdots,\pi_n$ 且 $\rho_{(T_3,T_4)}(\tau_{(T_3,T_4)}(\pi'))=\pi'_1,\cdots,\pi'_n$,对于所给任意的 $i \in \mathbb{N}, 1 \leqslant i \leqslant n$,有:

① 如果 $\pi_i \subseteq (T_1 \setminus L_{(T_1,T_2)}(N))$,那么 $\pi'_i \subseteq (T_3 \setminus L_{(T_3,T_4)}(N'))$;
② 如果 $\pi_i \subseteq (T_2 \setminus L_{(T_1,T_2)}(N))$,那么 $\pi'_i \subseteq (T_4 \setminus L_{(T_3,T_4)}(N'))$;
③ 如果 $\pi_i \subseteq L_{(T_1,T_2)}(N)$,那么 $\pi'_i \subseteq L_{(T_3,T_4)}(N')$。

(2) C_1 和 C_2 是路径一致的 $\Leftrightarrow$ 它们在两个方向都是路径一致的。

定义 3.27(弱行为轮廓一致性)　$S_1=(N_1,M_1)$ 和 $S_2=(N_2,M_2)$ 是网系统,其中 $N_1=(P_1,T_1,F_1)$,$N_2=(P_2,T_2,F_2)$,且 $B_1=\{\overset{\sim}{\longrightarrow}_1,+_1,\|_1\}$、$B_2=\{\overset{\sim}{\longrightarrow}_2,+_2,\|_2\}$ 是行为轮廓。令 $R_1 \in B_1 \cup \{\overset{\sim}{\longrightarrow}_1^{-1}\}$,$R_2 \in B_2 \cup \{\overset{\sim}{\longrightarrow}_2^{-1}\}$。一个一致关系 $\sim \subseteq T_1 \times T_2$ 是弱行为轮廓一致的,当且仅当对于所有的变迁对 $(t_x,t_y) \in (T_1\sim \times T_2\sim)$,$t_x \neq t_y$,且变迁 $t_s, t_t \in T_2\sim$,$t_s \neq t_t$,$t_x \sim t_s$,$t_y \sim t_t$,有以下其中之一发生:

(1) $(t_x R_1 t_y \wedge t_s R_2 t_t) \Rightarrow R_1 \simeq R_2$;
(2) $t_x \sim t_t, t_y \sim t_s$。

定义 3.28(行为轮廓一致性)　$S_1=(N_1,M_1)$ 和 $S_2=(N_2,M_2)$ 是网系统,其中 $N_1=(P_1,T_1,F_1)$,$N_2=(P_2,T_2,F_2)$,且 $B_1=\{\overset{\sim}{\longrightarrow}_1,+_1,\|_1\}$、$B_2=\{\overset{\sim}{\longrightarrow}_2,+_2,\|_2\}$ 是它们的行为轮廓。令 $R_1 \in B_1 \cup \{\overset{\sim}{\longrightarrow}_1^{-1}\}$,$R_2 \in B_2 \cup \{\overset{\sim}{\longrightarrow}_2^{-1}\}$。一个一致关系 $\sim \subseteq T_1 \times T_2$ 是行为轮廓一致的,当且仅当它是弱行为轮廓一致的且对于所有的变迁 $t_x \in T_1\sim, t_s \in T_2\sim$,$t_x \sim t_s$,有 $(t_x R_1 t_x \wedge t_s R_2 t_s) \Rightarrow R_1 \simeq R_2$。

我们可知对于简单对应(1:1),弱行为轮廓一致与行为轮廓一致是等价的,而对于复杂对应($n:m$),先前的研究是弱行为轮廓一致性全为1,行为轮廓一致性为0,即还不能有效地区分复杂对应。对于复杂对应的情况,下面我们引入次弱行为轮廓一致性的概念。

定义 3.29(次弱行为轮廓一致性)　$S_1=(N_1,M_1)$ 和 $S_2=(N_2,M_2)$ 是网系统,其中 $N_1=(P_1,T_1,F_1),N_2=(P_2,T_2,F_2)$,且 $B_1=\{\stackrel{\sim}{\longrightarrow}_1,+_1,\parallel_1\}$、$B_2=\{\stackrel{\sim}{\longrightarrow}_2,+_2,\parallel_2\}$ 是行为轮廓。令 $R_1\in B_1\cup\{\stackrel{\sim}{\longrightarrow}_1^{-1}\},R_2\in B_2\cup\{\stackrel{\sim}{\longrightarrow}_2^{-1}\}$。一个一致关系 $\sim\subseteq T_1\times T_2$ 是次弱行为轮廓一致的,当且仅当它是弱行为轮廓一致的且对于所有的变迁对 $(t_x,t_y)\in(T_1\sim\times T_2\sim),t_x\neq t_y$,及变迁 $t_s,t_t\in T_2\sim,t_s\neq t_t,t_x\sim t_s,t_y\sim t_t$,有以下其中之一发生:

(1) $(t_xR_1t_y\wedge t_sR_2t_t)\Rightarrow R_1\simeq R_2$;

(2) $t_x\sim t_t,t_y\sim t_s$。

定义 3.30(变迁包)　$S_1=(N_1,M_1)$ 和 $S_2=(N_2,M_2)$ 是两个网系统,其中 $N_1=(P_1,T_1,F_1),N_2=(P_2,T_2,F_2)$。$T'\subseteq T$ 是一个变迁集,集合 $T_P\subseteq T'$ 是一个变迁包,若对于任意的一对变迁 $(x,y)\in(T_P\times T_P)$,满足下面的其中一种关系:

(1) 严格序变迁包 $\stackrel{\sim}{\longrightarrow}_P$,当且仅当 $x\succ y,y\not\succ x$。

(2) 排他性变迁包 $+_P$,当且仅当 $x\not\succ y,y\not\succ x$。

(3) 交叉序变迁包 $\parallel_P$,当且仅当 $x\succ y,y\succ x$。

$B=\{\stackrel{\sim}{\longrightarrow}_P,+_P,\parallel_P\}$ 是在 T' 上的行为轮廓。

定义 3.31(次弱行为轮廓一致性度)　$S_1=(N_1,M_1)$ 和 $S_2=(N_2,M_2)$ 是网系统,$S'=(N',M')$ 是它们的中间网系统,其中 $N_1=(P_1,T_1,F_1),N_2=(P_2,T_2,F_2),N'=(P',T',F')$,且 $B_1=\{\stackrel{\sim}{\longrightarrow}_1,+_1,\parallel_1\}$、$B_2=\{\stackrel{\sim}{\longrightarrow}_2,+_2,\parallel_2\}$、$B'=\{\stackrel{\sim}{\longrightarrow}',+',\parallel'\}$ 是行为轮廓。令 $R_1\in B_1\cup\{\stackrel{\sim}{\longrightarrow}_1^{-1}\},R_2\in B_2\cup\{\stackrel{\sim}{\longrightarrow}_2^{-1}\},R'\in B'\cup\{\stackrel{\sim}{\longrightarrow}'^{-1}\}$,且存在复杂对应关系 $\simeq_0$、$\simeq_1$ 和 $\simeq_2$(简单对应我们记为 $\simeq_0$,$1:n$ 对应我们记为 $\simeq_1$,$n:m$ 对应我们记为 $\simeq_2$),轮廓 B_1 的变迁集 T_1 可分为三种变迁集 T_{11}、T_{12} 和 T_{13},且轮廓 B_2 的变迁集 T_2 也可分为三种变迁集 T_{21}、T_{22} 和 T_{23},其中 T_{11} 中的变迁与 T_{21} 中的变迁都只满足对应关系 $\simeq_0$,T_{21} 中的变迁与 T_{22} 中的变迁都只满足对应关系 $\simeq_1$,T_{13} 和 T_{23} 中的变迁都只满足对应关系 $\simeq_2$。则对应关系 $\simeq$ 的次弱行为轮廓的一致性度定义为

$$BP_\simeq = \omega_0 BP_{\simeq_0} + \omega_1 BP_{\simeq_1} + \omega_2 BP_{\simeq_2} - \omega_3 BP_{\simeq'}$$

其中:

$$\omega_0 = \frac{|\widetilde{T}_{11}\times\widetilde{T}_{11}|}{|(\widetilde{T}_1\times\widetilde{T}_1)|}$$

$$\omega_1 = \frac{|\widetilde{T}_{12}\times\widetilde{T}_{12}|+|\widetilde{T}_{22}\times\widetilde{T}_{22}|}{|(\widetilde{T}_1\times\widetilde{T}_1)|+|(\widetilde{T}_2\times\widetilde{T}_2)|}$$

$$\omega_2 = \frac{|\widetilde{T}_{13}\times\widetilde{T}_{13}|+|\widetilde{T}_{23}\times\widetilde{T}_{23}|}{|(\widetilde{T}_1\times\widetilde{T}_1)|+|(\widetilde{T}_2\times\widetilde{T}_2)|}$$

$$\omega_3 = \frac{\sum\limits_{(t_s,t_t)\in\simeq_0 \land (t_s,t_t)\in\simeq_1 \land (t_s,t_t)\in\simeq_2}(\tilde{\vartheta}(t_x)+\tilde{\vartheta}(t_y))}{\sum\limits_{(t_s,t_t)\in\simeq}(|T_1\times T_1|+|T_2\times T_2|+|T'\times T'|)}$$

$$BP_{\simeq_0} = \frac{|\widetilde{T}_{11}\times\widetilde{T}_{11}|+|\widetilde{T}_{21}\times\widetilde{T}_{21}|}{|(T_{11}\times T_{11})|+|(T_{21}\times T_{21})|}$$

$$BP_{\simeq_1} = \left\{\frac{\sum\limits_{(t_s,t_t)\in\simeq_0}(|\widetilde{T}_{11}\times\widetilde{T}_{11}|+|\widetilde{T}_{12}\times\widetilde{T}_{12}|)}{\sum\limits_{(t_s,t_t)\in\simeq}(|T_1\times T_1|+|T_2\times T_2|)}|\widetilde{T}_1\times\widetilde{T}_1|\right.$$

$$+\frac{\sum\limits_{(t_x,t_y)\in\simeq_1}(\tilde{\vartheta}(t_x)+\tilde{\vartheta}(t_y))}{\sum\limits_{(t_x,t_y)\in\simeq}(\tilde{\vartheta}(t_x)+\tilde{\vartheta}(t_y))}|\widetilde{T}_2\times\widetilde{T}_2|$$

$$-\frac{\sum\limits_{(t_x,t_y)\in\simeq_1\land(t_x,t_y)\in\simeq_0\land(t_x,t_y)\in\pi}(\tilde{\vartheta}(t_x)+\tilde{\vartheta}(t_y))}{\sum\limits_{(t_x,t_y)\in\simeq}(\tilde{\vartheta}(t_x)+\tilde{\vartheta}(t_y))}$$

$$\cdot(|\widetilde{T}_{21}\times\widetilde{T}_{21}|+|\widetilde{T}_{22}\times\widetilde{T}_{22}|)\right\}\div(|T_1\times T_1|+|T_2\times T_2|)$$

$$BP_{\simeq_2} = \frac{\sum\limits_{(t_x,t_y)\in\simeq_1\land t_y\in T'\land(t_z,t_y)\in\simeq_1}(\tilde{\vartheta}(t_x)+\tilde{\vartheta}(t_z))}{\sum\limits_{(t_x,t_y)\in\simeq_2}(\tilde{\vartheta}(t_x)+\tilde{\vartheta}(t_z))}(|\widetilde{T}_{31}\times\widetilde{T}_{31}|+|\widetilde{T}_{32}\times\widetilde{T}_{32}|)\}$$

$$\div(|T_1\times T_1|+|T_2\times T_2|)$$

$$BP_{\simeq'} = \frac{\sum\limits_{((t_x,t_y)\in\simeq_1\land(t_x,t_z)\in\simeq_2)\lor((t_x,t_y)\in\simeq_2\land(t_x,t_z)\in\simeq_2)}(\tilde{\vartheta}(t_x)+\tilde{\vartheta}(t_z))}{\sum\limits_{(t_x,t_y)\in\simeq_2}(\tilde{\vartheta}(t_x)+\tilde{\vartheta}(t_z))}$$

$$\cdot(|\widetilde{T}'\times\widetilde{T}|)\div(|T'\times T'|)$$

式中, $\tilde{\vartheta}(t) = \frac{\sum\limits_{(t_x,t_s)\in\simeq\land((t,t_x)\in\pi\lor(t,t_s)\in\simeq_0)}\vartheta(t_x,t_s)}{|\{(t_x,t_s)\in\simeq|t_x\in T_{12}\land t_s\in T_{22}\}|}$ （$(\simeq,\vartheta)$ 是关于 $\simeq\subseteq T_1\times T_2$ 的一个匹配）。

算法 3.6　计算复杂对应关系 $\simeq$ 的次弱一致性度

输入：网系统 $S_1=(N_1,M_1)$ 和 $S_2=(N_2,M_2)$，中间网系统 $S'=(N',M')$，其中 $N_1=(P_1,T_1,F_1)$，$N_2=(P_2,T_2,F_2)$，$N'=(P',T',F')$，且 $B_1=\{\overset{\sim}{\longrightarrow}_1,+_1,\|_1\}$、$B_2=\{\overset{\sim}{\longrightarrow}_2,+_2,\|_2\}$、$B'=\{\overset{\sim}{\longrightarrow}',+',\|'\}$ 是行为轮廓。令 $R_1\in B_1\cup\{\overset{\sim}{\longrightarrow}_1^{-1}\}$，$R_2\in B_2\cup\{\overset{\sim}{\longrightarrow}_2^{-1}\}$，$R'\in B'\cup\{\overset{\sim}{\longrightarrow}'^{-1}\}$，且存在复杂对应关系 $\simeq_0$、$\simeq_1$ 和 $\simeq_2$。

输出：次弱一致性度 $BP_{\simeq}$。

(1) 计算 $|\widetilde{T}_{11}\times\widetilde{T}_{11}|$，从而计算 $\frac{|\widetilde{T}_{11}\times\widetilde{T}_{11}|}{|(\widetilde{T}_1\times\widetilde{T}_1)|}$，输出 $\omega_0=\frac{|\widetilde{T}_{11}\times\widetilde{T}_{11}|}{|(\widetilde{T}_1\times\widetilde{T}_1)|}$。

(2) 分别计算出 $|\widetilde{T}_{12} \times \widetilde{T}_{12}|$、$|\widetilde{T}_{22} \times \widetilde{T}_{22}|$。

(3) 由定义 3.31,计算出 $|\widetilde{T}_1 \times \widetilde{T}_1|$ 和 $|\widetilde{T}_2 \times \widetilde{T}_2|$,输出

$$\omega_1 = \frac{|\widetilde{T}_{12} \times \widetilde{T}_{12}| + |\widetilde{T}_{22} \times \widetilde{T}_{22}|}{|(\widetilde{\widetilde{T}}_1 \times \widetilde{\widetilde{T}}_1)| + |(\widetilde{\widetilde{T}}_2 \times \widetilde{\widetilde{T}}_2)|}$$

(4) 分别计算 $|\widetilde{T}_{13} \times \widetilde{T}_{13}|$、$|\widetilde{T}_{23} \times \widetilde{T}_{23}|$,输出

$$\omega_2 = \frac{|\widetilde{T}_{13} \times \widetilde{T}_{13}| + |\widetilde{T}_{23} \times \widetilde{T}_{23}|}{|(\widetilde{\widetilde{T}}_1 \times \widetilde{\widetilde{T}}_1)| + |(\widetilde{\widetilde{T}}_2 \times \widetilde{\widetilde{T}}_2)|}$$

(5) 再根据定义 3.31,分别计算出 ω_3、$BP_{\simeq_0}$、$BP_{\simeq_1}$、$BP_{\simeq_2}$、$BP_{\simeq'}$,输出 ω_3、$r_0 = BP_{\simeq_0}$、$r_1 = BP_{\simeq_1}$、$r_2 = BP_{\simeq_2}$、$r_3 = BP_{\simeq'}$。

(6) 输出 $BP_{\simeq} = \omega_0 r_0 + \omega_1 r_1 + \omega_2 r_2 - \omega_3 r_3$。

对图 3.14,我们先进行复杂对应处理,找到其中间模型,如图 3.17 所示,知其变迁集 $T' = \{A', B', C', D', X', Y', Z'\}$。由图 3.14 知 $T_1 = \{A_1, A_2, B, C, D, X\}$、$T_2 = \{A_3, A_4, A_5, A_6, B_1, B_2, C_1, C_2, D_1, D_2, Y, Z\}$,且 N_1 和 N_2 不存在 1∶1 对应关系,有三个 1∶2 对应关系,只有一个 2∶4 对应关系,那么有 $T_{11} = T_{21} = \varnothing$、$T_{12} = \{B, C, D\}$、$T_{22} = \{B_1, B_2, C_1, C_2, D_1, D_2\}$、$T_{13} = \{A_1, A_2\}$、$T_{23} = \{A_3, A_4, A_5, A_6\}$,故 $|\widetilde{T}_{11} \times \widetilde{T}_{11}| = 0$ 且 $|\widetilde{T}_{21} \times \widetilde{T}_{21}| = 0$,可知 $\omega_0 = 0$、$BP_{\simeq_0} = 0$;由算法 3.6,我们可以分别计算出 $\omega_1 = \frac{3 \times 3 + 6 \times 6}{5 \times 5 + 10 \times 10} = \frac{9}{25}$、$BP_{\simeq_1} = \frac{0 + 10 \times 10 \times \frac{5}{6} - 0}{6 \times 6 + 12 \times 12} \approx 0.46296$、$\omega_2 = \frac{2 \times 2 + 4 \times 4}{5 \times 5 + 10 \times 10} = \frac{4}{25}$、$BP_{\simeq_2} = \frac{(2 \times 2 + 4 \times 4) \times \frac{2}{9}}{6 \times 6 + 12 \times 12} = \frac{4}{36}$、$\omega_3 = 0$、$BP_{\simeq'} = 0$,故 $BP_{\simeq} = \omega_0 \cdot BP_{\simeq_0} + \omega_1 \cdot BP_{\simeq_1} + \omega_2 \cdot BP_{\simeq_2} - \omega_3 \cdot BP_{\simeq'} = \frac{9}{25} \times 0.46296 + \frac{4}{25} \times \frac{4}{36} - 0 \approx 0.1845$。

3.5.3 实例分析

我们看一个现实生活中的例子,如图 3.18 所示。

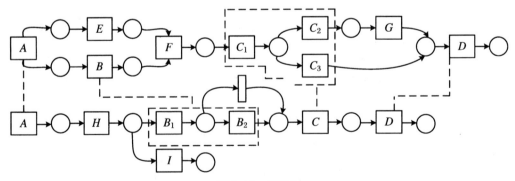

图 3.18 实例图

图中 A 表示接受申请，E 表示检测申请，B 表示当地检察，H 表示检测可采纳的，F 表示公布通知，I 表示公布不采纳的，B_1 表示是否需要视察，B_2 表示执行视察，C 表示流程允许，C_1 表示做出决定，C_2 表示发送许可，C_3 表示发送拒绝，G 表示完成许可，D 表示发送账单。

由算法 3.5，我们可以找到它们的中间模型，如图 3.19 所示。

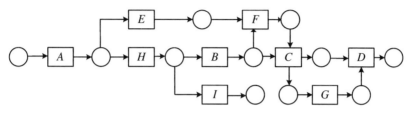

图 3.19　图 3.18 的中间模型

有 2 个 1∶1 对应关系，一个 1∶2 对应关系，1 个 3∶1 对应关系，知此时的 $T_{11}=\{A, B, C_1, C_2, C_3, D\}$、$T_{21}=\{A, B_1, B_2, C, D\}$、$T_{12}=\{B, C_1, C_2, C_3\}$、$T_{22}=\{B_1, B_2, C\}$，$T_{13}=T_{23}=\varnothing$，所以由算法 3.5 可以分别得到

$$\omega_0 = \frac{4 \times 4}{6 \times 6} = \frac{4}{9}$$

$$\omega_1 = \frac{4 \times 4 + 3 \times 3}{6 \times 6 + 5 \times 5} = \frac{25}{61} \approx 0.4098$$

$$\omega_2 = 0$$

$$\omega_3 = 0$$

$$BP_{\simeq_0} = \frac{4 \times 4 + 4 \times 4}{6 \times 6 + 5 \times 5} = \frac{32}{61} \approx 0.5246$$

$$BP_{\simeq_1} = \frac{\frac{2 \times 2 + 2 \times 2}{5 \times 5 + 6 \times 6} \times (6 \times 6) + \frac{4 \times 4 + 3 \times 3}{6 \times 6 + 5 \times 5} \times (6 \times 6)}{9 \times 9 + 7 \times 7} \approx 0.1151$$

故

$$BP_{\simeq} = \omega_0 \cdot BP_{\simeq_0} + \omega_1 \cdot BP_{\simeq_1} + \omega_2 \cdot BP_{\simeq_2} - \omega_3 \cdot BP_{\simeq'}$$

$$= \frac{4}{9} \times 0.5246 + 0.4098 \times 0.1151 \approx 0.2804$$

即其弱一致性度约为 0.2804。

3.6　小　　结

流程挖掘代表了一个重要的研究主题，包括对企业完整的运营过程进行建模、从事件日志中提取知识建立真实执行模型、对业务流程的相关数据进行分析以提取有用的信息等[48]。随着越来越多的过程感知信息系统的实现，越来越多基于系统的数据被记录下来，从而流程挖掘相关技术的需求量也在不断增大。由于大多数信息系统允许一定程度的灵活

性和偏差,流程挖掘中的一致性检测便有了很重要的适用价值,对齐也逐渐演变成衡量一致性的主要途径[1]。

3.1 节简要介绍了业务流程模型行为一致性研究的现状。

3.2 节在考虑行为轮廓和语义约束两个方面的基础上,提出了分析合并模型一致性的方法。首先基于 Petri 网将输入模型作为一个整体,定义扩充的行为轮廓及扩充的匹配关系等概念,以此来比较输入模型与合并模型之间的顺序关系;然后通过定义语义相似度及外延相似度的概念,充分考虑输入模型与合并模型之间的语义约束条件,再结合流程模型本身的结构特点,给出最终的测量合并模型的一致性的算法;最后通过实例验证了本节提出的算法比以往的算法更精确。

3.3 节基于现有研究的优缺点,给出了基于带标签的行为 Petri 网的分析控制流和数据流对业务流程模型一致性影响的方法。首先根据带标签的行为 Petri 网的语义,给出了控制流 Petri 网和数据流 Petri 网的定义,避免了变量的单一性;然后,基于行为轮廓和伙伴流程的概念,给出流程模型间的行为映射,利用变迁之间的行为值得到行为距离向量,量化变迁之间的行为关系;最后,通过以控制流 Petri 网和数据流 Petri 网为主体,进行模型交互得到交互模型,计算相应流程模型之间的行为兼容度,克服了判断流程模型一致性的局限性。

3.4 节的工作弥补了仅考虑业务流程模型控制流一致性并以此来表示业务流程模型一致性所导致的结果精确性不高且效率较低的不足,为进一步更精确地检测行为是否存在偏差,以及对行为出现偏差区域进行优化与修复奠定了基础。

3.5 节针对工作流系统中的复杂对应情况,提出了复杂对应的处理方法和基于复杂对应的行为约束的服从测量方法,并用一个实例证明了该方法的有效性。

参 考 文 献

[1] WEIDLICH M, ARTEM P, NIRMIT D, et al. Process compliance analysis based on behavioural profiles[J]. Information Systems, 2011,36(7):1009-1025.

[2] ROZINAT A, AALST W M P. Conformance testing: measuring the fit and appropriateness of event logs and process models[C]//Third International Conference on Business Process Management (BPM 2005), Nancy, France.2005:163-176.

[3] ROZINAT A, AALST W M P. Conformance checking of processes based on monitoring real behavior[J]. Information Systems, 2008,33(1):64-95.

[4] WEIDLICH M, ARTEM P, NIRMIT D, et al. Process Compliance Measurement Based on Behavioural Profiles[M]. Springer, 2010:499-514.

[5] WEIDLICH M, HOLGER Z, JAN M, et al. Event-based Monitoring of Process Execution Violations[M]. Springer, 2011:182-198.

[6] SWINNEN J, BENOIT D, MIEKE-J J, et al. A Process Deviation Analysis – A Case Study[M]. Springer, 2012.

[7] AGRAWAL R. Mining association rules between sets of items in large databases[C]// Acm Sigmod International Conference on Management of Data. ACM, 1993:207-216.

[8] JANS M, BENOIT D, KOEN V. Does Process Mining Add to Internal Auditing? An Experience Report[M]. Springer, 2011.

[9] ADRIANSYAH A. Aligning observed and modeled behavior[D]. Technische Universiteit Eindhoven, 2014.

[10] Data Streams: Models and Algorithms[M]. Springer, 2007.

[11] BIFET A, GEOFF H, BERNHARD P, et al. Moa: massive online analysis, a framework for stream classification and clustering[C]//Proceedings of the First Workshop on Applications of Pattern Analysis. PMLR, 2010: 44-50.

[12] BROUCKE S-V, JORGE M-G, JOSEP C, et al. Event-based Realtime Decomposed Conformance Analysis[M]. Springer, 2014.

[13] ADRIANSYAH A, NATALIA S, BOUDEWIJN-F D. Cost-based fitness in conformance checking [C]//2011 Eleventh International Conference on Application of Concurrency to System Design. IEEE, 2011: 57-66.

[14] WEERDT J, MANU B, JAN V, et al. A robust F-measure for evaluating discovered process models [C]//2011 IEEE Symposium on Computational Intelligence and Data Mining (CIDM). IEEE, 2011: 148-155.

[15] AALST W M P. Mediating between modeled and observed behavior: the quest for the "right" process: keynote[C]//The 7th International Conference on Research Challenges in Information Science (RCIS). IEEE, 2013: 1-12.

[16] CANFORA G, FELIX G, MARIO P, et al. A family of experiments to validate metrics for software process models[J]. Journal of Systems and Software, 2005, 77(2): 113-129.

[17] FAHLAND D, MASSIMILIANO L, BOUDEWIJN-F D, et al. Behavioral conformance of artifact-centric process models[C]// BIS 2011. Poznan(PL), 2011: 37-49.

[18] GROVER V, KIRK-D F, JAMES-T T. Exploring the success of information technology enabled business process reengineering[J]. IEEE Transactions on Engineering Management, 1994, 41(3): 276-284.

[19] ROLLAND C, NAVEEN P. Bridging the gap between organisational needs and ERP functionality [J]. Requirements Engineering, 2000, 5(3): 180-193.

[20] DECKER G, MATHIAS W. Behavioral consistency for B2B process integration[C]//International Conference on Advanced Information Systems Engineering(CAiSE 2007): 20070611-15: Trondheim(NO). Troutdale, OR, 2007: 81-95.

[21] CAETANO A, AURELIO A, JOSE T. Using business transactions to analyse the consistency of business process models[C]//Hawaii International Conference on System Sciences (HICSS 2012). Kaui, Hawaii, USA, 2012: 4277-4285.

[22] WEIDLICH M, JAN M, MATHIAS W. Computation of behavioural profiles of process models [C]//Business Process Technology, Hasso Plattner Institute for IT-Systems Engineering. Potsdam, 2009: 1-11.

[23] WEIDLICH M, JAN M. Perceived consistency between process models[J]. Information Systems, 2012, 37(2): 80-98.

[24] WEIDLICH M, ARTEM P, JAN M, et al. Causal behavioural profiles – efficient computation, applications, and evaluation[J]. Fundamenta Informaticae, 2011, 113(3-4): 399-435.

[25] WEIDLICH M, ARTEM P, JAN M, et al. Efficient Computation of Causal Behavioural Profiles

Using Structural Decomposition[M]. Springer, 2010: 63-83.

[26] BENATALLAH B, FABIO C, FAROUK T. Representing, analysing and managing web service protocols[J]. Data & Knowledge Engineering, 2006, 58(3): 327-357.

[27] CANAL C, ERNESTO P, TROYA J-M. Compatibility and inheritance in software architectures[J]. Science of Computer Programming, 2001, 41(2): 105-138.

[28] YEGANEH S-H, JAFAR H, HABIB R, et al. Semantic web service composition testbed[J]. Computers & Electrical Engineering, 2010, 36(5): 805-817.

[29] MEDEIROS A-A, AALST W M P, WEIJTERS A J. Quantifying process equivalence based on observed behavior[J]. Data & Knowledge Engineering, 2008, 64(1): 55-74.

[30] DONGEN B, REMCO D, MENDLING J. Measuring Similarity between Business Process Models[M]. Springer, 2008: 450-464.

[31] SCHREFL M, MARKUS M. Behavior-consistent specialization of object life cycles[J]. ACM Transactions on Software Engineering and Methodology (TOSEM), 2002, 11(1): 92-148.

[32] WEIDLICH M, MENDLING J, MATHIAS W. Efficient consistency measurement based on behavioral profiles of process models[J]. IEEE Transactions on Software Engineering, 2011, 37(03): 410-429.

[33] WEIDLICH M, ARTEM P, NIRMIT D, et al. Process compliance analysis based on behavioural profiles[J]. Information Systems, 2011, 36(7): 1009-1025.

[34] WEIDLICH M. Behavioural profiles: a relational approach to behaviour consistency[D]. Universität Potsdam, 2011.

[35] WEIDLICH M, REMCO D, MATHIAS W. Behaviour equivalence and compatibility of business process models with complex correspondences[J]. The Computer Journal, 2012, 55(11): 1398-1418.

[36] GLABBEEK R-J. The Linear Time—Branching Time Spectrum II[M]. Springer, 1993: 66-81.

[37] GOTTSCHALK F, AALST W M P, MONIQUE-H J-V, et al. Configurable workflow models[J]. International Journal of Cooperative Information Systems, 2008, 17(02): 177-221.

[38] WANG M, FANG X. Consistency analysis of behavioral profiles based on multi-sets of transitions of Petri net[J]. Computer Engineering and Design, 2013, 34(3): 935-938.

[39] ZHOU Z, BHIRI S, HAUSWIRTH M. Control and data dependencies in business processes based on semantic business activities[C]//Proceedings of the 10th International Conference on Information Integration and Web-based Applications & Services. 2008: 257-263.

[40] LI P, HYUNDO P, GAO D, et al. Bridging the gap between data-flow and control-flow analysis for anomaly detection[C]//2008 Annual Computer Security Applications Conference (ACSAC). IEEE, 2008: 392-401.

[41] GROSSMANN G, MICHAEL G, MARKUS S. Design for service compatibility[J]. Software & Systems Modeling, 2013, 12(3): 489-515.

[42] CHAN N N, WALID G, SAMIR T. Assisting Business Process Design by Activity Neighborhood Context Matching[M]. Springer, 2012: 541-549.

[43] AALST W M P, MARLON D, FLORIAN G, et al. Correctness-preserving Configuration of Business Process Models[M]. Springer, 2008: 46-61.

[44] 田银花, 杜玉越, 韩咚, 等. 基于 Petri 网基本结构的相似最优校准计算方法[J]. 计算机集成制造系统, 2016, 22(2): 433-447.

[45] 王路,杜玉越. 一种基于校准的模型问题域识别方法[J]. 山东科技大学学报(自然科学版),2015,34(1):42-46.

[46] AALST W M P. Process Mining: Discovery, Conformance and Enhancement of Business Processes[M]. Springer, 2011.

[47] FANG X, JIANG C J, FAN X Q. Independent global constraints-aware web service composition optimization[J]. Information Technology Journal, 2009, 8(2):181-187.

[48] AALST W M P, NIELS L, PETER M, et al. Multiparty contracts: agreeing and implementing interorganizational processes[J]. The Computer Journal, 2010, 53(1):90-106.

第 4 章　业务流程中变化域的定位

由于设计者建模水平的差异,在业务分析上实际达到的目标和希望要达到的目标往往存在着一定的差距。而且在系统的实际应用过程中,由于不同的模型使用者具有不同的业务需求,往往同一领域的业务流程也会出现变更,或在模型使用时出现动态变更行为,这些都会导致业务流程模型出现变化域。此外,即使对同一流程模型,由于抽象水平的不同也会得出不同的源模型。

分析变化域是业务流程管理的一个重要分支,旨在定位模型或者日志的变化区间,来修复系统漏洞并完善模型构建,从而避免系统重设计。其中,变化域的精准定位是业务流程中变化分析的基础。

4.1　业务流程变化域定位概述

业务流程中的变化主要由变化域、变化传播和变化挖掘三部分组成。目前有关变化域方面,国内外做出的研究主要集中于两大类:第一种是从控制流的角度出发对比源模型和目标模型的行为轮廓寻找流程模型的变化域。第二种是从业务流程模型在实际运行中产生的日志着手,分析研究找到发生变化的行为,由此去更新业务流程系统。除此之外,学者们又对变化域做出了进一步研究,确定出流程模型的最小变化域。确定系统行为的变化有助于更快地找到模型中的问题,从而更好地优化模型,因此,定位变化域对模型间的一致性分析和研究都很有必要。

目前,大多数学者在研究变化域时基本是在静态的语义、语法上进行一致性分析。若源模型和目标模型间的一致性的状态出现差异,则认为目标模型中存在变化域,而找出模型中的变化部分是流程模型应用与管理的关键部分。文献[1]中给出了一致性的概念,用合适的参数对业务流程模型的行为相似性进行优化分析,设计了一种算法程序,用以寻找最为精确的流程模型的变化域。文献[2]在已给出的变化模式上根据变化的特征找出模型可能出现变化的部分,但是只有在给定的情况下这种方法才有意义,所以局限性很强。文献[3,4]改善了上述方法的缺陷,并开始从动态着手。文献[5,6]充分考虑了变化的依赖关系,但只从静态角度检测,而未考虑是否对行为结果产生影响。文献[7,8]考虑了变化的行为依赖关系,给出了寻找变化域的方法。文献[9]基于变化分类方法,对不同变迁之间的行为关系进行分类处理,寻找业务流程模型的可疑区域。

还有一些学者从序列角度对流程模型的一致性进行了考虑。文献[10]中根据行为轮廓的相关概念,对一些行为关系的活动变迁对进行匹配,然后通过给定节点,寻找对应的变迁区域。文献[11]提出了如何缩小存在变化节点的区域的方法,通过在假定的节点问题上分析边界节点(boundary node)和跨界节点(inter-boundary node)之间的行为关系,来对模型变化区域进行研究。但据文献[12]所述,这些方法虽然都能找到变化域,但都存在自身的局限性和不完整性。

当前寻找变化域的方法都存在自身的局限性,而且许多方法都是通过比较源模型(或参照模型)进行分析的,而实际场景中的源模型是难以确定的,因此该类方法缺乏实际可操作性。此外,为了建立可靠的系统,我们有必要从行为和结构的相似性和一致性角度共同去思考,减少其变化域,增强其防攻击能力,所以考虑使用 Petri 网行为轮廓来分析源模型和目标模型的一致性,从而找出业务流程的变化域。据此,本章内容组织如下:

4.2 节基于 Petri 网行为轮廓分析带标签的业务流程 Petri 网模型,将模型按其涉及对象拆分建立对象子模型,通过比较对象子模型来寻找变化区域,从而避免对参照模型的依赖。然后,引入动作模式的概念,再根据支持度和置信度的定义结合置信度阈值寻找出对象子模型中的变化动作,进而找到变化区域,再根据提出的算法求出流程模型的最小变化区域。

4.3 节主要提出了基于日志行为包含的概念并结合行为轮廓挖掘变化域的方法,然后通过日志对应的基本结构构建变化域的具体变化结构。相对现有通过日志挖掘出实际模型再与预定义模型比较的方法,减少了人为操作的失误,也为系统修复提供了更可靠的基础。对于实际系统运行产生的日志质量问题,针对不完备日志的行为包含变化挖掘技术与一致性分析,将在以后的工作中解决。

4.4 节对模型的变化域做了进一步研究,在没有目标模型和数据出现变化的情况下,寻找在数据约束下的业务流程 Petri 网模型的变化域。该方法充分考虑了数据信息在业务流程 Petri 网中的影响,克服了以往只在控制流关系上分析模型变化域而忽略数据信息所带来的缺陷,并给出一个具体的业务流程的实例分析了该方法的有效性。

4.5 节提出了一种基于行为轮廓的交互行为边界变迁和跨边界变迁来定位变化域的方法。首先在目标模型交互区间上,利用边界变迁与跨边界变迁进行优化,找到可疑点构成的区域,然后基于行为轮廓的服从度和支持率确定目标模型的变化域,并把控制节点控制模型的变化部分运用到具体的酒店预订系统中。

4.6 节利用特征网的性质对源模型进行模块划分,相应地对系统产生的交互日志进行模块与抽象简化,降低了日志分析的复杂性,并利用拟间接依赖关系挖掘出日志中存在间接依赖的活动变化片段,最后以一个简单的实例说明该方法的可行性。

4.2 基于动作模式的寻找流程 Petri 网模型变化区域方法

针对行为异常的业务流程模型,确定引起异常的变化区域已经成为业务流程模型管理的首要问题。已有的寻找变化区域的方法都是通过比较源模型(或参照模型)来进行分析的,而实际使用时源模型是难以确定的,因此该类方法缺乏实际可操作性。本节基于 Petri 网行为轮廓分析带标签的业务流程 Petri 网模型,将模型按照对象拆分建模,结合动作模式研究寻找变化区域的方法,并通过实例分析验证了该方法的有效性。

4.2.1 引例

图 4.1 是针对网上购物流程构建的 Petri 网模型,通过可达性分析可知该模型是可达的、可终止的、无死锁的。但是模型在网络平台上运行时可能会因为受到网络等外界因素的影响,或者模型在运行时由于活动变迁的选择执行,使得模型运行的结果与预期不一致,从而导致异常,会影响到网上购物的安全性或引起买卖纠纷。导致异常结果的就是模型中的变化区域,但是仅仅通过可达性分析不能确定模型中变化区域的存在。

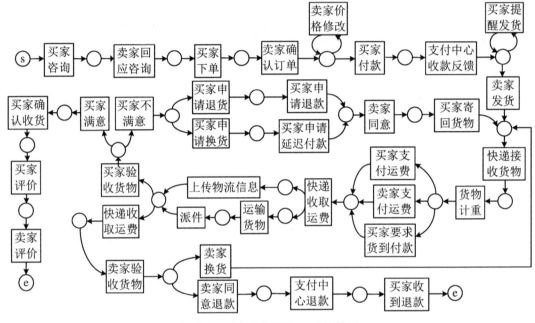

图 4.1 网上购物流程 Petri 网模型

模型一般都会涉及多个服务对象,例如图 4.1 所示的网上购物流程 Petri 网模型涉及买家、快递、卖家三个服务对象。各个服务对象的活动按一定规则交织在一起构成模型的主流元素,而活动变迁的标签代表着变迁的功能,与变迁间的行为关系有着密切联系,对变迁的行为有一定的影响。变化区域包含变化变迁以及其与相关活动变迁的结构关系,寻找变化区域的关键是寻找变化变迁。对于图 4.1,要想找到该模型的变化区域,按照已有的方法,在没有参照模型的情况下是难以实现的。于是就模型本身涉及的服务对象及其活动变迁的标签来研究寻找变化区域的方法就显得尤为重要。

4.2.2 基于行为轮廓的动作模式寻找变化区域

在没有参照模型时,如何去寻找模型的变化区域,是本节的重点。本文提出了基于行为轮廓的动作模式来寻找变化区域的方法。在介绍该方法之前,首先介绍动作模式的概念。

1. 动作模式

动作模式就是考虑动作和动作之间的关系来对流程模型的活动变迁进行统一的整理。动作模式与业务流程模型的语义内容密切相关,通过将活动变迁的标签映射到动作实现了对活动变迁的优化管理。相对于参照模型,动作模式足够抽象,可以运用于多种业务领域。

在建模过程中,人们通常给变迁加上标签用以表示变迁的操作内容。标签的诠释对动作模式的引出非常重要。我们将变迁标签映射到一个能够说明变迁操作的动词上,这个动词可以是变迁标签中的一个动词变形,也可以是能说明变迁动作的名词转换而来的。称这个映射为动作函数。

定义 4.1(动作函数)[13] 给定一个带标签的流程 Petri 网模型 $PM=(P,T,F,C,s,e,l)$,动作函数记作 $v:\Gamma \mapsto V$,表明 $\forall t\in T$,有 $v(t)=v(l(t))$。模型中的所有活动变迁的动作集合记为 $V_{PM}=\bigcup_{t\in T}\{v(t)\}$。

动作对应的是描述活动变迁的作用内容的动词。例如,图 4.1 中变迁"买家咨询"的动作就是"咨询"。

定义 4.2(流程模型集)[13] 称一个二元组 $C=(APM,V)$ 为流程模型集,其中 APM 是包含元素 $PM_i=(P_i,T_i,F_i,C_i,s_i,e_i,l_i)$,$i=1,2,\cdots,|APM|$ 的流程模型的非空有限集合,$V=\bigcup_{i=1,2,\cdots,|APM|}V_{PM_i}$ 是流程模型集中所有动作的集合。

定义 4.3(支持度和置信度)

(1) 支持度:给定一个流程模型集 $C=(APM,V)$ 和一个动作集合 V_0,若 $\forall v\in V_0$,在流程模型集 C 中有 n 个 PM_i 满足 $v\in V_{PM_i}$,$i=1,2,\cdots,|APM|$,则称动作集合 V_0 对流程模型集 $C=(APM,V)$ 有支持度为 n,记为 $\sup(V_0)=n$。

(2) 置信度:对于流程模型集 C 的动作集 V 的两个子集 X、Y 且 $X\cap Y=\varnothing$,将动作对 (x,y) 满足的依赖关系数值化,记为 $d(x,y)$。取 $x\in X$,$y\in Y$,每个 X 在 Y 中的置信度为

$$\mathrm{con}(X,Y)=\frac{\sum d(x,y)}{|X|\cdot|Y|}$$

定义 4.4(动作模式)[13] 给定一个流程模型集 $C=(APM,V)$ 和一个动作集合 $V_0\subseteq V$,$AP=(R,\sup,\mathrm{con})$ 是流程模型集 C 的动作模式,其中:

(1) R 是 X 到 Y 的一种关联规则,$X,Y\subseteq V$ 且 $X\cap Y=\varnothing$;

(2) $\sup$ 是动作集合 V_0 对于流程模型集 C 的支持度;

(3) con 是动作集 X 到 Y 基于 R 的置信度。

将行为关系数值化对使用行为轮廓寻找变化区域是很有必要的。在此,我们根据关系强度等级将三种行为关系数值化。

定义 4.5(行为关系值) 设 $PM=(P,T,F,C,s,e,l)$ 是一个带标签的流程模型 Petri 网,变迁对 $(x,y)\in T\times T$ 的行为关系数值 $S_{\mathrm{BP}}(x,y)$ 定义如下:

(1) 若 $x\parallel y$,则 $S_{\mathrm{BP}}(x,y)=0$;

(2) 若 $x\rightarrow y$ 或 $x\rightarrow^{-1}y$,则 $S_{\mathrm{BP}}(x,y)=1$;

(3) 若 $x+y$,则 $S_{\mathrm{BP}}(x,y)=2$。

定义 4.6(行为轮廓动作模式) 给定一个流程模型集 $C=(APM,V)$ 和一个动作集合 $V_0\subseteq V$,$BPAP=(R,\sup,\mathrm{con})$ 是流程模型集 C 的动作模式,其中:

(1) $R=X\times Y\in\{\rightarrow,\rightarrow^{-1},+,\parallel\}$,$X,Y\subseteq V$ 且 $X\cap Y=\varnothing$;

(2) $\sup$ 是动作集合 V_0 对于流程模型集 C 的支持度;

(3) con 是动作集 X 在 Y 中基于行为轮廓的置信度,有

$$\mathrm{con}(X,Y)=\frac{\sum S_{\mathrm{BP}}(x,y)}{|X|\cdot|Y|}$$

其中 $x \in X, y \in Y$。

2. 基于动作模式和行为轮廓寻找变化区域

构建的业务流程模型在受到某些外界因素的影响时可能会产生异常现象,或者正常运行时由于活动变迁的选择执行使得模型运行的结果与预期不一致,从而引起异常。导致异常产生的活动变迁以及其相关的结构关系就是模型中的变化区域。下面提出基于行为轮廓使用动作模式寻找变化区域的方法。

首先,对已给定业务流程 Petri 网模型,根据模型中涉及的对象(一般为 3 个)分别建立对象子模型。然后,利用动作函数将对象子模型中的变迁映射到动作,计算出各个对象子模型中动作的支持度。源模型中的变迁含有四类:一类是对象的自身变迁,一类是涉及两个对象的变迁,还有一类就是变化变迁,最后一类是涉及三个对象的变迁。对象的自身变迁只出现在自身的对象子模型中,其对应动作的支持度为1。涉及两个对象的变迁出现在两个对象子模型中,其对应动作的支持度为2。涉及三个对象的变迁出现在所有对象子模型中,其对应动作的支持度为3。变化变迁可能出现在一个对象子模型中,也可能出现在两个对象子模型中。出现在一个对象子模型中时其对应动作的支持度为1,出现在两个对象子模型中时,在第三个对象子模型中也有个对应动作的支持度为1的活动变迁与该变化变迁相对应。支持度为1的动作形成的集合就是模型的可疑变化动作集 V_S。最后,根据行为轮廓动作模式排除 V_S 中的自身变迁,找到对象子模型中的变化变迁,再根据语义和活动变迁的结构关系即可找到原业务流程模型的最小变化区域。

算法 4.1 寻找对象子模型中的变化变迁

输入:带标签的流程模型 Petri 网 $PM = (P, T, F, C, s, e, l)$。

输出:对象变化区域 $C_{PM_i}, i = 1, 2, 3$。

(1) 将模型 PM 按照其涉及的对象拆分,得到几个(一般为 3 个)对象子模型 PM_1, $PM_2, \cdots, PM_n$, n 为涉及对象的个数。将对象子模型 PM_i 中的活动变迁按照定义 4.4 分别映射到各自相应的动作,每个对象子模型 PM_i 对应着一个动作集 $V_{PM_i}, i = 1, 2, \cdots, n$。按照定义 4.2 得到流程模型集 $C = (APM, V)$,此时 $|APM| = n$。

(2) 根据定义 1.7、定义 4.3 和定义 4.5 计算 V 中的每个动作的支持度。若 $\sup(v_j) \neq 1$,计算 V 中下一个动作的支持度;反之,将 v_j 作为可疑变化动作集 V_S 中的元素。其中 $v_j \in V, j = 1, 2, \cdots, |V| - 1$。循环直至 $j = |V|$ 时终止。

(3) 根据定义 1.7 和定义 4.4 计算 V_S 中的动作在其对象子模型 PM_i 中的置信度,$i = 1, 2, \cdots, n$。若 $\text{con}(v_k) \leq 0.5$,计算 V_S 中下一个动作的置信度;反之,v_k 就是变化变迁对应的动作。其中 $v_k \in V, k = 1, 2, \cdots, |V_s| - 1$。循环直至 $k = |V_s|$ 时终止。

(4) 输出对象子模型中的变化变迁,结合与变化变迁语义相关的活动变迁以及它们的结构关系,找到变化区域 C_{PM}。

算法 4.2 寻找流程模型的最小变化区域

输入:变化区域 C_{PM}。

输出:最小变化区域 SC_{PM}。

(1) 由算法 4.1,得到流程模型的变化区域 C_{PM}。

(2) 获得经过变化变迁及变化域 C_{PM} 的所有发生序列 $\sigma_1, \sigma_2, \cdots, \sigma_i, \cdots, \sigma_m$。

(3) 取序列 σ_i,在 $C_{PM} \cap \sigma_i$ 中不重复任意选定两个条件库所节点 $p_i, p_j, i < j$。

① 若 $\cdot p_i \neq \varnothing$ 或 $\cdot p_j \neq \varnothing$,则 $S_1 = p_i \cup \cdot p_i \cup p_j \cup \cdot p_j \cup \cdots$,依次向前推出条件库所使

能的活动变迁以及引导活动变迁发生的条件库所,直至结束;反之 $S_1 = \sigma_i$。

② 若 $p_i\cdot \neq \varnothing$ 或 $p_j\cdot \neq \varnothing$,则 $S_2 = p_i \bigcup p_i\cdot \bigcup p_j \bigcup p_j\cdot \bigcup \cdots$,依次向后推出条件库所使能的活动变迁及其可引起的发生库所,直至结束;反之 $S_2 = \sigma_i$。

③ 取序列段下的变化区域 $SC_{PM_i} = S_1 \bigcap S_2 \bigcap C_{PM}$。

(4) 重复步骤(2)得到每条执行序列段下的变化域和变迁活动节点集合,取它们的并集。

(5) 输出最小变化域:

$$SC_{PM} = \bigcup_{i=1}^{m} SC_{PM_i}$$

4.2.3 实例分析

以 4.2.1 节中的引例作为实验对象来验证本文方法的有效性。

首先,对图 4.1 所示的网上购物流程 Petri 网模型图按其涉及的对象:买家、快递、卖家进行拆分,形成三个对象子模型。买家对象子模型见图 4.2,快递对象子模型见图 4.3,卖家对象子模型见图 4.4。

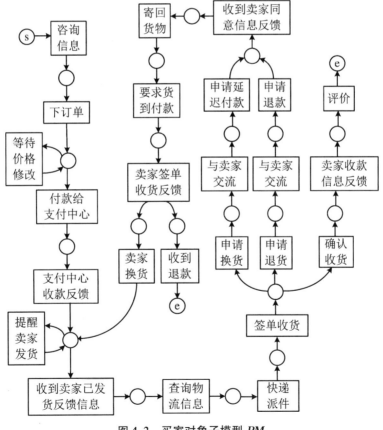

图 4.2 买家对象子模型 PM_1

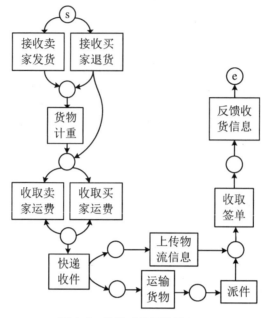

图 4.3 快递对象子模型 PM_2

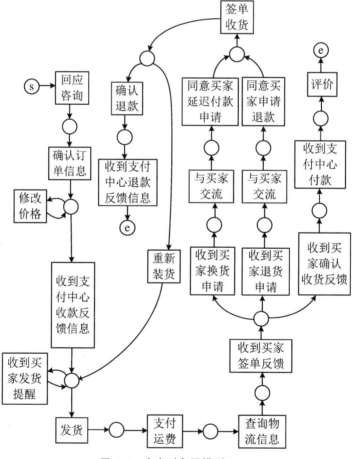

图 4.4 卖家对象子模型 PM_3

根据定义 4.1,我们可以得到 PM_1 的动作集 $V_{PM_1}=\{$咨询,订单,修改,付款,收款反馈,提醒,发货,物流,派件,签单,确认,收款,评价,换货,延迟,退货,交流,同意,寄回,到付,收货,退款$\}$,PM_2 的动作集 $V_{PM_2}=\{$发货,寄回,计重,卖家运费,买家运费,物流,运输,派件,签单,收货$\}$,PM_3 的动作集 $V_{PM_3}=\{$咨询,订单,修改,收款反馈,提醒,发货,卖家运费,物流,签单,付款,评价,换货,退货,交流,延迟,同意,收货,退款,装货$\}$。PM 的动作集 $V_{PM}=V_{PM_1} \cup V_{PM_2} \cup V_{PM_3}=\{$咨询,订单,修改,付款,收款反馈,提醒,发货,物流,运输,派件,签单,收货,确认,收款,评价,换货,延迟,退货,交流,同意,寄回,到付,退款,计重,卖家运费,买家运费,装货$\}$,计算 V_{PM} 中动作的支持度,见表 4.1。

表 4.1 V_{PM} 中动作的支持度

动作	支持度	动作	支持度	动作	支持度
咨询	2	派件	2	交流	2
订单	2	签单	3	同意	2
修改	2	收货	2	寄回	2
付款	2	确认	2	到付	1
收款反馈	2	收款	2	退款	2
提醒	2	评价	2	计重	1
发货	3	换货	2	卖家运费	2
物流	3	延迟	2	买家运费	1
运输	1	退货	2		

从表 4.1 可知,有着灰色阴影的活动的支持度为 1,这些动作组成可疑变化动作集,即 $V_S=\{$运输,到付,计重,买家运费,退款反馈,装货$\}$。$\{$到付$\} \subseteq PM_1$,$\{$运输,计重,买家运费$\} \subseteq PM_2$。将每个可疑变化动作形成的集合作为 X,不包含该可疑变迁动作的其他两个动作集的并集作为 Y,根据定义 4.5 和定义 4.6 计算 X 在 Y 中的置信度,计算结果见表 4.2。

表 4.2 可疑变化动作的置信度

可疑变化动作	置信度	可疑变化动作	置信度
到付	$\dfrac{5}{8}$	买家运费	$\dfrac{10}{11}$
运输	$\dfrac{2}{11}$	计重	$\dfrac{2}{11}$

由表 4.2 结果可以看出,只有"到付"和"买家运费"这两个动作的置信度是大于 0.5 的,所以"到付"对应 PM_1 中的活动变迁"要求货到付款"和"买家运费"对应的 PM_2 中的活动变迁"收取买家运费"是要寻找的对象子模型中的变化变迁。由图 4.1 可知,快递在收取运费的时候分为两种情况,一种是卖家发货的时候向卖家收取费用,另一种是买家退货的时候向买家收取费用。但是,在建立源模型时,建模者考虑到买家在退换货的时候都是要求卖家承担费用的,而卖家在买家寄回货物的时候并没有给快递费用,这就导致模型关于运费产生了变化区域,见图 4.5 中灰色底纹的区域。

通过变化变迁的序列有三条:卖家支付运费—快递收取运费—运输货物—派件—上传物流信息—买家验收货物,买家支付运费—快递收取运费—运输货物—派件—上传物流信息—快递收取运费—卖家验收货物—卖家同意退款—支付中心退款—买家收到退款,买家要求货到付款—快递收取运费—运输货物—派件—上传物流信息—快递收取运费—卖家验收货物—卖家同意退款—支付中心退款—买家收到退款。根据算法 4.2 依次求出这三条序列段下的变化区域,SC_{PM_1} 为空集,SC_{PM_2} 见图 4.5 中的区域 1,SC_{PM_3} 见图 4.5 中的区域 2。由此,得到最小变化区域(见图 4.5 中虚线区域):

$$SC_{PM} = \bigcup_{i=1}^{3} SC_{PM_i}$$

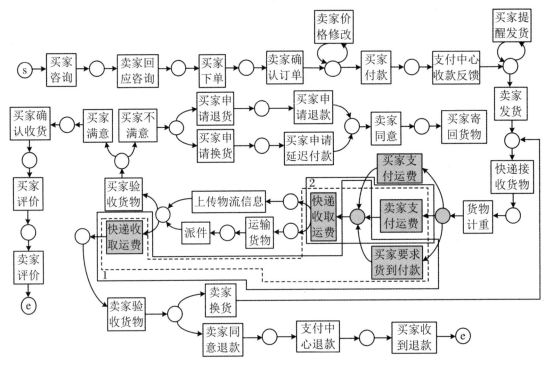

图 4.5　网上购物流程 Petri 网模型变化区域

4.3　基于行为包含发现局部变化域

已有的关于变化挖掘方面的文献比较匮乏,大多数是针对日志挖掘模型或者模型间的变化传播问题,极少有直接作用于变化的事件日志。一个变化流程的诱导原因包括变化操作和因果关系,而这些变化将被记录在实际事件日志中,所以对事件日志中隐藏的变化进行挖掘显得尤为重要。

本节以行为包含[14]为基础,提出了基于完备日志的后继关系,通过比较日志中活动间后继关系与预先定义的模型间后继关系,通过行为包含检查活动所对应的实际模型与原模型是否一致,结合模型与日志的行为轮廓,利用变化挖掘技术发现变化域[15]。

4.3.1　基本概念

变化挖掘的目的是提取出日志中活动行为关系与模型存在变化的片段,为此先给出关于活动间关系的一些定义。

定义 4.7(后继关系)[16]　$S(N,M_i)$ 为一个网系统,其中 $N=(P,T,F)$,$k\in N$。对于一条迹 $\sigma\in T(N,M_i)$,可定义 k-后继关系 $\triangleright_k^\sigma\subseteq T\times T$:

$$x\triangleright_k^\sigma y \Leftrightarrow \exists 1\leqslant i\leqslant |\sigma|[\sigma(i)=x\wedge\sigma(i+k)=y];$$

对于系统 S,可定义 k-后继关系 $\triangleright_k^S\subseteq T\times T$:

$$x\triangleright_k^S y \Leftrightarrow \exists \sigma\in T(N,M_i)[x\triangleright_k^\sigma y]$$

对于日志 L,可定义 k-后继关系 $\triangleright_k^L\subseteq T\times T$:

$$x\triangleright_k^L y \Leftrightarrow \exists \sigma\in L[x\triangleright_k^\sigma y]$$

定义 4.8(max k-后继关系)[16]　对于迹 σ,定义 max k-后继关系:

$$\geqslant_k^\sigma\subseteq T\times T: x\geqslant_k^\sigma y\Leftrightarrow x\triangleright_k^\sigma y\wedge (x,y)\notin \triangleright_{k-1}^\sigma$$

同理,对于系统 S 和日志 L,分别存在:

$$\geqslant_k^S\subseteq T\times T: x\geqslant_k^S y\Leftrightarrow x\triangleright_k^S y\wedge (x,y)\notin \triangleright_{k-1}^S$$

$$\geqslant_k^L\subseteq T\times T: x\geqslant_k^L y\Leftrightarrow x\triangleright_k^L y\wedge (x,y)\notin \triangleright_{k-1}^L$$

对于任意一个网系统 $S=(N,M_i)$,其中 $N=(P,T,F)$,都存在一个确定的后继界 b_S,使得所有的 max k-关系都满足 $b_S\leqslant k$;同理,对于完备日志 L,也存在一个确定的后继界 b_L,使得所有的 max k-后继关系都满足 $b_L\leqslant k$。

4.3.2　基于行为包含的日志变化挖掘方法

任何一个系统开发之前都需要进行需求分析,即设计一个完整的预定义模型。如果要测试实际开发的系统是否符合需求分析,必须对系统的结构进行分析。由于运行系统的内部架构是不可视的,已有的方法是通过系统产生的大量事件日志重构模型,再与原设计模型做一致性比较,如图 4.6 所示。但重构模型并不能保证其质量,此过程可能产生不必要的偏差。

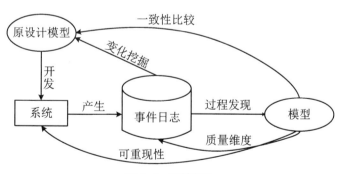

图 4.6　系统评估

为了有效提高系统测试结果的可靠性,本文提出了基于行为包含的日志变化挖掘方法,直接对事件日志进行分析,主要包括日志和模型后继关系的计算、行为包含的具体诱导规则,以及如何利用行为包含与行为轮廓关系对完备日志进行变化挖掘。

1. 计算日志的行为包含

通过直接分析处理实际系统运行产生的事件日志,可以挖掘出系统对应仿真模型的变化片段。如果该日志所有活动的行为关系都包含于预定义模型中,则说明实际系统符合设计规范与要求,否则存在变化。下面给出计算日志的活动行为是否包含于预定义模型的具体方法。

定义4.9(行为包含)[16]　已知网系统为$S(N,M_i)$,其中$N=(P,T,F)$;实际日志为L。如果对所有属于日志L的投影迹$\bar{\sigma}_L\in \overline{T}(L)$,存在一条迹$\sigma\in T(N,M_i)$且满足$\bar{\sigma}_L\in\sigma$,则$L$抽象迹包含于$S$,即日志$L$行为包含于网系统$S$,记为$L\subseteq S$。

定义4.10(后继包含)[16]　已知网系统为$S=(N,M_i)$,其中$N=(P,T,F)$;实际日志为L。$>_{b_S}^S\subset T\times T$ 和 $>_{b_L}^L\subset T\times T$ 分别为它们的后继关系。如果$>_{b_L}^L\subseteq>_{b_S}^S$,则称系统$S$后继包含$L$,记为$L\subseteq S$。

后继包含仅仅需要比较日志与预定义模型的所有后继关系,如果后继关系已知,则可在日志活动个数的二次时间内计算出结果,这种方法对比直接计算抽象迹包含更加高效。如果某日志并不被包含于此后继关系中,则该日志对应的实际模型存在变化,需要进一步研究其变化域或异常情况。

推论4.1　对于完备日志L和合理的自由选择网S,后继关系是抽象迹包含的充分必要条件(证明过程可参考文献[17]中的推论2和推论3)。

2. 基于日志行为轮廓的基本结构

根据前文提出的后继包含关系,可以判断日志活动行为是否包含于预定义模型,对于不满足行为包含的活动集合,接下来利用基于日志的行为轮廓方法挖掘其对应的变化片段。

要想准确挖掘出变化活动对应的模型片段,必须明确基于日志行为轮廓的基本结构。一些常见的结构如下,活动下标代表满足该结构的活动在迹中发生的最小次数。

(1) 如果日志$L=\{\cdots xy\cdots\}$,即$x\rightarrow_L y$,则对应的基本结构如图4.7(a);

(2) 如果日志$L=\{\cdots xy\cdots;\cdots yx\cdots\}$,即$x_1\parallel_L y_1$,则对应的基本结构如图4.7(b);

(3) 如果日志$L=\{\cdots xyx\cdots\}$,即$x_2\parallel_L y_1$,则对应的基本结构如图4.7(c);

(4) 如果日志$L=\{\cdots x\cdots;\cdots y\cdots\}$,即$x\times_L y$,则对应的基本结构如图4.7(d)。

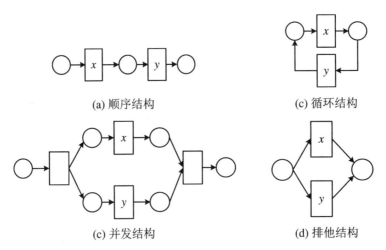

图4.7　日志行为轮廓的基本结构

3. 变化片段的挖掘方法

对于给定的一组事件日志,根据活动间的行为包含关系可判断日志对应的模型是否存在变化。通过后继包含关系找到其存在变化的活动集合,然后结合日志的行为轮廓挖掘这些变化活动对应的局部模型片段。具体的算法如下:

算法 4.3　基于行为包含的变化挖掘

输入:完备日志 L,预定义模型 S。

输出:日志 L 对应的变化片段 F_{CT}。

(1) 初始化,设潜在的变化活动组 $CT=\varnothing$。

(2) 找出 L 与 S 中满足对应关系的活动组 $T=\{t_1,t_2,\cdots,t_n\}$。

(3) 根据后继关系的定义,遍历日志的所有迹,建立具有对应关系的活动对间的 min k-后继关系表 $t_i \geqslant_k^l t_j (1 \leqslant i,j \leqslant n)$,记长度为 $Length$。

(4) 遍历模型,建立活动对之间的 min k-后继关系表。

(5) 比较一组日志活动与模型活动关系,比较一次则 $Length = Length - 1$。

Case 1: $t_i \geqslant_k^l t_j \subseteq t_i \geqslant_k^S t_j$,即日志该活动对的后继关系包含于预定义模型,重复步骤(5);

Case2: $t_i \geqslant_k^l t_j \not\subseteq t_i \geqslant_k^S t_j$,进入步骤(7)。

(6) 如果日志所有的活动对均满足后继包含关系,则日志包含于模型,即 $L \subseteq S$,则 $F_{CT} = \varnothing$。

(7) 将不满足后继包含关系的日志活动组并入潜在变化活动组,即 $CT \cup (t_i,t_j)$,如果 $Length \neq 0$,返回步骤(5)。

(8) 根据日志行为轮廓 $B_L = \{\rightarrow_L, \|_L, \times_L\}$,计算 CT 的行为轮廓关系 B_{LCT}。

(9) 根据 B_{LCT} 的基本结构构建 B_{LCT} 的模块结构,即为日志对应的变化片段 F_{CT}。

Case 1: $x \rightarrow_L y$,为顺序结构;

Case 2: $x \|_L y$,为并发结构;

Case 3: $x_2 \|_L y$,为循环结构;

Case 4: $x \times_L y$,为选择结构。

4.3.3　实例分析

近年来网上购物十分火爆,但在实行过程中容易受到黑客或者木马程序的攻击,使得系统紊乱,商家和买家利益也因此受损。找出系统存在的变化区域或者异常点是解决系统故障的重要途径,利用前述的方法可以明显提高查找效率。图 4.8 给出了某网上购物系统的

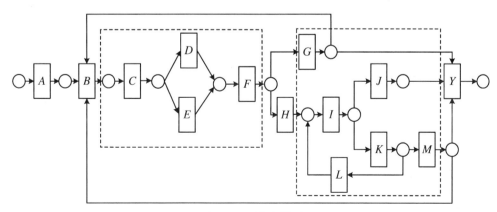

图 4.8　预定义模型

预定义模型,包含以下活动(用大写字母表示):(A)登录 APP、(B)选择商品、(C)加入购物车、(D)在线支付、(E)到付、(F)下单、(G)商家拒单、(H)商家接单、(I)商家发货、(J)买家确定收货、(K)因质量问题拒绝收货、(L)联系客服理赔、(M)订单取消、(Y)交易结束。表4.3 为该系统运行后的部分事件日志。

表 4.3 事件日志

实例	事件日志
111	*ABCDEFGY*
100	*ABCEDFGY*
87	*ABCDEFGBCDEFGY*
76	*ABCEDFGBCDEFGY*
57	*ABCDEFGIJK*
54	*ABCEDFGIJK*
23	*ABCDEFGILMY*
29	*ABCEDFGBCDEFHIJY*
13	*ABCDEFGILKIJY*
12	*ABCDEFGILKILMY*
46	*ABCDEFHIJY*
36	*ABCDEFHILMY*
25	*ABCDEFHILKILMY*
67	*ABCDEFHILMBCEDFGY*
......	

首先根据后继关系的定义,遍历预定义模型 S 和日志 L,计算出对应的 min 1-后继关系,分别如表 4.4、表 4.5 所示。

表 4.4 min 1-后继关系 $>_i^S$

	A	B	C	D	E	F	G	H	I	J	K	L	M	Y
A		+												
B			+											
C				+	+									
D						+								
E						+								
F							+	+						
G		+												+
H									+					
I										+	+			
J														+
K												+	+	
L									+					
M		+												+
Y														

表 4.5　min 1-后继关系 $>_L^1$

	A	B	C	D	E	F	G	H	I	J	K	L	M	Y
A		+												
B			+											
C				+	+									
D					+	+								
E				+		+								
F							+	+						
G			+						+					+
H									+					
I										+		+		
J														+
K									+					
L											+		+	
M		+												+
Y														

从表中可以发现,活动对 (D,E)、(D,E)、(G,I)、(I,L)、(K,I)、(L,K) 及 (L,M)(表中阴影部分)均满足 min 1-后继关系 $>_L^1$,但不属于 $>_L^s$。根据行为包含关系定义,不满足后继包含的活动均存在变化或异常,将包含 $\{D,E\}$ 的变化活动集合记为 CT_1,包含 $\{G,I,K,L,M\}$ 的变化活动集合记为 CT_2。

提取这些存在变化的活动并根据基于日志的弱序关系计算它们之间的行为轮廓关系。由于在日志中,$D>_L E \wedge E>_L D$,可知 $D\parallel_L E$ 形成 CT_1 的行为轮廓关系 B_{LCT_1};$G>_L I \wedge I \not>_L G$,可知 $G\rightarrow_L I$,同理可得 $I\rightarrow_L L$、$K\rightarrow_L I$、$L\rightarrow_L K$、$L\rightarrow_L M$,形成 CT_2 的行为轮廓关系 B_{CT_2}。

最后,基于日志行为轮廓的基本结构,构建变化活动集 CT_1 与 CT_2 的模块结构,记为变化片段 F_{CT_1} 与 F_{CT_2}。存在变化的活动对 (D,E) 属于交叉关系,且在无重复活动中仅发生一次,则对应结构片段如图 4.9(a)所示,(G,I) 为严格序则对应结构为顺序块,由于 $I\rightarrow_L L \rightarrow_L K \rightarrow_L I$,则存在循环结构如图 4.9(b)所示。

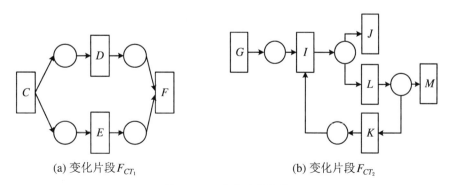

(a) 变化片段 F_{CT_1}　　　　　　　(b) 变化片段 F_{CT_2}

图 4.9　日志的变化片段

通过上述方法挖掘出变化片段后,对照预定义模型的对应片段(图 4.8 中虚线框所示),

可以发现在该网上购物系统中出现的异常情况,"(D)在线支付"与"(E)到付"只能选择一种,而日志中隐含的为两种支付方式都采用的异常状况。其次是商家由于缺货等原因选择 G 即拒绝接单,而系统可能自动跳转到其他仿冒商家继续发货(I),导致买家所购商品存在仿冒、质量等问题。

如此挖掘出变化片段之后,接下来对系统的修复就只需要针对支付系统与商家处理订单及发货的局部系统,大大提高了查找漏洞与修复系统的效率。

4.4 寻找数据约束下的变化域

如果只考虑业务流程对控制流方面,通过给定的变化节点在控制结构中搜索变化范围,或者是通过研究源模型与正确的参照模型的非一致性来寻找模型的变化域,就会忽略了数据信息对模型的影响,具有一定的局限性。因此,分析数据约束下业务流程 Petri 网模型的变化域显得尤为重要。本节在 Petri 网和行为轮廓理论的基础上,给出了寻找数据约束下的业务流程 Petri 网模型的变化域的方法,并结合一个具体的业务流程实例分析了该方法的有效性。

4.4.1 引例

随着计算机技术的发展,电子商务越来越受到欢迎。某电子商城作为一个大型购物平台,为了更好地服务广大顾客,不断改进服务,提出顾客购买商品时可享受七天无理由退换货的服务。如图 4.10 所示的某电子商城购物流程图中,描述了从顾客选购商品,该电子商城作为一个购物平台收款、第三方供货、发货,顾客验收商品、确认收货后评价,以及顾客不满时申请退货或者换货的全过程。图中包括两个方面的信息:一个是约束业务模型结构,使服务的行为可满足的控制流。例如,顾客浏览商品,选中商品,只有注册登录后才能购买,只有提交订单并支付成功后供货方才能发货,顾客不满意时,只有申请退换商品才能进行商城接收退回商品等活动。另一个是刻画数据信息的数据流。例如,顾客的登录账号、顾客选购的商品信息等都是固定数据信息,在整个业务流程中传递。

正常情况下,当顾客对购买到的商品不满而申请退换商品时,应将商品原样寄回,在商城收到退回的商品时,再进行退款或者调换商品的操作。但该系统存在漏洞,如某顾客购买了价值 2000 元的奢侈品 A 后,利用该商城提供的七天无理由退换货服务申请退货或退款,在寄回商品时将价值 2000 元的商品 A 换成表面看起来一样的价值 200 元的赝品 B,而该商城在收到退货后随即将货款退给顾客,而没有检查是否是原有商品,当该商城将退回商品退回给供货方时,供货方因发现不是原有商品 A 而拒绝退货,从而造成该电子商城为顾客的消费买单的局面,导致该电子商城利益的损失。该模型存在非预期行为,不满足模型实用性要求,即存在变化域。

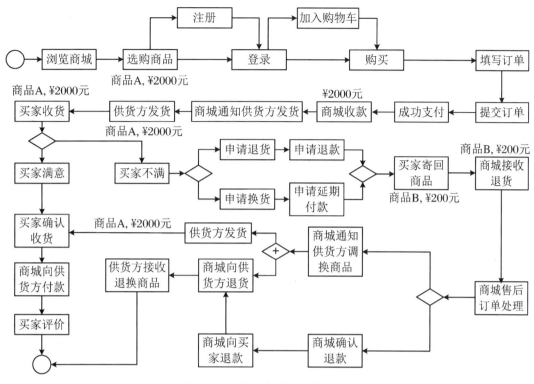

图 4.10 某电子商城的购物流程图

4.4.2 数据约束下的业务流程 Petri 网中的依赖关系

根据第 1 章中的定义 1.15 和定义 1.16,可得本节实例对应的控制流 Petri 网行为依赖关系图和数据流 Petri 网数据依赖关系图分别如图 4.11、图 4.12 所示。

4.4.3 数据约束下寻找工作流 Petri 网的变化域

定义 4.11(变化域) 对于数据约束下的业务流程 Petri 网 $PN_D = (P_D, T_D, F_D, Wr, Re)$,若存在 $PN_D^1 = (P_D^1, T_D^1, F_D^1, Wr, Re)$,使得数据约束下的业务流程 Petri 网 PN_D 出现非预期行为,则称 PN_D^1 为 PN_D 的变化域,其中,$P_D^1 \in P_D, T_D^1 \in T_D, F_D^1 \in F_D$,即 $PN_D^1 \subseteq PN_D$。

如果对于任意的 $PN_D^2 \subseteq PN_D^1$,都不存在 PN_D^3,使 $|P_D^3| < |P_D^2|, |T_D^3| < |T_D^2|$,则称 PN_D^2 是 PN_D 的最小变化域。由此得出业务流程 Petri 网模型的变化域是这个流程模型的子模块,即最小变化域是变化域的子集。

定义 4.12(可疑变迁和可疑变化域) 对于数据约束下的业务流程 Petri 网 $PN_D = (P_D, T_D, F_D, Wr, Re)$,将所有可能导致数据约束下的业务流程 Petri 网 PN_D 出现非预期行为的变迁称为可疑变迁,所有的可疑变迁可能引起变化的区域称为可疑变化域。

基于上述定义,在分析变化域之前首先要找出可疑变迁,再提取与可疑变迁有着密切关系的部分,然后采用区域排除法分析疑似变迁,最后根据疑似变迁可能引起变化的区域进行优化得到最终的变化域。下面给出变化域分析的算法。

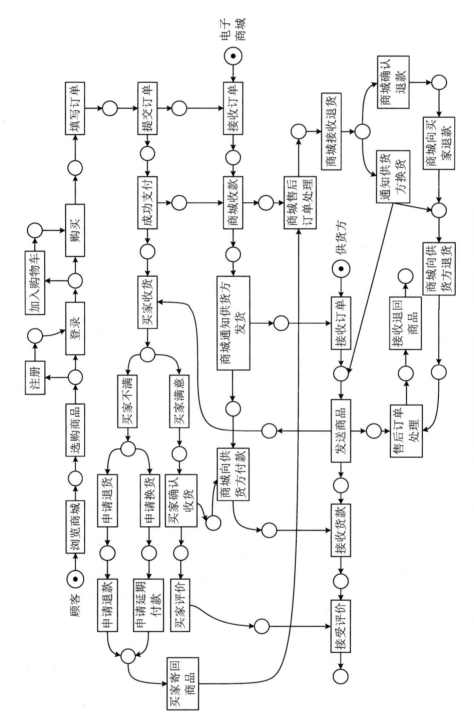

图4.11 某电子商城购物流程控制Petri网行为依赖关系图

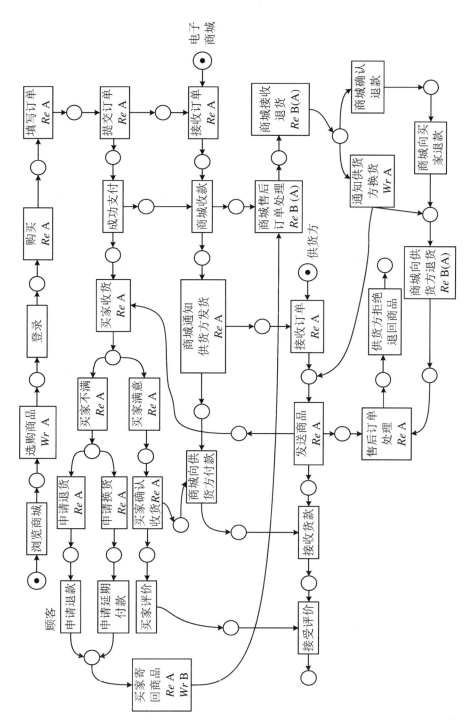

图4.12 某电子商城购物流程控制Petri网数据依赖关系图

算法 4.4　变化域分析

（1）分别输入控制流 Petri 网 PN_C 和数据流 Petri 网 PN_D。

（2）运行控制流 Petri 网 PN_C，若正常运行，则转入步骤（3），否则根据定义 1.15 找出所有的可疑变迁，计入集合 W_0。

（3）运行数据流 Petri 网 PN_D，若正常运行，则退出，否则根据定义 1.16 找出所有的可疑变迁，计入集合 W_0。

（4）若 $W_0 = \varnothing$，则退出，否则 W_0 即为可疑变化域，转入步骤（5）。

（5）加入初始标识 M_0，同时列出所有的经过疑似变化区域 W_0 内的发生序列：$\sigma_1, \sigma_2, \sigma_3, \cdots, \sigma_s, 1 \leqslant i \leqslant s$，执行步骤（6）。

（6）取序列 σ_i，对任给的两个节点 $t_i \in W_0 \cap \sigma_i$ 和 $t_j \in W_0 \cap \sigma_j$，且 $t_i \neq t_j, i < j$：

① 若 $\cdot t_i \neq \varnothing$ 或 $\cdot t_j \neq \varnothing$，则 $T_1 = t_i \cup \cdot t_i \cup t_j \cup \cdot t_j \cup \cdots$，依次观察其前集中所有的使能变迁以及该变迁可能引发的库所，直到结束，反之 $T_1 = \sigma_i$。

② 若 $t_i \cdot \neq \varnothing$ 或 $t_j \cdot \neq \varnothing$，则 $T_2 = t_i \cup t_i \cdot \cup t_j \cup t_j \cdot \cup \cdots$，依次观察其后集中所有的使能变迁以及该变迁可能引发的库所，直到结束，反之 $T_2 = \sigma_i$。

③ 得到变化区域 $W_i = T_1 \cap T_2$。

（7）回到步骤（6），依次得到每条执行序列段并进行操作。

（8）输出变化域 $W = \bigcup W_i$。

根据以上算法，分析实例，发现变迁"买家寄回商品""商城售后订单处理""商城接收退货""商城向供货方退货""供货方售后订单处理""供货方拒绝退回商品"是可疑变迁。因为考虑数据约束时，买家本应该将购买的价值 2000 元的商品 A 原样寄回，但可能买家会寄回和商品 A 外观一样的价值只有 200 元的赝品 B，使得以后的业务流程出现非预期行为，即商城接收了退货（价值 200 元的赝品 B），就将货款 2000 元退还买家，当商城再将退回商品 B 退还供货方时，供货方发现是赝品，拒绝退货，从而造成商城为顾客买单的情况，使得商城利益严重受损。故得该业务流程 Petri 网的变化域如图 4.13 所示。

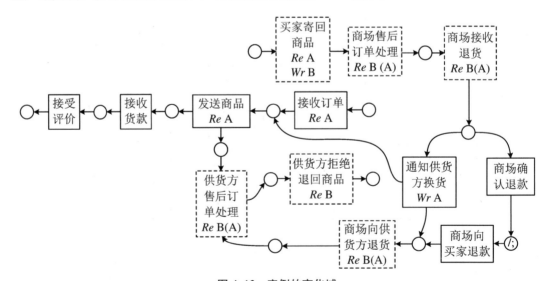

图 4.13　实例的变化域

4.5 基于交互行为变迁优化的变化域分析

一些方法通过变化的活动节点来搜索变化范围,计算量大且复杂。本节基于行为轮廓的交互行为边界变迁和跨边界变迁进行优化,找到可疑点集合,并结合服从度和支持率进一步确定目标模型变化域。

4.5.1 引例

图 4.14 是实际应用中两个相关的 Petri 网模型相互交互的例子,S 和 Q 交互前行为合理,变迁行为能够正常发生,交互后,因为变迁自由选择执行某些活动或某些其他原因使交互后模型的运行结果与预期的不一致,即交互后的模型出现变化部分。

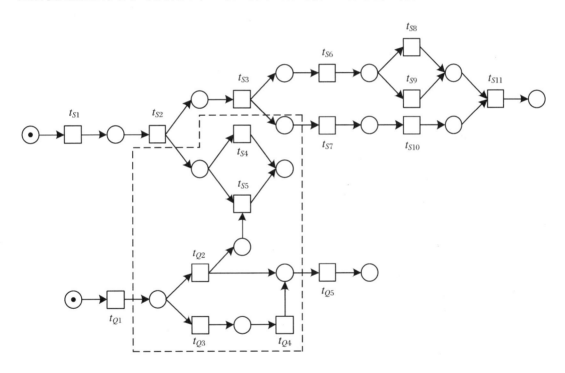

图 4.14　交互变化 Petri 网

S 和 Q 这两个流程模型 Petri 网是实际应用中相关的两个流程模型,它们是通过两个库所连接变迁 t_{Q2} 和 t_{S5} 实现模型交互的。模型交互后,通过检测得到交互区间存在变化域,在图 4.14 中用虚线框表示。需要适当调整模型的责任方,找到引起变化的地方,排除不正常行为。

4.5.2 基于交互行为变迁优化的变化域分析

由于变迁的位置不确定,通过逐个排查去寻找变化变迁,过程比较复杂,且计算量大。为了简化步骤,节约时间,首先对易引起变化的交互行为上的任一个变迁进行边界变迁和跨边界变迁优化,找到可疑点集合。因为 PN 中出现交互行为的部分是确定变化域的重点,这部分区域所对应的变迁序列是引起运行结果出现误差的关键,因此本节只对该区域进行具体分析。

定义 4.13(边界变迁)[18] $S_1 = (N_1, M_1)$ 和 $S_2 = (N_2, M_2)$ 是网系统,其中 $PN_1 = (P_1, T_1, F_1)$,$PN_2 = (P_2, T_2, F_2)$,它们的行为轮廓 $B_1 = \{\Rightarrow_1, \Updownarrow_1, \Leftrightarrow_1\}$,$B_2 = \{\Rightarrow_2, \Updownarrow_2, \Leftrightarrow_2\}$,且 $\sim \subseteq T_1 \times T_2$ 是一个行为轮廓的一致关系。若 S_1 中的一个一致变化的可疑变迁是 t_x,则:

(1) S_1 的向前的边界变迁集 $PBT_1^* \subseteq T_1^\sim$ 包含了与 t_x 是严格序关系且位于它之前的匹配变迁,$PBT_1^*\{t_1 \in T_1^\sim | t_1 \widetilde{\Rightarrow}_1 t_x \wedge \forall t_2 \in T_1^\sim [t_2 \widetilde{\Rightarrow}_1 t_x \widetilde{\Rightarrow} t_2]\}$。$S_1$ 的向后的边界变迁集 SBP_1^* 类似定义。

(2) S_2 的向前边界变迁集 $PBT_2^* \subseteq T_2^\sim$ 包含了所有的一致变迁,即 $PBT_2^*\{t_1 \in T_2 | \exists t_2 \in PBT_1^* [t_2 \sim t_1 \wedge \forall t_3 \in T_2^\sim [t_2 \sim t_3 \rightarrow t_1 \widetilde{\Rightarrow}_2 t_3]]\}$,它们与另一个变迁是严格序关系,但不能由另一个变迁直接到达它。S_2 的向后的边界变迁集 SBP_2^* 类似定义。

通过边界变迁可以缩小目标模型变化域的寻找范围。下面我们定义边界变迁优化的概念。

定义 4.14(边界变迁优化)[18] $S_1 = (N_1, M_1)$,$PN_1 = (P_1, T_1, F_1)$ 和 $S_2 = (N_2, M_2)$,$PN_2 = (P_2, T_2, F_2)$ 是两个网系统,$B_1 = \{\Rightarrow_1, \Updownarrow_1, \Leftrightarrow_1\}$ 和 $B_2 = \{\Rightarrow_2, \Updownarrow_2, \Leftrightarrow_2\}$ 是它们的行为轮廓,$\sim \subseteq T_1 \times T_2$ 是一个弱行为轮廓的一致关系。设 S_1 中的一个一致变化的疑似变迁为 t_x。PBT_2^* 是 S_2 的前一个边界点集,SBT_2^* 是 S_2 的后一个边界点集,且 $BT_2 = PBT_2^* \cup SBT_2^*$。边界变迁优化产生一个变化区域 B_1^*,使得 $B_1^* = T_1 \backslash PT \backslash ST \backslash BT$,其中:

$$PT = \{t_1 \in T_2 | \exists t_2 \in PBT_2^* [t_1 \widetilde{\Rightarrow}_2 t_2]\}$$

$$ST = \{t_1 \in T_2 | \exists t_2 \in SBT_2^* [t_2 \widetilde{\Rightarrow}_2 t_1]\}$$

$$BT = \{t_1 \in T_2 | \exists t_2 \in BT_2[(t_1 \Updownarrow_2 t_2) \vee (t_1 \Leftrightarrow_2 t_2)]\}$$

在严格序关系中,对不含可疑区域的向前边界变迁和向后边界变迁进行的优化,统称为跨边界变迁。

定义 4.15(跨边界变迁)[18] $S_1 = (N_1, M_1)$,$PN_1 = (P_1, T_1, F_1)$ 和 $S_2 = (N_2, M_2)$,$PN_2 = (P_2, T_2, F_2)$ 是两个网系统,$B_1 = \{\Rightarrow_1, \Updownarrow_1, \Leftrightarrow_1\}$ 和 $B_2 = \{\Rightarrow_2, \Updownarrow_2, \Leftrightarrow_2\}$ 是它们的行为轮廓,$\sim \subseteq T_1 \times T_2$ 是一个行为轮廓的一致关系。令 t_x 是 S_2 中的一个一致变化的可疑变化变迁,PBT_2^* 和 SBT_2^* 分别是 S_2 的向前边界节点集和向后边界节点集。

(1) S_2 中排他的跨边界变迁集 $EIT \subseteq T_2^\sim$ 里的匹配变迁,它们在边界变迁之前或之后,而疑似变迁和一致变迁是排他的。

$$EIT = \{t_1 \in T_2^\sim | \forall t_2 \in T_1^\sim [t_2 \sim t_1 \rightarrow t_2 \Updownarrow_1 t_x]$$
$$\wedge \forall t_p \in PBT_2, t_s \in SBT_2^* [t_p \widetilde{\Rightarrow}_2 t_1 \widetilde{\Rightarrow}_2 t_s]\}$$

(2) S_2 中交叉的跨边界变迁集 $IIT \subseteq T_2^\sim$ 里的匹配变迁,它们在边界变迁之前或之后,而疑似变迁和一致变迁是相互交叉的。
$$IIT = \{t_1 \in T_2{\sim} \mid \forall\, t_2 \in T_1{\sim}\, [t_2 \sim t_1 \to t_2 \Updownarrow_1 t_x]$$
$$\wedge\ \forall\, t_p \in PBT_2^*, t_s \in SBT_2[t_p \tilde{\Rightarrow}_2 t_1 \tilde{\Rightarrow}_2 t_s]\}$$

定义 4.16(跨边界变迁优化)[18] $S_1 = (N_1, M_1)$, $PN_1 = (P_1, T_1, F_1)$ 和 $S_2 = (N_2, M_2)$, $PN_2 = (P_2, T_2, F_2)$ 是两个网系统，$B_1 = \{\Rightarrow_1, \Updownarrow_1, \Leftrightarrow_1\}$ 和 $B_2 = \{\Rightarrow_2, \Updownarrow_2, \Leftrightarrow_2\}$ 是它们的行为轮廓，${\sim}\subseteq T_1 \times T_2$ 是一个弱行为轮廓的一致关系。令 t_x 是 S_1 中的一个疑似变化变迁。EIT、IIT 分别是 S_2 的排他的和交叉的跨边界变迁。如果跨边界变迁减少，那么会出现一个变化区域 B_2^*，记 $B_2^* = T_2 \backslash ET \backslash IT \backslash EIT \backslash IIT$。则有
$$ET = \{t_1 \in T_2 \mid \exists\, t_2 \in EIT[(t_1, t_2) \notin \Updownarrow_2]\}$$
$$IT = \{t_1 \in T_2 \mid \exists\, t_2 \in IIT_2[(t_1, t_2) \notin \Leftrightarrow_2]\}$$

定义 4.17(服从度) 给定一个流程模型集合 $C = (PN, V)$，动作集合为 V^a，$\forall\, v \in V^a$，C 中有 n 个对象模型 PN_i 满足 $v \in V_{PN_i}$，其中 $i = 1, 2, \cdots, |PN|$，则称 V^a 对 C 的服从度为 n，记为 $\text{com}(V^a) = n$。

搜索目标模型中容易出现问题的点(可疑点)是确定变化域的关键。已有方法通过比较初始模型和对象模型找到可疑点，具有一定局限性。本书在没有源模型的情况下，通过交互行为上子模型边界变迁和跨边界变迁的优化，找到可疑点集合，确定可疑区域。为此，给出算法 4.5。

算法 4.5 寻找目标模型的可疑点集合

输入：$PN_2 = (P_2, T_2, F_2, C_2)$，目标模型。

输出：目标模型可疑点集合 R_2。

(1) 首先将目标对象转化为 Petri 网结构图。

(2) 对于子模型上任意一个一致变迁 t_x，根据定义 4.15 分别找到它的前边界点集 PT 和后边界点集 ST，记边界点集为 $BT = PT \cup ST$。然后在边界点集内，观察目标模型的变迁对是否存在 t_1 满足 $BT^* = \{t_1 \in T_2 \mid \exists\, t_2 \in BT_2[(t_1 \Updownarrow_2 t_2) \vee (t_1 \Leftrightarrow_2 t_2)]\}$，若满足，则得到目标模型经过边界变迁优化的可疑点集合 $R_{11} = T_2 \backslash PT \backslash ST \backslash BT^*$，若不满足，继续执行步骤(2)。

(3) 根据定义 4.17，在 R_{11} 基础上，在边界变迁范围内找到与一致变迁 t_x 是排他关系的变迁 EIT 或是交叉关系的变迁 IIT，观察是否存在变迁 t_2 满足 $ET = \{t_1 \in T_2 \mid \exists\, t_2 \in EIT[(t_1, t_2) \notin \Updownarrow_2]\}$ 或 $IT = \{t_1 \in T_2 \mid \exists\, t_2 \in IIT_2[(t_1, t_2) \notin \Leftrightarrow_2]\}$，若满足，则得到目标模型经过跨边界优化的可疑点集合 $R_{12} = T_2 \backslash EIT \backslash IIT \backslash ET \backslash IT$，否则继续执行步骤(3)。

(4) 根据以上步骤可得到目标模型的可疑点集合 $R_2 = R_{11} \cap R_{12}$。

算法 4.5 通过边界变迁和跨边界变迁优化，找到目标模型的可疑点集合 R_2。在此基础上，以可疑点为研究对象，考虑可疑子对象模型对应动作的支持率是否满足 $\sup(v_i, v_j) > 0.5$，若满足，则可疑对象就是引起变化的点。再根据语义和活动变迁结构关系找到目标对象的变化部分。为此，给出算法 4.6。

算法 4.6 寻找目标模型的变化域

输入：目标模型可疑点集合 R_2。

输出：目标模型变化域 C_r。

(根据算法 4.5，找出目标对象可疑点集合 R_2，然后确定相应可疑点区域 $C = {}^\cdot R_2 \cup R_2$

∪R_2·,其中相应对象子模型为 $PN_i = (P, T, F, V_i)$。)

(1) 根据定义 4.3 计算出 V^a 中动作对应到子模型 $PN_i(i=1,2,\cdots,n)$ 中的支持度：
$$\sup(v_i, v_j) = \text{com}(v_i \cup v_j)/(|v_i| + |v_j|)$$
其中 $v_j \in V, j = 1, 2, \cdots, |V^a| - 1$。

① 若 $\sup(v_i, v_j) \leqslant 0.5$，计算 V^a 中下一个动作的支持率。

② 若 $\sup(v_i, v_j) > 0.5$，v_j 就是变化变迁对应的动作。

循环直至 $k = |V^a|$ 时终止。

(2) 输出相应的子模型中的变化变迁 v_j，根据与它相关的上下位结构和性质，确定变化部分 C_r，即 $C_r = C_1 \cup C_2 \cdots \cup C_k$。

4.5.3 实例分析

在某酒店管理系统中，预订酒店时，普通客户需交押金，通过支付平台预订成功后，拿到房卡，如果押金足够房费，可以打开房门，如果押金不够，通过支付平台自动扣除当天房费；而 VIP 客户不需交押金，如果卡上金额少于房费，还能一直打开房门入住，也可自动消费，如此若用户信用不高，就会给酒店造成损失，因此需找出变化域，控制这种情况的发生。本节通过对目标模型交互行为上的变化变迁进行优化从而找到变化域，并进行变化域分析。

图 4.15 给出了该酒店管理系统的 Petri 网结构图，其中重要符号所代表的意义如下：p_1 代表顾客，p_{14} 代表支付中心，t_1 代表查看房态，t_3（无房）取消预订，t_2（有房）预订，t_4 普通客户，t_5 VIP 客户，t_6 团体（8 人以上），t_7 个人，t_8 登记信息，t_9 预订房间数，t_{10} 修改信息，t_{11} 预订定金，t_{12} VIP 房价九折，t_{13} 普通房价 + 20% 押金，t_{14} 订单汇总，t_{15} 预订成功，t_{16} 用户登录，t_{17} 扣除消费，t_{18} 收款反馈，t_{19} 酒店登入系统，t_{20} 申请换房，t_{21} 领取房卡，t_{22} 普通客户入住，t_{23} VIP 入住，t_{24} 房门打不开，t_{25} 房门打开，t_{26} VIP 余额足够，t_{27} VIP 余额不足，t_{28} 冻结部分资金。

找到交互区域上的可疑变迁，以 t_{25} 为例，根据算法 4.5，它的向前边界点集 $PT = \{t_{22}, t_{23}\}$，它的向后边界点集 $ST = \varnothing$，其中 $BT = \{t_{24}\}$，因此边界变迁的优化为 $C_1 = T_2 \setminus \{t_{22}, t_{23}, t_{24}\}$，$EIT = \{t_{24}\}$，$IIT = \varnothing$，$ET = \{t_{22}\}$，$IT = \varnothing$，跨边界变迁的优化为 $C_2 = T_2 \setminus \{t_{22}, t_{24}\}$。因为 C_1、C_2 都是非空集合，则 t_{25} 就是交互区域上的变化变迁，由它组成的可疑区域 C_1 为 t_{22}、t_{23}、t_{24}、t_{25} 构成的区域。在可疑区域 C_1 内，考察 t_{22}、t_{23}、t_{24}、t_{25} 这段发生序列，其间的库所为 p_{22}、p_{24}，变迁为 t_{22}、t_{23}、t_{24}、t_{25}，由算法 4.6 得到 VIP 和普通客户对房门打开的支持率如表 4.6 所示。

表 4.6 VIP 和普通客户对房门打开的支持率

可疑对象集 \ 动作集	房门打开	房门打不开
VIP 入住	1.0	0
普通客户入住	0.5	0.5

由表 4.6 可知 VIP 客户可以一直打开房门。因为 VIP 客户不需要交押金，故他的余额不够房费却能一直打开房门就成为问题的关键。找出其中的变化部分，并进行修正，如图

4.16 所示,符号表示同图 4.15。

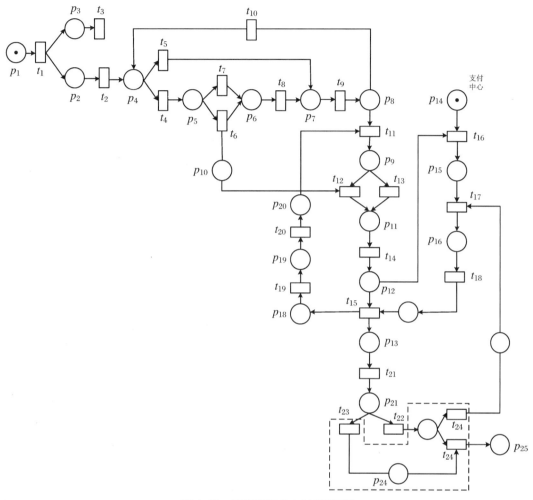

图 4.15 酒店预订 Petri 网结构图

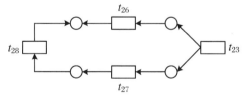

图 4.16 变化域的修正

找出问题后,我们可以通过控制节点加以解决,如通知银行冻结 VIP 客户的一部分资金(足够缴纳房费),这样就可以保证酒店没有损失风险。如图 4.17 所示,符号表示同图 4.15。

针对本节引例,根据算法 4.4 和电子商务的实际应用背景,得到改进后的购物流程 Petri 网模型如图 4.18 所示,图中虚线框标注部分为针对变化域所做的优化与改进。

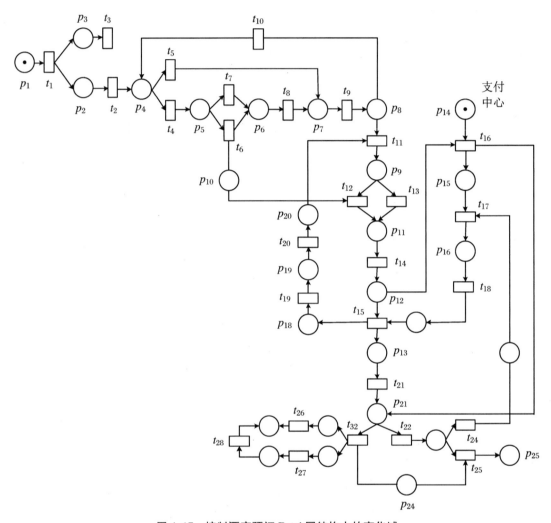

图 4.17 控制酒店预订 Petri 网结构中的变化域

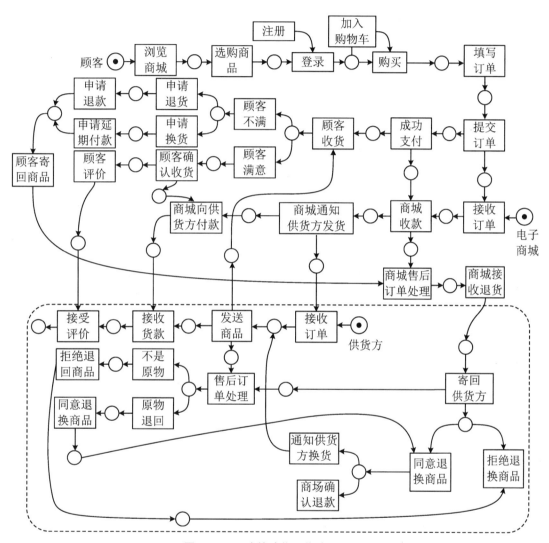

图 4.18 正确的购物工作流 Petri 网

4.6 基于特征网的模块日志变化挖掘隐变化

针对由交互模块构成的组合系统中出现的变化问题,本节提出了基于特征网的模块日志变化挖掘方法,从特征网的角度对交互日志进行模块划分,利用活动的行为对应关系对日志进行简化并根据拟间接依赖关系挖掘日志内的隐变化,降低了日志分析的复杂性以及提高了变化检测的精准性。

4.6.1 基本概念

定义 4.18(开放 Petri 网)[10] 开放 Petri 网 OPN 为一个七元组 $<P, I, O, T, F, i, \Omega>$,满足:

(1) P 为内部库所集,I 为输入库所集且 $\cdot I = \varnothing$,O 为输出库所集且 $O\cdot = \varnothing$,$P \cap I = \varnothing \wedge P \cap O = \varnothing \wedge I \cap O = \varnothing$;

(2) $<P \cup I \cup O, T, F>$ 为 Petri 网;

(3) $i \in N^P$ 为初始标识;

(4) $\Omega \subseteq N^P$ 为终止标识集。

其中 $I \cup O$ 称为 OPN 的接口库所,如果 $I = O = \varnothing$,则为关闭型 OPN。另外,多个 OPN 是可组合的,如两个 OPN(X、Y)的组合记为 $X \oplus Y$,当且仅当 $(I_X \cap O_Y) \cup (O_Y \cap I_X) = (P_X \cup T_X \cup I_X \cup O_X) \cap (P_Y \cup T_Y \cup I_Y \cup O_Y)$。

定义 4.19(特征网)[10] 给定开放 Petri 网 OPN 及特征 $X \in T$,特征网 N_F 为满足下列条件的开放 Petri 网:

(1) $P = \bar{P}, T = \bar{T}, i = [\bar{i}], \Omega = \{[\bar{f}]\}$;

(2) $I = \{P_{A-X} | A \rightarrow_c X\}$;

(3) $O = \{P_{X-A} | X \rightarrow_c A\}$;

(4) $F = \bar{F} \cup \{(t, P_{X-A}) | t \in T, \lambda(t) = A, X \rightarrow_c A\} \cup \{(P_{A-X}, t) | t \in T, \lambda(t) = A, A \rightarrow_c X\}$。

特征之间进行通信时,特征可接收和发送消息,部分特征仅接收消息或仅发送消息。

定义 4.20(通信行为轮廓)[10] $L = \{l_1, l_2, \cdots, l_n\}$ 为过程模型 $PM = (A, G, F, s, e, t)$ 的一组日志,$l_i(1 \leqslant i \leqslant n)$ 为日志中的一条迹。弱序关系为 $>_L \subseteq (A_L \times A_L)$,当对所有的活动对 (x, y),存在两个下标 $j, k \in \{1, \cdots, m-1\}$ 且 $j < k \leqslant m$,满足 $n_j = x, n_k = y$,则一组活动对 $(x, y) \in (A_L \times A_L)$ 至多满足以下关系之一,集合 $B_L = \{\rightarrow_c, \|_c, \times_c\}$ 为日志 L 的通信行为轮廓。

(1) 如果 $x >_L y$ 且 $y \not>_L x$,则为严格序关系 $\rightarrow_c$;

(2) 如果 $x >_L y$ 且 $y >_L x$,则为交叉序关系 $\|_c$;

(3) 如果 $x \not>_L y$ 且 $y \not>_L x$,则为排他序关系 $\times_c$。

此外,当且仅当满足 $y \rightarrow_c x$ 的活动对 (x, y) 为逆严格序关系,记为 $x \rightarrow_c^{-1} y$。

目前,对齐表示方法主要存在于多个模型的相似性比较之中,即同一个系统组织使用不同粒度不同层次表示模型。针对于比较对象是日志与模型,下面提出拟对齐的概念。

定义 4.21(拟对齐)[10] 对于网系统 $S=(P,T,F,M_i)$ 和日志 $L=\{\tau_1,\tau_2,\cdots,\tau_n\}$,其中 τ_i 为实际系统 S' 产生的任意一条迹,则拟对齐 $\sim\subseteq T\times T_L$ 表示 S 中的变迁在 L 中存在对应活动变迁。

4.6.2 基于特征网下的模块日志变化挖掘

系统开发之前都需要进行需求分析,即设计源模型。要测试实际开发的系统是否符合要求,必须对系统的结构进行分析。已有的方法是通过系统产生的大量事件日志重构模型,再与源模型做一致性比较。对于由交互模块构成的系统,其产生的事件日志也是杂乱交互的,所以对事件日志的简化处理是挖掘的必要前提。本节介绍了一种基于特征网下的模块日志算法以及复杂对应活动的合并。另外,现有的过程挖掘技术主要依靠活动间的直接依赖因果关系,而无法识别出具有间接依赖因果关系的活动,比如满足一致性比较的事件日志中存在的变化无法被发现。为了发现日志中隐含的此类变化,本节提出了一种基于拟间接依赖关系的变化挖掘算法。

1. 模块日志的挖掘方法

一般由多模块交互而成的业务系统比较复杂,在内部结构并不可视的情况下,无法对系统进行分析与测试。根据系统产生的事件日志可以间接分析与发现其潜在的具有价值的信息,但同样的,复杂交互的系统必然产生复杂错乱的事件日志。为了简化与高效地利用事件日志,从事件日志中提取单个模块内的特征日志,即模块日志。

定义 4.22(模块日志) 如果特征日志满足 $L_M=\{\sigma\in L\mid R(F)=M,F\in\sigma\}$,即称 L_M 为模块日志;由模块日志对应的特征构成的局部流程即为模块网。

下面给出一种基于特征网结构提取模块日志的算法。

算法 4.7 模块日志的挖掘

输入:事件日志 L,源模型 S。
输出:模块日志 L_M。

(1) 根据源模型的特征网性质,利用模块标识将各个特征分为不同的模块 $M_i(i=1,2,\cdots,n)$。

(2) 找到特征网的接口库所 $P_i=P_{X-A}\vee P_{A-X}$。

(3) 根据 $F=\{(t,P_{X-A})\mid t\in T,\lambda(t)=A;x\to_c A\}\cup\{(P_{A-X},t)\mid t\in T,\lambda(t)=A;A\to_c X\}$ 流关系,满足该关系的特征(活动)X_i 记为交互特征,即连接两模块网的交互活动。

(4) 如果 $(X_i,P_{X_i-A})\in F$,则交互特征 X_i 为一个模块 M_i 的右边界变迁;如果 $(P_{A-X_i},X_i)\in F$,则交互特征 X_i 为一个模块 M_i 的左边界变迁。利用(流程)通信行为轮廓 $B_s=(\to_c,\parallel_c,\times_c)$,可得到模块 M_i 的所有特征 X_{Mi}。

(5) 基于日志与模型的对齐关系,将仅包含特征 X_{Mi} 所对应活动在原事件日志中按原顺序提取即为模块日志 L_{Mi}。

经过算法 4.7 的模块日志挖掘,能够将复杂的事件日志分块处理,并且每块日志都对应于具备完整意义的系统子模块。

2. 日志的复杂对应活动合并简化方法

定义 4.23(简单对应和复杂对应) 在拟对齐的系统 S 和日志 L 中,$T'\sim T'_L$,其中 $T'\subset$

$T, T'_L \subset T_L$。

(1) 若 $|T'| = |T'_L| = 1$,则为简单对应;

(2) 若 $|T'| : |T'_L| = m : n (m、n$ 不同时为 1$)$,则为复杂对应。

为了在保证日志的有效性前提下更大程度地简化事件日志,算法 4.8 提出了具有复杂对应活动的日志合并算法。

算法 4.8 事件日志与源模型对应活动的合并简化

输入:事件日志 L,源模型 S。

输出:目标日志 L',目标模型 S'。

(1) T_L 为 L 的活动,T 为源模型 S 的变迁,根据事件日志与源模型的拟对齐关系,得到满足对应关系~的活动 T'_L、T',即 $T'_L \sim T'$, $T'_L \subset T_L \wedge T' \subset T$。

(2) 如果满足简单对应,$|T'_L| = |T'| = 1$,则保持事件日志与源模型中的活动 T'_L、T' 不变;如果满足复杂对应,$|T'_L| : |T'| = m : n (m、n$ 不同时为 1$)$,则分别合并 T'_L、T' 为单一活动。

(3) 针对模型的简化,保持活动不变的流关系不变,将复杂对应活动与其他活动的流关系添加到合并后的单一活动上,去掉多余的流关系,即得到目标模型 S'。

(4) 根据步骤(3)将复杂活动对 A_1、A_2 合并之后记为 A,所有包含该活动对事件日志迹的合并分下列几种形式:若包含迹 $\cdots BA_1A_2C\cdots \vee \cdots BA_2A_1C\cdots$,则合并之后的迹为 $\cdots BAC\cdots$;若仅包含迹 $\cdots A_1BA_2\cdots$,则合并之后的迹为 $\cdots ABA\cdots$。最后,所有迹组成的日志即为目标日志 L'。

4.6.3 基于拟间接依赖的日志变化挖掘

利用常见的过程挖掘技术,如 α-算法挖掘得到的目标模型具有局限性。例如,即使所有的事件日志都可以在源模型下重演,也无法确定其一致性达到最高,因为该算法无法识别系统中隐含的拟间接依赖的活动变化关系。对此,下面提出基于拟间接依赖关系的日志变化挖掘方法。

定义 4.24(拟间接依赖关系)[25] 设目标系统产生的事件日志为 L,$\sigma_i = t_1 t_2 \cdots t_n$ 为日志 L 的序列,若活动对 $(a,b) \in (T_L \times T_L)$ 具有拟间接依赖关系,记为 $a \infty b$,当且仅当:

$$P(a,b) = \frac{\sum_{i=1}^{k} n_i r(b, \sigma_i)}{\sum_{i=1}^{k} n_i R(a \to_{id} b, \sigma_i)} = 1$$

其中,k 为不同日志序列数;n_i 表示第 i 类日志序列中所包含的过程实例;$r(b, \sigma_i)$ 判断活动 b 是否出现在序列 σ_i 中,若出现,则 $r(b, \sigma_i) = 1$,否则等于 0;$R(a \to_{id} b, \sigma_i)$ 判断 a 和 b 是否以间接严格序关系出现,若是,则 $R(a \to_{id} b, \sigma_i) = 1$,否则等于 0。

根据拟间接依赖关系可知,如果 $a \infty b$,则活动 b 的发生必然取决于 a。

算法 4.9 基于拟间接依赖的日志变化挖掘

输入:源模型 S,事件日志 L。

输出:变化片段。

(1) 根据算法 4.7 和算法 4.8,可得到简化过后的拟模块网 M'_i 与拟目标日志 L'_{M_i}。

(2) 根据通信行为轮廓 $B_{S(L)} = (\rightarrow_c, \parallel_c, \times_c)$ 分别计算各拟模块网 M'_i 与拟目标日志 L'_{M_i} 中各特征(活动)对的行为关系,并建立行为轮廓表。

(3) 根据定义,遍历日志内的活动,找到满足

$$P(a,b) = \frac{\sum_{i=1}^{k} n_i r(b, \sigma_i)}{\sum_{i=1}^{k} n_i R(a \rightarrow_{id} b, \sigma_i)} = 1$$

的活动对,该活动对满足拟间接依赖,即活动 b 的发生取决于 a。

(4) 找到满足拟间接依赖的活动对 (a,b) 所在的拟目标模块 M'_i,判断该活动对间是否存在直接流关系,若 $a^{\cdot} \cap {}^{\cdot} b \neq \varnothing$,则该日志无变化;若 $a^{\cdot} \cap {}^{\cdot} b = \varnothing$,则目标日志存在拟间接依赖的变化片段。

(5) 利用 α-算法得到以 a、b 为边界变迁的局部流程模型,最后根据拟间接依赖在变迁 a、b 之间添加一个库所和相应的流关系,即为该日志对应的实际系统存在的变化片段。

4.6.4 实例分析

我们以一个网上购物的业务流程为实例,验证所提算法的可行性。给出的是特征网结合模块网的源模型,如图 4.19 所示,其中用小写字母表示特征(活动):(x1)下载 APP,(x2)用户登录,(x3)手机号码登录,(x4)邮箱登录,(x5)微信登录,(x6)登录成功,(x7)查看商品,(x8)选择衣服,(x9)选择裤子,(x10)选择鞋子,(x11)加入购物车,(x12)开始付款,(x13)付款成功,(x14)交易结束;(y1)查看用户性质,(y2)普通用户,(y3)VIP,(y4)选择优惠方式,(y5)打 9 折,(y6)打 7 折,(y7)成功付款;(z1)商家推荐物品,(z2)查看库存,(z3)查看订单,(z4)进货,(z5)确认订单,(z6)发货。

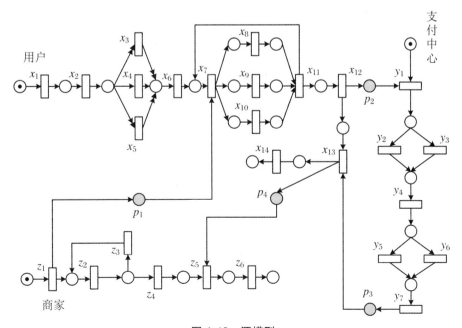

图 4.19 源模型

表 4.7 为实际系统产生的事件日志，其中划线字符的含义为：($X0$)打开 APP，($X1$)用户注册，($X2$)用户登录，($X8$)选择商品，($Y7$)选择付款方式，($Y8$)支付宝支付，($Y9$)银行卡支付，($Y10$)微信支付。

表 4.7 事件日志

实例数	事件轨迹
344	$\underline{X0X1X2}x3x6z1z2z4z5x7\ \underline{X8}x11x12y1y2y4y5\ \underline{Y7Y8}x13x14z5z6$
325	$\underline{x0X1X2}z1x4x6x7z2z3z2z4\ \underline{X8}x11x7x8x9x10x11x13y1y3y4y6\ \underline{Y7Y8}x13z5z6x14$
267	$\underline{X0X1X2}x5z1x6z2z4x7\ \underline{X8}x11x12y1y2y4y5\ \underline{Y7Y9}x13z5x14z6$
300	$\underline{X0X1X2}xz1x3x6x7z2z4\ \underline{X8}x11x12y1y3y4y6\ \underline{Y7Y10}x13z5x14z6$

根据算法 4.7，利用特征网的性质对源模型进行分析，可以发现四个接口库所 $p1、p2、p3、p4$，其中 $p1=P_{z1-x7}$，$p2=p_{x12-y1}$，$p3=p_{y7-x13}$，$p4=p_{x13-z5}$，因此，可以得到三个模块的边界变迁即交互特征，结合行为轮廓，具有交互作用的模块网 $X、Y、Z$（分别代表用户模块、支付模块、商家模块）即被划分得到。不管是源模型还是模块网，利用算法 4.8 对对应活动做进一步的简化，复杂对应关系及其合并后活动通过表 4.8 给出，其中，a 表示用户注册并选择登录方式，b 表示选择商品，c 表示选择支付方式并成功支付。经过算法 4.8、算法 4.9 对事件日志的简化处理得到的目标日志如表 4.9 所示。

表 4.8 复杂活动对应关系

源模型	目标日志	合并后
$x1x2$	$X0X1X2$	a
$x8x9x10$	$X8$	b
$y7$	$Y7Y8、Y7Y9、Y7Y10$	c

表 4.9 目标日志

实例数	事件轨迹
模块日志 L'_X	
644	$a\ x3\ x6\ x7\ b\ x11\ x12\ x13\ x14$
325	$a\ x4\ x6\ x7\ b\ x11\ x7\ x12\ x13\ x14$
267	$a\ x5\ x6\ x7\ b\ x11\ x12\ x13\ x14$
模块日志 L'_Y	
611	$y1\ y2\ y4\ y5\ c$
625	$y1\ y3\ y4\ y6\ c$
模块日志 L'_Z	
911	$z1\ z2\ z3\ z5\ z6$
325	$z1\ z2\ z4\ z2\ z23\ z5\ z6$

以算法 4.8 与算法 4.9 对复杂日志处理得到的拟模块日志作为算法 4.9 的步骤(1)结果，表 4.10 仅给出模块日志 L'_Y 的行为轮廓关系。

最后，遍历各个模块日志的变迁对，可得到

$$p(y2,y5)=\frac{344\times1+325\times0+267\times1+300\times0}{344\times1+325\times0+267\times1+300\times0}=\frac{611}{611}=1$$

$$p(y3,y6) = \frac{344 \times 0 + 325 \times 1 + 267 \times 0 + 300 \times 1}{344 \times 0 + 325 \times 1 + 267 \times 0 + 300 \times 1} = \frac{625}{625} = 1$$

表 4.10　模块日志 L'_Y 的行为轮廓关系

	y1	y2	y3	y4	y5	y6	c
y1		$\rightarrow_c$	$\rightarrow_c$				
y2			$\times_c$	$\rightarrow_c$			
y3		$\times_c$					
y4					$\rightarrow_c$	$\rightarrow_c$	
y5						$\times_c$	$\rightarrow_c$
y6					$\times_c$		$\rightarrow_c$
c							

可以发现 $(y2,y5)$、$(y3,y6)$ 间具有拟间接依赖关系,源模型中 $(y2,y5)$ 与 $(y3,y6)$ 之间并没有直接的流关系,所以该目标日志的 L_Y 模块日志内存在变化片段,如图 4.20 所示为目标日志对应的目标模型,根据实际意义可知,普通用户只能打 9 折,而 VIP 可以享受 7 折优惠,即两者存在依赖关系。

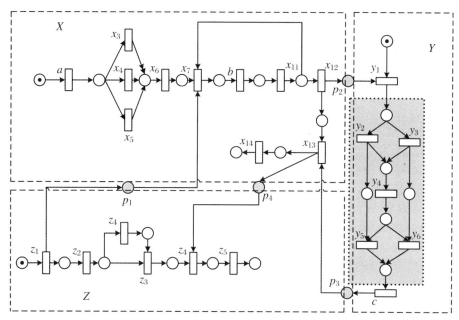

图 4.20　目标日志对应的目标模型

4.7　小　　结

在实际中,针对相同的目标流程,根据不同业务要求,侧重的建模对象不同,构建的 Petri 网模型也各有不同,但并不是所有的模型都是符合要求的,有的模型可能存在异常。找到模型异常的地方即变化区域,进而弥补缺陷和优化模型是尤为重要的。

为了精确定位业务流程中的变化域,本章基于行为轮廓,结合数据流以及特征网对业务流程中的变化、隐变化展开分析,提出了相应的解决算法,并分别使用实例进行了验证。行为轮廓的概念是相对于 Petri 网模型的静态性质研究而提出来的描述 Petri 网模型的动态行为的概念,其描述的对象是模型中两个变迁的行为关系。运用行为轮廓可以挖掘出任意变迁之间的行为依赖关系,将这种行为依赖关系看作是模型功能表达的一种约束,数据化这种行为依赖关系可以确定行为依赖强度,模型功能的表达被各变迁约束的力度也就可以由此获得。因此,行为轮廓可以用来进行寻找变化区域和修复变化区域相关的研究。

本章以行为轮廓为基础概念,主要着手解决了以下问题:

在无需参考模型的情况下,基于行为轮廓和动作模式的结合,对服务功能不满足要求的 Petri 网模型进行动态行为方面的研究,确定其功能不能得到满足的变化区域。

然而,仅从控制流方面考虑业务流程 Petri 网模型结构的约束关系以寻找模型变化域方面存在不足。针对这个问题,我们充分考虑了数据信息在业务流程 Petri 网中的影响,克服了以往只在控制流关系上分析模型变化域而忽略数据信息所带来的缺陷。

业务系统大多由子流程交互构成,针对交互行为中的变化域问题,我们基于行为轮廓的交互行为边界变迁和跨边界变迁进行优化,找到了可疑点集合;根据拟间接依赖关系,在特征网的基础上,挖掘信息交互日志中存在的隐变化,提高了目标模型的接口精准度。

参 考 文 献

[1] WEIDLICH M, ARTEM P, NIRMIT D, et al. Process Compliance Measurement Based on Behavioural Profiles[M]. Springer, 2010: 499-514.

[2] WEIDLICH M. Behavioural profiles: a relational approach to behaviour consistency [D]. Universität Potsdam, 2011.

[3] FANG X, HAO W. Approach of analyzing the smallest change domain in process models based on petri nets[J]. Comput Sci, 2012,6(3):943-949.

[4] WEIDLICH M, MATHIAS W, JAN M. Change propagation in process models using behavioural profiles[C]// IEEE International Conference on Services Computing. IEEE Computer Society, 2009:33-40.

[5] 吴哲辉. Petri 网导论[M]. 北京:机械工业出版社,2006.

[6] WEIDLICH M, JAN M, MATHIAS W. Propagating changes between aligned process models[J]. Journal of Systems and Software, 2012,85(8):1885-1898.

[7] FANG X, LIU L, LIU X. Analyzing method of change region in BPM based on module of Petri net[J]. Information Technology Journal, 2013, 12(8): 1655.

[8] WEIDLICH M, JAN M, MATHIAS W. Efficient consistency measurement based on behavioral profiles of process models[J]. IEEE Transactions on Software Engineering, 2011,37(3):410-429.

[9] ERAMO R, IVANO M, HENRY M, et al. A model-driven approach to automate the propagation of changes among architecture description languages[J]. Software & Systems Modeling, 2012, 11(1):29-53.

[10] SMIRNOV S, WEIDLICH M, JAN M. Business Process Model Abstraction Based on Behavioral Profiles, 2010[M]. Springer, 2010: 1-16.

[11] MEDEIROS A-K-A,AALST W M P,WEIJTERS A-J-M-M. Quantifying process equivalence based on observed behavior[J]. Data & Knowledge Engineering,2008,64(1):55-74.

[12] 李俊,戴先中,孟正大. 基于改进的网重写系统的 Petri 网逻辑控制器的自重构方法[J]. 南京理工大学学报(自然科学版),2005(29):41-45.

[13] 蒋昌俊. PETRI 网理论与方法研究综述[J]. 控制与决策,1997(6):631-636.

[14] KUNZE M,WEIDLICH M,MATHIAS W. Querying process models by behavior inclusion[J]. Software and Systems Modeling,2015(14):1105-1125.

[15] OLSON G-A,CHERIYADAT A,PREETI M,et al. Detecting and managing change in spatial data-land use and infrastructure change analysis and detection[C]//2004 IEEE International Geoscience and Remote Sensing Symposium. IEEE,2004:729-734.

[16] EGYED A. Fixing Inconsistencies in UML design models[C]// Software Engineering (ICSE),2007 IEEE 29th International Conference on Minneapolis,MN. 2007:292-301.

[17] 董子禾,闻立杰,黄浩未. 基于触发序列集合的过程模型行为相似性算法[J]. 软件学报,2015,26(3):449-459.

[18] WEIDLICH M,MATHIAS W,JAN M. Change propagation in process models using behavioural profiles[C]//2009 IEEE International Conference on Services Computing. IEEE,2009:33-40.

第 5 章 业务流程中的变化域分析与处理

业务流程的适应性和灵活性是现代企业在高度竞争的市场中成功的关键因素之一。业务流程管理能够灵活地应对市场变化,不断改进原有的流程模型,从而更好地管理企业或组织,它的这种能力得到了许多企业的重视。由于模型建立与实际需求之间仍有差距,为了在当今瞬息万变的业务环境中保持竞争力和可持续发展性,企业需要经常对其业务活动和相应业务流程模型进行更改,面临的关键问题之一就是变化域分析。考虑到重新设计流程是一项昂贵且耗时的任务,所以正确地识别业务流程变化,并及时做出有效的分析与处理在业务流程管理及优化方面具有较高的应用价值。

5.1 业务流程中的变化域分析概述

在大多数应用领域中,流程变化被认为是至关重要的[1~3]。由于各种原因,如新法规的出现或市场上新竞争对手的出现,产生了对改变业务流程的需求。实际的业务流程很复杂,通常表现出高度的变异性。此外,由于条件和环境的变化,这些过程会随着时间的推移而不断发展。例如,在医疗保健领域,医学的进步会触发诊断和治疗过程的变化。此外,案例数据(例如主治医生的技术、病人的年龄)也会影响治疗过程的执行方式。现有的流程挖掘技术假设流程是静态的,因此不适合分析当代高度灵活的业务流程。分析业务流程的变化旨在对发生变化前后的业务流程模型进行对比、分析、归纳、整合,找到发生变化的片段或活动集,从而优化业务流程模型。此时,需对模型中变化的部分进行分析与处理,从而进一步涉及模型适配问题。

目前,流程模型变化域的研究已经受到了广泛的关注。一些研究人员将过程模型变化域进行了一系列分类,增强了模型系统性的功能[4]。文献[5,6]提出了 Petri 网动态切片技术,即用程序切片来隔离那些包含故障的区域,使得人们更容易发现系统的故障。文献[7]从正式的角度分析并明确表示了如何变更系统模型的不同情况,即应如何变更系统模型以及应如何在其中添加、删除或修改模型元素,对设计变更进行响应,并引入工作流来指导变化过程。文献[8]挖掘业务流程模型历史存储库,进而确定已经存在共同变更情形的流程模型,据此预测变更操作在未来的影响。文献[9]提出一种分析变化影响的方法,此方法以依赖性为中心,对业务流程部分与部分间以及各服务间的相互依赖性进行检测分析,来说明业务流程模型中的变化影响,以帮助建模人员和业务专家评估预期变化的相关风险。文献[10]通过使用需求关系和需求变更类型的形式语义来改进需求中的变更影响分析。文献[11,12]针对给定源模型中的变化节点,在对应模型中逐步缩小变化区域,从而分析研究模型间的传播改变。文献[13]通过分析模型间的对应关系,利用行为轮廓,找出可疑区域,再由动态切片分析最小变化区域。文献[14]提出了基于Petri网模块的变化域的分析方法,从动态角度确定疑似变化区域模块,利用T-不变量优化模块得到变化区域。

事实上,数据流和控制流是模型构成的两个重要因素,两者及其之间的关系是支撑过程建模、应用分析和操作执行的重要信息,对模型的结构和行为构成约束。数据流在模型中的作用逐步得到研究者的重视,如文献[15,16]从数据流和控制流角度考虑模型的过程优化,文献[17]指出数据流也是业务流程建模的约束条件之一。

以往的变化分析方法大多是假设参考模型已知,然而当今时代互联网发展如火如荼,企业的内部运行结构更加复杂,业务流程系统也在不断随之变化,而且建模的成本较高,导致目标模型的更新不够及时,所以这就需要通过从系统中记录的事件日志来挖掘出发生变化的有效活动集,进而针对目标模型做出及时更新,来更好地适应外界的需求。同时大量事件日志能记录企业的运行状态,对企业进行系统性能优化。本章在5.2节中提出一种基于事件日志的无目标模型的变化分析方法,通过计算服从度对日志进行预处理,提取日志中活动对间的直接跟随和最终跟随关系并计算它们之间行为关系的概率值,与源模型行为轮廓进行对比,找出发生变化的活动集。

一些研究方法从整个模型的角度去探索变化域,比如基于边界变迁的减少和内部边界变迁的减少来找出变化域,随着流程模型的复杂度增大,这种方法逐渐变得不太适用,况且很少有研究是从模块的角度去分析所建立的模型的,因此有必要提出一些新的方法去探索模型的变化域。5.3节针对业务流程的变化域问题,提出了基于Petri网动态切片的分析方法。首先对比分析源模型和目标模型的流程结构图,得到目标模型的一个可疑区域,然后通过行为轮廓的理论找出目标模型可疑区域中的变化域,最后采取Petri网动态切片技术得出目标模型的最小变化域。该方法的优点是通过查找可疑区域来确定模型的变化域,降低了分析业务流程模型系统的复杂度。

一般情况下,为了区别于源模型而重构的目标模型,与源模型之间都存在一定的行为偏差。若在这样的目标模型中寻找行为执行的最优路径,往往导致最终结果不可信。因此,为了提高结果的可信度,5.4节中着重对存在行为偏差的目标模型进行了变化域分析。考虑模型中共用节点对序列的长期影响,仅用节点搜索变化区域是不全面的。对此,提出了计算匹配序列间行为距离确定模型中疑似非有效序列的方法,以及利用序列确定最小变化域的分析方法。

5.5节中基于业务流程系统的行为和结构相似性对变化域展开分析。在已有理论的基础上提出了行为相似性度和结构相似性度,依据前集变迁的占有率和行为轮廓以及拟行为轮廓的相关理论,考虑了源模型和目标模型间的行为相似性度和结构相似性度,并依据一定的理论来分析找出目标模型的变化域。该方法从行为和结构两个角度考察模型间的相似程度,避免了已有方法的独立性和单一性。

目前许多研究已经开始关注数据流对业务流程模型的影响,但是几乎没有考虑数据流和控制流之间的相互作用关系的。5.6节的工作弥补了仅从控制流方面考虑业务流程Petri网模型结构约束关系以寻找模型变化域方面的不足,对于进一步研究流程模型的变化域及对变化域进行控制和优化具有重要的参考价值。从伴随流程的角度,在行为Petri网的基础上给出了业务流程模型的控制流模型和数据流模型。

5.2 基于事件日志的无目标模型的变化分析

业务流程管理的应用十分广泛,从流程演进到流程制定都离不开业务流程。显然,业务流程是随时间发展的,必须与业务规则和法律法规保持一致。任何企业的经济成功都一定程度上依赖于其快速响应变化的能力,因此能够以有效和正确的方式快速更新业务流程非常重要。企业根据需求设计出源模型,然而绝大多数流程模型在实际执行过程中都会与源模型产生不一致的地方,找出这种不一致并据此对源模型加以优化变得愈加重要。

目前,对变化挖掘有关问题的研究仍比较缺乏,大多是在参考模型已知的基础上进行研究,而在实际的业务流程中,原有的目标模型无法适应外界因素的变化。本节从源模型和事件日志入手,找出系统中发生变化的行为关系,进而对源模型进行优化,以设计出更加适用的目标模型。文献[11]中确定系统变化的方法是比较源模型和目标模型的行为轮廓关系,然而针对目标模型未知的情况,如何得到发生变化的活动不能进行有效的处理。基于上述研究背景,本节以事件日志为基础,首先对从系统中观察到的事件日志进行预处理,找出剩余日志活动对间的直接跟随和最终跟随关系,然后通过计算它们的概率值进而分析对比找出变化活动集。

5.2.1 引例

财务报账是一个公司必不可少的业务,因此针对报账业务流程进行建模具有普遍意义。图 5.1 为某公司财务报账业务流程源模型 Petri 网结构图,字母表示含义如表 5.1 所示。由于该公司扩大发展规模,财务报账系统也随之发生了变化,观察到变化后的系统日志并记录下来,如表 5.2 所示。

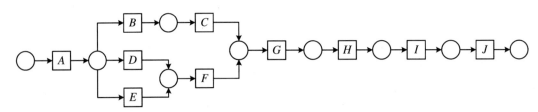

图 5.1　某公司财务报账业务流程源模型 Petri 网结构图

表 5.1　各字母代表的活动事件

活动	活动名称	活动	活动名称
A	业务部门经办人发起	F	财务报账申请单
B	员工差旅费报账	G	部门负责人审批
C	员工差旅费报账申请单	H	总经理审批
D	合同类成本费用报账	I	会计审核
E	其他费用报账	J	报账成功
M	小于两万的报账业务	K	大于两万的报账业务

表 5.2 事件日志 L

迹	实例	实例数
σ1	ABCMGIJ	35
σ2	ABCKGHIJ	67
σ3	ABCKHGIJ	96
σ4	ADFMGIJ	108
σ5	ADFKGHIJ	134
σ6	ADFKHGIJ	146
σ7	AEFMGIJ	189
σ8	AEFKGHIJ	247
σ9	AEFKHGIJ	297

日志 L 由工作流 Petri 网系统产生,并且是完备的。$\Psi(L)$ 将日志 L 映射为字母集,$\Psi(L)=\{A,B,C,D,E,F,G,H,I,J,K,M\}$,同理 $\Psi(P)$ 将源模型 P 映射为字母集,$\Psi(P)=\{A,B,C,D,E,F,G,H,I,J\}$。通过对比 $\Psi(L)$ 和 $\Psi(P)$ 可以发现,日志 L 中的变化操作为 Insert K、Insert M,然而当执行变化操作 Insert K 和 Insert M 后,K 和 M 与其他活动的行为关系就无从得知了,除此之外日志 L 中的其他活动是否发生 Move 变化也值得探究。因此对源模型和事件日志进行变化挖掘研究具有一定的理论价值,在此基础上本节提出基于事件日志中条件发生概率和行为轮廓相结合的方法,来分析完备事件日志下系统行为的变化,进而优化源模型。

5.2.2 基本概念

定义 5.1(事件日志)[18] 设 T 为活动变迁集合,$L\in B(T^*)$ 是事件日志,$\sigma\in T^*$ 是事件轨迹。

定义 5.2(变化操作)[19] L 为一个事件日志,迹 $\sigma\in L$,S 为日志中的活动集合,Delete、Insert、Move 分别指日志中活动的删除变化操作、插入变化操作和移动变化操作,并把三种变化操作记为 C=(Delete,Insert,Move)。$\forall a_1\in S,\sigma_i\in L(i=1,2,\cdots,n)$,Delete、Insert、Move 具体操作如下所示:

(1) Delete(σ_i,a_i):删除操作是指把活动 a_i 从迹 σ_i 中删除。

(2) Insert(σ_i,a_i):插入操作是指把活动 a_i 插入到迹 σ_i 中的任意位置;Insert(σ_i,a_1,a_2,a_3):是指在迹 σ_i 中,把活动 a_1 插入到 a_2 和 a_3 之间。

(3) Move(σ_i,a_1,a_2,a_3):移动操作是指在迹 σ_i 中将 a_1 从当前位置移动到活动 a_2 之后、a_3 之前。

定义 5.3(服从度)[20] 设 $L_P=n_1,\cdots,n_m$ 是流程模型 $P=(A,a_1,a_0,C,F,T)$ 的一组日志。集合 $SR\subseteq(A_L\times A_L)$ 包含活动变迁对 (x,y),日志 L_P 的行为关系映射到流程模型 P 中,$SR(R_P,R_L)$ 满足 $R_P\in\{\rightarrow,\rightarrow^{-1}\}\wedge R_L=\times$ 或 $R_P=R_L$ 或 $R_P=\parallel$,则日志 L_P 在流程模型 P 中的服从度为 $\varepsilon L_P=\dfrac{|S_R|}{|(A_L\times A_L)|}$。

定义 5.4(跟随关系)[21] 设 a、b 为模型 P 中的两个活动,如果 b 在模型 P 中直接跟随

于 $a,\langle\cdots,a,b,\cdots\rangle\in l(P)$,则称 a 直接跟随于 b,记作 $a\mapsto_P b$。同理,日志中的直接跟随关系定义类似,在日志中直接跟随关系是单调的。

与直接跟随关系相对的是最终跟随关系,如果存在一条路径使得 a 能到达 b,则称 a 最终跟随于 b,记作 $a\mapsto^+ b$。

图 5.2 给出了模型 P 的直接跟随图和最终跟随图。

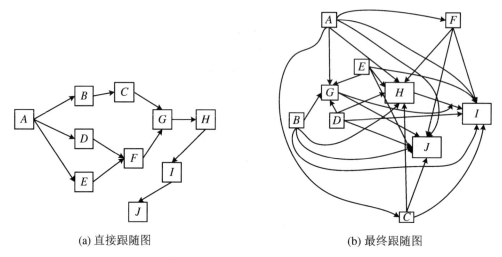

(a) 直接跟随图   (b) 最终跟随图

图 5.2 模型 P 的直接跟随图和最终跟随图

5.2.3 日志诱导下的变化分析方法

业务流程在实际执行中可能会出现一些问题,发生一些与系统不符的情况,这就需要建模者进行调控。调控过程中首先要找到业务流程中与系统不符的活动集合,进而对模型进行合理的配置,以达到符合人们期望的业务流程,基于此,本节将分析行为关系的变化。

根据直接跟随关系和最终跟随关系在日志中的定义,给出日志中两个活动之间行为关系成立的概率值,概率值最大的理论上认为两个活动之间的这种行为关系成立。表 5.3 给出了日志中活动对行为关系的概率分配值,其中 z 表示 a 和 b 发生平均数,依据表 5.3 分别计算出每对活动对间的概率值,比较后即可得出它们之间的行为关系。

表 5.3 日志中活动对行为关系的概率分配值

	$P_+(a,b)$	$P_\rightarrow(a,b)$	$P_{\rightarrow^{-1}}(b,a)$	$P_\otimes(a,b)$	$P_\wedge(a,b)$
(nothing)	$1-\dfrac{1}{z+1}$	$\dfrac{1}{4}\cdot\dfrac{1}{z+1}$	$\dfrac{1}{4}\cdot\dfrac{1}{z+1}$	$\dfrac{1}{4}\cdot\dfrac{1}{z+1}$	$\dfrac{1}{4}\cdot\dfrac{1}{z+1}$
$a\mapsto^+ b$	0	$1-\dfrac{1}{z+1}$	0	$\dfrac{1}{2}\cdot\dfrac{1}{z+1}$	$\dfrac{1}{2}\cdot\dfrac{1}{z+1}$
$b\mapsto^+ a$	0	0	$1-\dfrac{1}{z-1}$	$\dfrac{1}{2}\cdot\dfrac{1}{z+1}$	$\dfrac{1}{2}\cdot\dfrac{1}{z+1}$
$a\mapsto^+ b \wedge b\mapsto^+ a$	0	0	0	$1-\dfrac{1}{z+1}$	$\dfrac{1}{z+1}$
$a\mapsto b$	0	$1-\dfrac{1}{z+1}$	0	$\dfrac{1}{2}\cdot\dfrac{1}{z+1}$	$\dfrac{1}{2}\cdot\dfrac{1}{z+1}$

续表

	$P_+(a,b)$	$P_\to(a,b)$	$P_{\to^{-1}}(b,a)$	$P_\otimes(a,b)$	$P_\wedge(a,b)$
$a \mapsto b \wedge b \mapsto^+ a$	0	0	0	$1-\dfrac{1}{z+1}$	$\dfrac{1}{z+1}$
$b \mapsto a$	0	0	$1-\dfrac{1}{z+1}$	$\dfrac{1}{2} \cdot \dfrac{1}{z+1}$	$\dfrac{1}{2} \cdot \dfrac{1}{z+1}$
$b \mapsto a \wedge a \mapsto^+ b$	0	0	0	$1-\dfrac{1}{z+1}$	$\dfrac{1}{z+1}$
$a \mapsto b \wedge b \mapsto a$	0	0	0	0	1

算法 5.1 精确定位行为关系变化

输入:源模型 Petri 网和变化后的系统实际日志。

输出:发生变化的行为关系集合 R_{change}。

(1) 计算迹 $\sigma_i(1 \leqslant i \leqslant 9)$ 与模型 P 的服从度 ε_{σ_i}。

(2) $\forall \sigma_i \in L$,如果 $\varepsilon_{\sigma_i} \geqslant \delta(\delta=1)$,删除 σ_i,则 L 即为 L_{rest}。

(3) 计算源模型 Petri 网和 L_{rest} 的行为轮廓关系 R_P 和 $R_{L_{\text{rest}}}$。

(4) 将模型 P 中与活动 a 相关的行为关系表示为 R_a。

(5) $\forall a \in P \wedge a \notin L_{\text{rest}}$,有 $R_{L_{\text{rest}}} = R_P - R_a, R_a \notin R_{L_{\text{rest}}} \wedge R_a \in R_P$。

(6) 返回 $R_{\text{change}} = R_a (\to_{L_{\text{rest}}}, \|_{L_{\text{rest}}})$,且 L 是执行变化操作 Delete(σ_i, a) 得到的。

(7) $\forall a \in \sigma_i \wedge \sigma_i \subseteq L_{\text{rest}} (i=1,2,\cdots,n) \wedge a \notin P$,有 $R_{L_{\text{rest}}} = R_P + R_a, R_a \in R_{L_{\text{rest}}} \wedge R_a \notin R_P$。

(8) 返回 $R_{\text{change}} = R_a (\to_{L_{\text{rest}}}, \|_{L_{\text{rest}}})$,且 L 是执行变化操作 Insert(σ_i, a) 得到的。

(9) $\forall a, b \in L_{\text{rest}}$,日志 L_{rest} 中活动 a, b 的行为关系表示为 $R(a,b)$。

(10) $\forall a, b \in L_{\text{rest}}$,计算 $P_+(a,b)$、$P_\to(a,b)$、$P_\to(b,a)$、$P_\otimes(a,b)$ 和 $P_\wedge(a,b)$。

(11) 若 $P_+(a,b) = \max\{P_\times(a,b), P_\to(a,b), P_\to(b,a), P_\otimes(a,b), P_\wedge(a,b)\}$,则 $R(a,b) = +(a,b)$。

(12) $\forall a, b \in P$,模型 P 中活动 a, b 的行为关系表示为 $R'(a,b)$。

(13) $\forall R(a,b) \in R_{L_{\text{rest}}}$,如果 $R(a,b) = R'(a,b)$,则 $R(a,b) \notin R_{\text{change}}$;如果 $R(a,b) \neq R'(a,b)$,则 $R_{\text{change}} = R(a,b)$,且 L 是执行变化操作 Move(σ_i, a, b) 得到的。

(14) 算法结束。

5.2.4 实例分析

本节以上述某公司财务报账系统(引例)为例验证所提算法的可行性。根据算法 5.1,首先计算事件日志 L 中的每一条迹与模型 P 的服从度,服从度高的理论上认为与源模型之间不存在变化,即可以直接过滤掉。计算结果如表 5.4 所示。

从表 5.4 可以看出,事件日志 L 中的每一条迹与模型 P 的服从度都小于 1,因此这 9 条迹都应保留下来,$L_{\text{rest}} = (\sigma_1, \sigma_2, \sigma_3, \sigma_4, \sigma_5, \sigma_6, \sigma_7, \sigma_8, \sigma_9)$。

表 5.4　迹与模型的服从度值

迹	实例	实例数	服从度 $\varepsilon_\sigma = \dfrac{\mid S_R \mid}{\mid (A_\sigma \times A_\sigma) \mid}$
σ_1	ABCMGIJ	35	0.7347
σ_2	ABCKGHIJ	67	0.7656
σ_3	ABCKHGIJ	96	0.7344
σ_4	ADFMGIJ	108	0.7347
σ_5	ADFKGHIJ	134	0.7656
σ_6	ADFKHGIJ	146	0.7344
σ_7	AEFMGIJ	189	0.7347
σ_8	AEFKGHIJ	247	0.7656
σ_9	AEFKHGIJ	297	0.7344

接下来计算行为轮廓 R_P,并建立行为轮廓关系表如表 5.5 所示,其中 1 表示 $\to_P$,2 表示 $\parallel_P$,3 表示 $+_P$(下同)。

表 5.5　源模型行为轮廓关系表

	A	B	C	D	E	F	G	H	I	J
A	3	1	1	1	1	1	1	1	1	1
B		3	1	3	3	3	1	1	1	1
C			3	3	3	3	1	1	1	1
D				3	3	1	1	1	1	1
E					3	1	1	1	1	1
F						3	1	1	1	1
G							3	1	1	1
H								3	1	1
I									3	1
J										3

L_{rest} 中的迹信息如表 5.4 所示,根据日志行为轮廓计算 L_{rest} 行为轮廓关系 $R_{L_{\text{rest}}}$ 如表 5.6 所示。

根据表 5.3 和表 5.6 计算日志 L_{rest} 中单个活动的直接跟随活动集和最终跟随活动集,结果如表 5.7 所示。然后计算日志 L_{rest} 中活动对间的概率值,判定活动对间的行为关系,如表 5.8 所示。按照算法 5.1 对比表 5.5 和表 5.8 可以得出 $R_{\text{change}} = \{G, H, M, K\}$。具体变化操作如下:$G$、$H$ 在源模型 Petri 网中的序列关系为 $C \to G \to H \to I \to J$ 或 $F \to G \to H \to I \to J$,而在变化后产生的事件日志 L 中的行为关系为 $C \to M \to G \to I \to J$、$C \to K \to H \to I \to J$、$C \to K \to G \to H \to I \to J$、$F \to M \to G \to I \to J$、$F \to K \to G \to H \to I \to J$ 或 $F \to K \to H \to G \to I \to J$,对 G、H 执行了 Move 操作,G、H 在源模型 P 中的严格序关系变化为排他序关系,即 $R_{G,H}(\to_P) \Rightarrow R_{G,H}(+_L)$,且 G 是重复变迁。对 M、K 执行了 Insert 操作,即 Insert(σ_1, M, C, G)、Insert(σ_4, M, F, G)、Insert(σ_3, K, C, H)、Insert(σ_9, K, F, H),并且对 M、K 和其他活动之间的行为关系也可以从表 5.8 中观察到。

表 5.6 日志行为轮廓关系表

	A	B	C	D	E	F	G	H	I	J	M	K
A		1	1	1	1	1	1	1	1	1	1	1
B			1				1	1	1	1	1	1
C							1	1	1	1	1	1
D						1	1	1	1	1	1	1
E						1	1	1	1	1	1	1
F							1	1	1	1	1	1
G								2	1	1		
H							2		1	1		
I										1		
J												
M							1		1	1		
K							1	1	1	1		

表 5.7 日志 L_{rest} 中活动的直接跟随活动和最终跟随活动

L_{rest} 中的活动	直接跟随活动	最终跟随活动
A	B、D、E	C、F、M、K、G、H、I、J
B	C	M、K、G、H、I、J
C	M、K	G、H、I、J
D	F	M、K、G、H、I、J
E	F	M、K、G、H、I、J
F	M、K	G、H、I、J
G	H、I	J
H	G、I	J
I	J	Φ
J	Φ	Φ
M	G	I、J
K	G、H	I、J

表 5.8 日志 L_{rest} 中活动对间的概率值

	P_+	$P_\to$	$P_{\to^{-1}}$	$P_\otimes$	$P_\wedge$	max	Relation
(A,B)	0	0.8571	0	0.0714	0.0714	0.8571	$\to$
(A,C)	0	0.8571	0	0.0714	0.0714	0.8571	$\to$
(A,D)	0	0.8571	0	0.0714	0.0714	0.8571	$\to$
(A,E)	0	0.8571	0	0.0714	0.0714	0.8571	$\to$
(A,F)	0	08824	0	0.0588	0.0588	08824	$\to$
(A,G)	0	0.9000	0	0.0500	0.0500	0.9000	$\to$
(A,H)	0	08824	0	0.0588	0.0588	08824	$\to$
(A,I)	0	0.9000	0	0.0500	0.0500	0.9000	$\to$
(A,J)	0	0.9000	0	0.0500	0.0500	0.9000	$\to$

续表

	P_+	$P_\rightarrow$	$P_{\rightarrow^{-1}}$	$P_\otimes$	$P_\wedge$	max	Relation
(A,M)	0	0.8571	0	0.0714	0.0714	0.8571	$\rightarrow$
(A,K)	0	08824	0	0.0588	0.0588	08824	$\rightarrow$
(B,C)	0	0.7500	0	0.1250	0.1250	0.7500	$\rightarrow$
(B,D)	0.7500	0.0625	0.0625	0.0625	0.0625	0.7500	+
(B,E)	0.7500	0.0625	0.0625	0.0625	0.0625	0.7500	+
(B,F)	0.8182	0.0455	0.0455	0.0455	0.0455	0.8182	+
(B,G)	0	0.8571	0	0.0714	0.0714	0.8571	$\rightarrow$
(B,H)	0	0.8182	0	0.0909	0.0909	0.8182	$\rightarrow$
……							

结合该公司财务报账流程中的具体实例可以得出,该公司扩大规模后,财务流通的金额也随之增加,于是财务报账流程系统根据报账金额的大小做出了相应的改变。通过本节的算法可以挖掘到这种变化,进而反馈给建模者,建模者结合挖掘到的系统行为的变化就可以对源模型展开优化。

5.3 基于 Petri 网动态切片的最小变化域分析

在业务流程管理中,如何确定模型的最小变化域是一个值得研究的问题。本节为了解决这个问题,提出了基于 Petri 网动态切片的分析方法。首先对比分析源模型和目标模型的流程结构图可得到目标模型的一个可疑区域,然后使用行为轮廓的思想找出目标模型可疑区域中的变化域,通过采取 Petri 网动态切片的方法得出目标模型的最小变化域。最后通过一个电子购物实例,说明了该方法的可行性。

5.3.1 基本概念

定义 5.5(模型变迁对间的关系) 已知 $N_1=(P_1,T_1,F_1,C_1)$ 为源模型 Petri 网,$N_2=(P_2,T_2,F_2,C_2)$ 为目标模型 Petri 网,$B_1=\{\Rightarrow_1,\Updownarrow_1,\Leftrightarrow_1\}$ 为 N_1 的行为轮廓,$B_2=\{\Rightarrow_2,\Updownarrow_2,\Leftrightarrow_2\}$ 为 N_2 的行为轮廓,$R_1\in B_1\bigcup\{\Rightarrow_1^{-1}\}$,$R_2\in B_2\bigcup\{\Rightarrow_2^{-1}\}$,对应关系 $\approx\in T_1\times T_2$,令 t_a、$t_b\in T_1$,t_x、$t_y\in T_2$。

(1) 若 $t_a=t_b$,则 $\forall t_x\in T_2$,$t_a\approx t_x$,有 $t_aR_1t_a\mapsto t_xR_2t_x$;

(2) 若 $t_a\neq t_b$,则 $\forall t_x$、$t_y\in T_2$,$t_x\neq t_y$。

有以下两种情况成立:

(1) $t_a\approx t_x$,$t_b\approx t_y$,有 $t_aR_1t_b\mapsto t_xR_2t_y$;

(2) $t_a\approx t_y$,$t_b\approx t_x$,有 $t_aR_1t_b\mapsto t_yR_2t_x$。

将模型中出现的不满足行为轮廓和定义 5.5 的区域称作是可疑区域。

定义 5.6(目标模型 N_2 的变化域) 已知源模型 Petri 网为 $N_1=(P_1,T_1,F_1,C_1)$,目标

模型 Petri 网为 $N_2=(P_2,T_2,F_2,C_2)$，$\forall t_j,t_{j+1}\in T_2$ 对应于 $t_i,t_{i+1}\in T_1$，依据行为轮廓理论，在可疑区域内将目标模型中不满足源模型相应变迁对间关系的变迁构成的集合 $\{t_j,t_{j+1},\cdots\}$，称为目标模型 N_2 的变化域，记为 W。

已知源模型 Petri 网为 $N_1=(P_1,T_1,F_1,C_1)$，目标模型 Petri 网为 $N_2=(P_2,T_2,F_2,C_2)$，N_2 中的变化域为 W。

定义 5.7(Petri 网的动态切片技术) 将 W 中的库所节点 $p_i(i=1,2,3,\cdots)$ 和变迁节点 $t_j(j=1,2,3,\cdots)$ 分别向前推，得到 $S_1={}^\cdot p_i\bigcup{}^\cdot t_j\bigcup{}^\cdot p_{i+1}\bigcup{}^\cdot t_{j+1}\bigcup\cdots$；再向后推，得到 $S_2=p_i^\cdot\bigcup t_j^\cdot\bigcup p_{i+1}^\cdot\bigcup t_{j+1}^\cdot\bigcup\cdots$，通过对部分库所和变迁进行分析，进而达到对整个 W 进行研究的目的，即为 Petri 网的动态切片技术。

我们将 $S'=S_1\bigcap S_2$ 所形成的网记为合成网。

定义 5.8(模型交互) 令 $N^\mu=(P^\mu,T^\mu,F^\mu,C^\mu)$ 为目标模型的变化域，$\forall x\in T^\mu$，$\mathrm{IN}(x)=\{(y,x)\in F^\mu\mid y\in{}^\cdot x\}$ 为 x 的输入集合，$\mathrm{OUT}(x)=\{(x,y)\in F^\mu\mid y\in x^\cdot\}$ 为 x 的输出集合，$|\mathrm{IN}(x)|$ 为 x 的输入集合库所个数，$|\mathrm{OUT}(x)|$ 为 x 的输出集合库所个数，模型交互需满足条件：$|\mathrm{IN}(x)|+|\mathrm{OUT}(x)|\geqslant 3$。

定义 5.9(目标模型的最小变化域) 已知一个合成网为 $S'=S_1\bigcap S_2$，模型交互区域构成的网为 S_3，将 $S=S'\bigcap S_3$ 称为目标模型的最小变化域。

5.3.2 基于 Petri 网的动态切片技术分析目标模型的最小变化域

Petri 网动态切片技术[22,23]主要是指根据业务流程模型内部一部分变迁的相关属性，并对分解所得到的业务流程的切片逐个进行分析研究，进而达到对整个业务流程的理解和认识。

本节提出的 Petri 网动态切片技术主要是指在给定的条件下，对变化域中出现的变迁逐个进行前推、后推并产生一个交集，通过分析交集，能够缩小目标模型变化域的范围。具体步骤为：首先对比分析源模型和目标模型的结构图，找出目标模型存在的可疑区域；然后从行为轮廓的角度查找出目标模型的变化域；最后基于动态切片技术确定目标模型的最小变化域。

算法 5.2 寻找目标模型的变化域

输入：$N_1=(P_1,T_1,F_1,C_1)$，源模型；$N_2=(P_2,T_2,F_2,C_2)$，目标模型。

输出：W，目标模型的变化域。

(1) 将 N_1、N_2 用 Petri 网结构图描述。

(2) 观察 N_1、N_2，由定义 5.5 可以得到 N_2 的可疑区域 D_0，依次标出节点 $d_1d_2d_3\cdots d_{n-1}d_n$，对应 N_1 中的可疑区域 D_1，相应的节点为 $e_1e_2e_3\cdots e_{m-1}e_m$。

(3) 依据 D_1 内变迁对之间的关系，观察 D_0 内相应变迁对之间的关系：

如果 D_1 中的变迁对 $\Rightarrow(e_i,e_j)$，$\Rightarrow^{-1}(e_i,e_j)$，$\Updownarrow(e_i,e_j)$ 或 $\Leftrightarrow(e_i,e_j)$，则观察 D_0 中相应的变迁对 d_k,d_l 是否也满足同样的对应关系。

如果不满足，则 d_k,d_l 即为疑似点；否则 N_2 的疑似点为 $D_2=D_1-\{d_k,d_l\}$，其中 $1\leqslant i,j\leqslant m$，$1\leqslant k,l\leqslant n$。

(4) 由步骤(3)和定义 5.6，得到 N_2 的变化域为 $W={}^\cdot D_2\bigcup D_2\bigcup D_2^\cdot$。

依据算法 5.2,可以得到目标模型 N_2 的变化域,之后我们对 N_2 做进一步的分析,采取动态切片的方法,找出目标模型 N_2 的最小变化域。

算法 5.3 基于动态切片技术查找目标模型 N_2 的最小变化域

输入:W,目标模型 N_2 的变化域。

输出:$W_{\min}$,目标模型 N_2 的最小变化域。

(1) 由算法 5.2,可得 N_2 的变化域为 $W = {}^{\cdot}D_2 \bigcup D_2 \bigcup D_2^{\cdot}$,令 $N_3 = (P_3, T_3, F_3)$ 为目标模型 N_2 中的变化域 W。

(2) 令 $\sigma_i(1 \leqslant i \leqslant k)$ 为 N_3 的执行序列段,在 σ_i 中不重复地选定库所节点和变迁节点,由定义 5.7 可知:

If ${}^{\cdot}p_i \neq \Phi, {}^{\cdot}p_j \neq \Phi, {}^{\cdot}t_i \neq \Phi, {}^{\cdot}t_j \neq \Phi$ Then $S_1 = {}^{\cdot}p_i \bigcup {}^{\cdot}t_i \bigcup {}^{\cdot}p_j \bigcup {}^{\cdot}t_j \bigcup \cdots$,依次向前推出活动变迁和条件库所,直到结束;

Else 推出 $S_1 = \sigma_i, 1 \leqslant i \leqslant k, 1 \leqslant j \leqslant k$。

If $p_i^{\cdot} \neq \Phi, p_j^{\cdot} \neq \Phi, t_i^{\cdot} \neq \Phi, t_j^{\cdot} \neq \Phi$ Then $S_2 = p_i^{\cdot} \bigcup t_i^{\cdot} \bigcup p_j^{\cdot} \bigcup t_j^{\cdot} \bigcup \cdots$,依次向后推出活动变迁和条件库所,直到结束;

Else 推出 $S_2 = \sigma_i, 1 \leqslant i \leqslant k, 1 \leqslant j \leqslant k$。

(3) 由定义 5.7,得知合成网为 $S' = S_1 \bigcap S_2$。

(4) 由定义 5.8,在 W 中找出模型的交互区域,将其构成的网记为 S_3。

(5) 由定义 5.9,得到在 σ_i 下目标模型的最小变化域 $W_{\min(i)} = S' \bigcap S_3$。

(6) 重复步骤(3)、(4)和(5),得到每条执行序列段下的最小变化域的集合,取它们的并集。

(7) 输出目标模型 N_2 的最小变化域:$W_{\min} = \bigcup\limits_{i=1}^{k} W_{\min(i)}$。

已有的算法[4,24]主要是在行为轮廓的基础上基于边界变迁的减少和内部边界变迁的减少来寻找目标模型的变化域,而且是从整个模型的角度去分析考察的,过程比较复杂。而通过本节所给的定义 5.5 和算法 5.2,将源模型和目标模型进行对比分析找出一个可疑区域,并在可疑区域内寻找出目标模型 N_2 的变化域,降低了寻找目标模型变化域的时间复杂度;通过算法 5.3,能够进一步地以动态的方式缩小目标模型 N_2 变化域的范围,更具有一定的优越性。

5.3.3 实例分析

这部分通过一个电子购物的实例来分析本节方法的有效性。图 5.3 和图 5.4 分别给出了源模型 Petri 网 N_1 和目标模型 Petri 网 N_2 的结构图,依据定义 5.5 将 N_1 和 N_2 进行对比分析,可得到 N_2 的可疑区域,如图 5.4 中虚线区域所示,对应 N_1 中的虚线区域如图 5.3 所示。

图 5.3 和图 5.4 中,p_1、$p_1^{\sharp}$ 表示顾客,p_4、$p_4^{\sharp}$ 表示商店,p_{12}、$p_{12}^{\sharp}$ 表示支付中心,t_2、$t_2^{\sharp}$ 表示顾客进入商店,t_5、$t_5^{\sharp}$ 表示商店验证顾客身份,t_8、$t_8^{\sharp}$ 表示顾客进入支付中心,t_{11}、$t_{11}^{\sharp}$ 表示支付中心验证顾客身份,t_{13}、$t_{13}^{\sharp}$ 表示不同顾客所享受到的待遇,t_{14} 表示支付中心 VIP 享受折扣和积分的待遇,t_{15} 表示顾客付款到支付中心,$t_{16}^{\sharp}$ 表示支付中心 VIP 付款到支付中心,t_{18} 表示支付中心要求顾客输入支付密码,$t_{19}^{\sharp}$ 表示支付中心要求支付中心 VIP 输入支付密

第5章 业务流程中的变化域分析与处理　　107

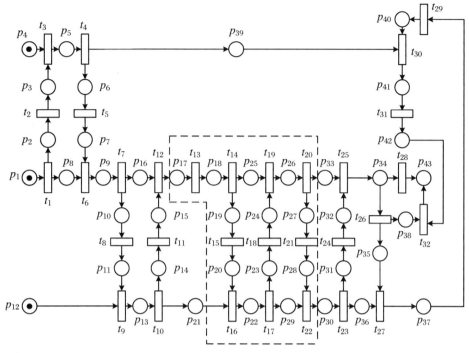

图 5.3　源模型 Petri 网 N_1

码，t_{21} 表示顾客输入支付密码到支付中心，t_{22}^{ϕ} 表示支付中心 VIP 输入支付密码到支付中心，t_{24} 表示支付中心核对钱款，t_{26} 表示钱款正确，t_{28} 表示钱款错误，t_{28}^{ϕ} 表示非支付中心 VIP 登录，t_{29} 表示支付成功，t_{29}^{ϕ} 表示顾客是商店的会员，t_{30} 表示顾客享受打折待遇，t_{31} 表示交易成功，t_{31}^{ϕ} 表示顾客是商店的 VIP，t_{32}^{ϕ} 表示顾客是商店的普通客户，t_{33}^{ϕ} 表示顾客享受积分的待遇，t_{35}^{ϕ} 表示非支付中心 VIP 付款到支付中心，t_{38}^{ϕ} 表示支付中心要求非支付中心 VIP 输入支付密码，t_{41}^{ϕ} 表示非支付中心 VIP 输入密码到支付中心，t_{44}^{ϕ} 表示支付中心核对非支付中心 VIP 的钱款，t_{46}^{ϕ} 表示钱款正确，t_{48}^{ϕ} 表示钱款错误，t_{25}^{ϕ} 表示支付中心向商店发送支付成功，t_{26}^{ϕ} 表示商店向顾客发送交易成功。

　　根据算法 5.2，可知在图 5.3 中，$t_{13}t_{14}\cdots t_{22}$ 与 $t_{23}t_{24}\cdots t_{27}$ 是严格序关系，而在图 5.4 中，与它们相对应的变迁对 $t_{13}^{\phi}t_{14}^{\phi}\cdots t_{23}^{\phi}$ 与 $t_{43}^{\phi}t_{46}^{\phi}\cdots t_{47}^{\phi}$ 是排他序关系，且 $t_{23}t_{24}\cdots t_{27}$、$t_{43}^{\phi}t_{46}^{\phi}\cdots t_{47}^{\phi}$ 与剩余变迁间的关系一致，所以可以得出 N_2 的变化域如图 5.5 所示。

　　由定义 5.8，得知模型的交互区域为图 5.5 中 S_2，根据算法 5.3 和动态切片技术考察 $t_{15}^{\phi}t_{16}^{\phi}t_{17}^{\phi}$ 这段序列，其中的库所 p_{20} 和 p_{21}，变迁为 t_{15}^{ϕ}、t_{16}^{ϕ} 和 t_{17}^{ϕ}，分别将它们向前推出活动变迁和条件库所，得到模块 S_1，同理得到模块 S_2，合成网 $S' = S_1 \cap S_2 = \{t_{15}^{\phi}p_{20}^{\phi}t_{16}^{\phi}p_{21}^{\phi}t_{17}^{\phi}\}$。模型的交互区域 $S_3 = S_2$，根据定义 5.9 得出这一发生序列的最小变化域为 $S_1 \cap S_2 \cap S_3 = \{t_{15}^{\phi}p_{20}^{\phi}t_{16}^{\phi}p_{21}^{\phi}t_{17}^{\phi}\}$。之后分析其余的发生序列，得到的合成网有 $\{t_{13}^{\phi}p_{18}^{\phi}t_{14}^{\phi}\}$、$\{t_{18}^{\phi}p_{24}^{\phi}t_{19}^{\phi}p_{25}^{\phi}t_{20}^{\phi}\}$、$\{t_{21}^{\phi}p_{28}^{\phi}t_{22}^{\phi}p_{29}^{\phi}t_{23}^{\phi}\}$，由模型的交互区域 $S_3 = S_2$，得出目标模型的最小变化域为 $W_{\min} = \{t_{15}^{\phi}p_{20}^{\phi}t_{16}^{\phi}p_{21}^{\phi}t_{17}^{\phi}\} \cup \{t_{18}^{\phi}p_{24}^{\phi}t_{19}^{\phi}p_{25}^{\phi}t_{20}^{\phi}\} \cup \{t_{21}^{\phi}p_{28}^{\phi}t_{22}^{\phi}p_{29}^{\phi}t_{23}^{\phi}\}$。产生变化的节点为 t_{15}^{ϕ}、t_{16}^{ϕ}、t_{17}^{ϕ}、t_{18}^{ϕ}、t_{19}^{ϕ}、t_{20}^{ϕ}、t_{21}^{ϕ}、t_{22}^{ϕ}、t_{23}^{ϕ}。

　　根据目标模型最小变化域中变迁节点代表的信息，得出在目标模型中，支付中心 VIP 购物付款时可能会出现钱款不足，而支付中心也未核对其钱款信息，导致支付中心会受到一

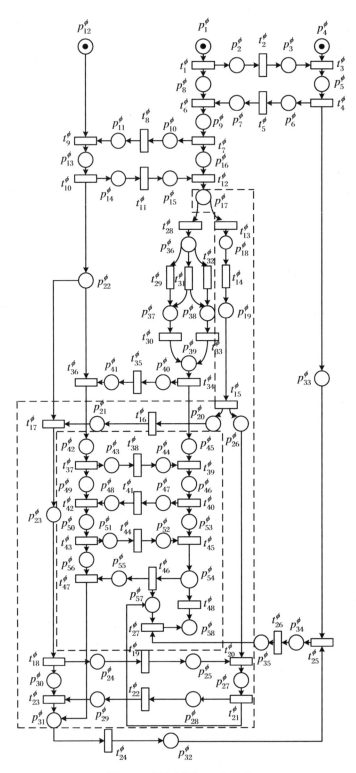

图 5.4 目标模型 Petri 网 N_2

定的损失。通过本节所给的方法可以找出产生这种问题的原因,即最小变化域。

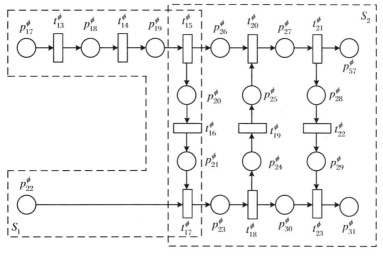

图 5.5 目标模型 N_2 的变化域

5.4 基于 Petri 网动力学表达式的寻找最小变化区域的分析方法

在用流程模型建模以解决电子商务等中的业务流程问题时,将服务对象的子模型按照业务要求组合成一个目标模型是解决这类问题的一种有效方法。而验证目标模型是否符合要求,即讨论目标模型与源模型间的一致性,当目标模型出现变化时,如何寻找变化域是优化目标模型的关键点。当模型间的行为偏差不为 0,即目标模型的一致性度不为 1 时,说明目标模型中存在变化区域。如何找出这些变化域是优化模型的关键部分,对模型应用有着重大的指导意义。

5.4.1 引例

图 5.6(a)是建模专家针对某商品交易建立的买卖流程图,包括买家、卖家以及快递三个对象。很明显,由于每个对象的内部服务特征不同,在实际情况中该模型是不易操作的。考虑到每个对象的特性,在满足各自需求的前提下,尽可能地与源模型一致,是新模型的建模宗旨,由此得到一个目标模型,如图 5.6(b)所示。

图中变迁所代表的行为活动如下:t_1 为买家咨询,t_2 为卖家回复,t_3 为库存不足,t_4 为交易终止,t_5 为库存充足,t_6 为买家下单,t_7 为卖家确认订单,t_8 为原价销售,t_9 为卖家修改价格,t_{10} 为买家付款,t_{11} 为买家反馈付款信息,t_{12} 为卖家接收信息,t_{13} 为卖家发货,t_{14} 为快递接收货物,t_{15} 为卖家承担运费,t_{16} 为快递派送,t_{17} 为快递交接货物,t_{18} 为买家验收货物,t_{19} 为买家确认收货,t_{20} 为卖家收款,t_{21} 为买家申请换货,t_{22} 为买家申请退货,t_{23} 为买家寄回货物,t_{24} 为买家承担运费,t_{25} 为买家接收货物,t_{26} 为卖家同意退货,t_{27} 为买家收到退款,t_{28}为卖家同意换货,t_{29}为买家同意购买,t_{30}为卖家提醒付款。

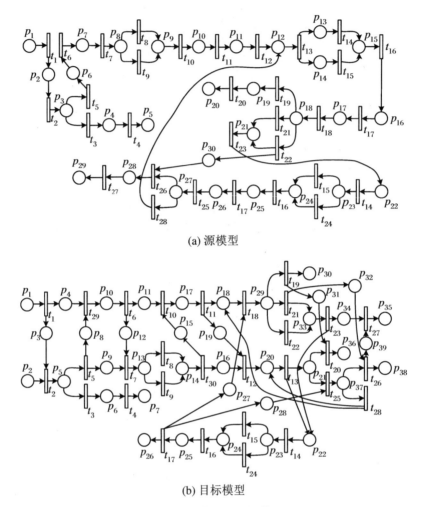

图 5.6 源模型和目标模型

对新建的目标模型,需考虑与源模型的一致性匹配问题,即寻找模型中存在的变化区域部分,以检验是否满足源模型的所有功能需求。若使用以往的通过模型间对应变迁的一致与否来确定变化区域的方法去寻找目标模型中存在的变化部分,则在源模型中无对应的变迁 t_{29} 和 t_{30} 属于变化范围内。但是,在正常情况下,买家同意购买和卖家提醒付款对正常运行的行为流程是不存在影响的。因此,仅从序列角度考虑变迁是否对应是不全面的,还需从模型行为角度进行分析。

5.4.2 基于 Petri 网动力学表达式寻找最小变化区域的分析

在用业务流程对实际问题建模时,若源模型实用性能较低,可根据服务对象的性质要求构建一个目标模型。为使目标模型达到源模型的功能要求,需要检查模型的一致性,若不一致,则需找出变化区域进行修正。如何寻找出变化区域是解决该问题的关键所在。

目标模型中若存在变化区域,则必定存在执行结果出现偏差的行为序列。相应的,若能找出目标模型中相对源模型执行无效的序列,称之为疑似非有效序列,可初步确定变化范围。

我们使用 $l = f_1(\text{prs}(\sigma_1), \text{prs}(\sigma_2))$ 表示序列 $\sigma'_i (i \in \{1,2\})$ 的变迁总数,序列 σ'_1 和 σ'_2 的相似度定义为

$$\text{sim}(\sigma'_1, \sigma'_2) = f_2\left(\frac{\text{sam}(\sigma'_1, \sigma'_2)}{l}, \frac{\text{occ}(\sigma_1, \sigma_2)}{\text{cnt}(\sigma_1, \sigma_2)}\right)$$

当对应变迁不同时,考虑不同变迁对在匹配序列中出现的次数,分两种情况进行讨论。第一种情况,变迁对中存在沉默变迁时,令 $\text{sil}_i(\sigma'_1, \sigma'_2)$ 表示在匹配序列中出现 i ($0 \leqslant i \leqslant \text{dif}(\sigma'_1, \sigma'_2)$) 次的变迁对总数。对匹配序列来说,由这类变迁对带来的差异性称为一重差异,记为 $\text{oid}(\sigma'_1, \sigma'_2)$。另外,对不含沉默变迁的变迁对,令 $\text{ois}_j(\sigma'_1, \sigma'_2)$ 表示在匹配序列中出现 j ($0 \leqslant j \leqslant \text{dif}(\sigma'_1, \sigma'_2)$) 次的变迁对总数。对匹配序列来说,由这类变迁对带来的差异性称为二重差异,记为 $\text{tid}(\sigma'_1, \sigma'_2)$。下面给出这些差异的计算式:

$$\text{oid}(\sigma'_1, \sigma'_2) = f_3\left(\frac{\text{sil}_1(\sigma'_1, \sigma'_2)}{\text{dif}(\sigma'_1, \sigma'_2)}, \frac{\text{sil}_2(\sigma'_1, \sigma'_2)}{\text{dif}(\sigma'_1, \sigma'_2)}, \cdots, \frac{\text{sil}_m(\sigma'_1, \sigma'_2)}{\text{dif}(\sigma'_1, \sigma'_2)}\right)$$

$$\text{tid}(\sigma'_1, \sigma'_2) = f_4\left(\frac{\text{ois}_1(\sigma'_1, \sigma'_2)}{\text{dif}(\sigma'_1, \sigma'_2)}, \frac{\text{ois}_2(\sigma'_1, \sigma'_2)}{\text{dif}(\sigma'_1, \sigma'_2)}, \cdots, \frac{\text{ois}_n(\sigma'_1, \sigma'_2)}{\text{dif}(\sigma'_1, \sigma'_2)}\right)$$

基于以上分析,匹配序列间的行为距离可定义如下:

$$\text{dist}(\sigma'_1, \sigma'_2) = f_5(\text{sim}(\sigma'_1, \sigma'_2), \text{oid}(\sigma'_1, \sigma'_2), \text{tid}(\sigma'_1, \sigma'_2))$$

为突出序列间相异变迁对模型行为执行的影响程度,给出以下函数定义:

$$f_1(x, y) = \max(x, y)$$
$$f_2(x, y) = 0.6x + 0.4y$$
$$f_3(x_1, x_2, \cdots, x_m) = x_1 + 2x_2 + \cdots + mx_m$$
$$f_4(x_1, x_2, \cdots, x_n) = 2x_1 + 4x_2 + \cdots + 2nx_n$$
$$f_5(x, y, z) = 0.2x + 0.3y + 0.5z$$

由行为距离的动力学表达式可看出,本文定义的行为距离,重点突出了序列间存在差异的变迁。这些变迁对应的模型区域是寻找变化范围的起始区域。序列中不同对应的变迁对数越多,其有效性越低,行为距离越大。需要加以说明的是,两个完全相同的序列的相似度为 1,默认的行为距离是 0。对模型间的匹配序列,利用动力学表达式计算行为距离,与取定的行为有效值 T 进行比较。当行为距离值大于 T 时,认为该序列为疑似非有效序列。对这些非有效序列中的变化节点,考虑前后集中相关节点,确定变化区域。下面给出形式化的算法来寻找目标模型中的变化区域。

算法 5.4　寻找目标模型的变化域 W_0

输入:$BP_{P0} = (P_0, T_0, F_0, C_0)$ 为源模型,$BP_P = (P, T, F, C)$ 为目标模型。

输出:W_0,变化区域。

(1) 由 Petri 网的执行语义,找出 BP_{P0} 和 BP_P 的所有发生序列,并适配成对,分别记为 (σ_{0i}, σ_i),再找出对应的匹配序列,分别记为 $(\sigma'_{0i}, \sigma'_i)$,$1 \leqslant i \leqslant k, k \in \mathbf{R}^+$,令 $i = 1$。

(2) 对 $(\sigma'_{01}, \sigma'_1)$,由函数 f_1、f_2、f_3、f_4 的定义,依次计算其相似度、一重差异和二重差异,分别记为 $\text{sim}(\sigma'_{01}, \sigma'_1)$、$\text{oid}(\sigma'_{01}, \sigma'_1)$ 以及 $\text{tid}(\sigma'_{01}, \sigma'_1)$。

(3) 将以上数据代入函数 f_5,计算 $(\sigma'_{01}, \sigma'_1)$ 的行为距离,记为 $\text{dist}(\sigma'_{01}, \sigma'_1)$。

(4) 当 $2 \leqslant i \leqslant k$ 时,对匹配序列 $(\sigma'_{0i}, \sigma'_i)$ 重复步骤(2)、(3),计算出行为距离,分别记为

dist(σ'_{0i},σ'_i),否则执行步骤(5)。

(5) 当$1 \leqslant i \leqslant k$ 时,依次将 dist(σ'_{0i},σ'_i)与T进行比较,获得所有满足 dist(σ'_{0i},σ'_i)$\geqslant T$的序列对$(\sigma''_{01},\sigma''_1)\cdots(\sigma''_{0j},\sigma''_j)$,则$\sigma''_j$即为所要寻找的疑似非有效序列,其中$1 \leqslant j \leqslant h \leqslant k$。

(6) 当$1 \leqslant j \leqslant h$时,对每个$j$,找出序列$\sigma''_{0j}$和$\sigma''_j$中对应位置非一致的变迁(沉默变迁除外),将这些变迁构成的集合记为A。

(7) 对每个$t \in A$,在模型BP_P中找出·t和t·,对每个$p \in (·t \cup t·)$,再找出·p和p·。

(8) 在BP_P中,集合$B = \{t' | t' \in (·p \cup p·), p \in (t· \cup ·t·), t \in A\}$中变迁对应的子模块即为所要寻找的变化区域$W_0$,输出$W_0$和可疑节点集$Q$。

对算法 5.4 输出的变化区域W_0,还可借助行为轮廓进一步缩小变化范围,直至最小。

算法 5.5 寻找最小变化区域 N_0

输入:W_0,变化区域;Q,可疑节点集。

输出:N_0,最小变化域;T_0,最小变迁活动节点集。

(1) 由算法 5.4,得出目标模型中的变化域W_0和可疑活动节点的集合Q,对所有$t \in Q$,执行步骤(2)。

(2) 按照行为轮廓的定义,依次在模型BP_P中找出所有与t处于交叉关系和互斥关系的变迁,将这些变迁组成的集合记为C。

(3) 对变迁t,若存在包含t的匹配序列σ'_{0i}和σ'_i,使得 dist(σ'_{0i},σ'_i)$<T$,称t为冗余变化节点,在集合Q中找出所有的冗余变化节点构成集合C_Q。

(4) 集合$T_0 = C \cap Q - C_Q$中变迁对应的子模块即为所要寻找的最小变化区域N_0,输出N_0和变迁活动节点集T_0。

5.4.3 实例分析

回顾 5.4.1 节提出的电子商务的实例,寻找目标模型的变化区域。

对图 5.6 中的模型BP_{P0}和BP_P,按照 Petri 网的执行语义,先找出所有的可执行序列进行适配,再构造对应的匹配序列。为简便起见,在表 5.9 中仅列出了源序列对(只取序列中关键变迁片段),由定义可得出其匹配序列。为便于书写,将长度相同而仅有部分变迁对不同的序列对写在同一单元格中,其中括号内的变迁可与前一变迁置换,构成不同的执行序列。

对每对匹配序列(σ'_{0i},σ'_i),代入函数f_1、f_2、f_3、f_4、f_5计算出行为距离 dist(σ'_{0i},σ'_i),结果在表 5.10 中列出。令行为有效值$T = 0.5$,通过行为距离与T的比较,找出目标模型的疑似非有效序列。根据对应变迁的一致性,图 5.7 所示的子网即为由算法 5.4 得到的目标模型变化区域W_0。在变化区域内,利用行为轮廓对活动变迁的约束关系,进一步缩小变化区域。接着由算法 5.5,剔除冗余变化节点t_{29}和t_{30}。最后得目标模型网$\{p_{23},t_{15},t_{24},p_{24}\}$,变化节点为$t_{15}$和$t_{24}$,如图 5.7 中所示的实线区域。

在模型间,用 Petri 网动力学表达式计算匹配序列间的行为距离,结合行为轮廓,通过序列的有效性来寻找变化区域,是由序列到模型的方法扩展。已有的基于序列的方法从变迁开始逐步扩大寻找范围,而本节所提供的方法以整个模型为起始区域,逐步缩小变化范围,更具全面性。

第 5 章　业务流程中的变化域分析与处理

表 5.9　BP_{P0} 和 BP_P 中的源序列

源序列	
$t_1\,t_2\,t_3\,t_4$	$t_1\,t_2\,t_3\,t_4$
t_8（t_9）$t_{15}\,t_{19}$	$t_{29}\,t_8$（t_9）$t_{30}\,t_{15}\,t_{19}$
t_8（t_9）$t_{15}\,t_{19}$	$t_{29}\,t_8$（t_9）$t_{30}\,t_{24}\,t_{19}$
t_8（t_9）$t_{15}\,t_{21}\,t_{15}$（t_{24}）t_{26}	$t_{29}\,t_8$（t_9）$t_{30}\,t_{15}\,t_{21}\,t_{15}$（$t_{24}$）$t_{26}$
t_8（t_9）$t_{15}\,t_{21}\,t_{15}$（t_{24}）t_{26}	$t_{29}\,t_8$（t_9）$t_{30}\,t_{24}\,t_{21}\,t_{15}$（$t_{24}$）$t_{26}$
t_8（t_9）$t_{15}\,t_{21}\,t_{15}$（t_{24}）$t_{28}\,t_{15}\,t_{19}$	$t_{29}\,t_8$（t_9）$t_{30}\,t_{15}\,t_{21}\,t_{15}$（$t_{24}$）$t_{28}\,t_{15}\,t_{19}$
t_8（t_9）$t_{15}\,t_{21}\,t_{15}$（t_{24}）$t_{28}\,t_{15}\,t_{19}$	$t_{29}\,t_8$（t_9）$t_{30}\,t_{24}\,t_{21}\,t_{15}$（$t_{24}$）$t_{28}\,t_{15}\,t_{19}$
t_8（t_9）$t_{15}\,t_{21}\,t_{15}$（t_{24}）$t_{28}\,t_{15}\,t_{19}$	$t_{29}\,t_8$（t_9）$t_{30}\,t_{15}\,t_{21}\,t_{15}$（$t_{24}$）$t_{28}\,t_{24}\,t_{19}$
t_8（t_9）$t_{15}\,t_{21}\,t_{15}$（t_{24}）$t_{28}\,t_{15}\,t_{19}$	$t_{29}\,t_8$（t_9）$t_{30}\,t_{24}\,t_{21}\,t_{15}$（$t_{24}$）$t_{28}\,t_{24}\,t_{19}$
t_8（t_9）$t_{15}\,t_{21}\,t_{15}$（t_{24}）$t_{28}\,t_{15}\,t_{22}\,t_{15}$（$t_{24}$）$t_{26}$	$t_{29}\,t_8$（t_9）$t_{30}\,t_{15}\,t_{21}\,t_{15}$（$t_{24}$）$t_{28}\,t_{15}\,t_{22}\,t_{15}$（$t_{24}$）$t_{26}$
t_8（t_9）$t_{15}\,t_{21}\,t_{15}$（t_{24}）$t_{28}\,t_{15}\,t_{22}\,t_{15}$（$t_{24}$）$t_{26}$	$t_{29}\,t_8$（t_9）$t_{30}\,t_{24}\,t_{21}\,t_{15}$（$t_{24}$）$t_{28}\,t_{15}\,t_{22}\,t_{15}$（$t_{24}$）$t_{26}$
t_8（t_9）$t_{15}\,t_{21}\,t_{15}$（t_{24}）$t_{28}\,t_{15}\,t_{22}\,t_{15}$（$t_{24}$）$t_{26}$	$t_{29}\,t_8$（t_9）$t_{30}\,t_{15}\,t_{21}\,t_{15}$（$t_{24}$）$t_{28}\,t_{24}\,t_{22}\,t_{15}$（$t_{24}$）$t_{26}$
t_8（t_9）$t_{15}\,t_{21}\,t_{15}$（t_{24}）$t_{28}\,t_{15}\,t_{22}\,t_{15}$（$t_{24}$）$t_{26}$	$t_{29}\,t_8$（t_9）$t_{30}\,t_{24}\,t_{21}\,t_{15}$（$t_{24}$）$t_{28}\,t_{24}\,t_{22}\,t_{15}$（$t_{24}$）$t_{26}$

表 5.10　匹配序列的相似度、差异度及行为距离

(σ'_{0i},σ'_i)	$\mathrm{sim}(\sigma'_{01},\sigma'_1)$	$\mathrm{oid}(\sigma'_{01},\sigma'_1)$	$\mathrm{tid}(\sigma'_{01},\sigma'_1)$	$\mathrm{dist}(\sigma'_{0i},\sigma'_i)$
$(\sigma'_{0i},\sigma'_i)\triangleright$	1	0	0	0
(σ'_{0i},σ'_i)	0.895	1	0	0.479
(σ'_{0i},σ'_i)	0.842	0.667	0.667	0.702
(σ'_{0i},σ'_i)	0.923	1	0	0.485
(σ'_{0i},σ'_i)	0.885	0.667	0.667	0.710
(σ'_{0i},σ'_i)	0.939	1	0	0.488
(σ'_{0i},σ'_i)	0.910	0.333	0.667	0.715
(σ'_{0i},σ'_i)	0.910	0.333	0.667	0.715
(σ'_{0i},σ'_i)	0.879	0.500	1	0.826
(σ'_{0i},σ'_i)	0.951	1	0	0.490
(σ'_{0i},σ'_i)	0.927	0.333	0.667	0.719
(σ'_{0i},σ'_i)	0.927	0.333	0.667	0.719
(σ'_{0i},σ'_i)	0.902	0.500	1	0.830

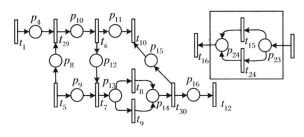

图 5.7　变化区域 W_0

5.5 基于 Petri 网行为和结构相似性度的业务流程变化域分析

在业务流程建模中,确定流程模型的相似性以及变化域是两项重要的工作。已有的方法寻找相似的模型主要是基于相邻变迁间的行为关系或语义学上的等价性,没有从不相邻变迁之间关系的角度去分析,也没有从结构的角度加以分析。为了研究两个业务流程模型的相似性程度,本节在已有理论的基础上提出了行为相似性度和结构相似性度,并依据前集变迁的占有率、行为轮廓和拟行为轮廓的关系,依据一定的算法计算出两个业务流程模型间的行为相似性度和结构相似性度,接着依据一定的理论分析找出目标模型的变化域。

5.5.1 引例

图 5.8 和图 5.9 给出了两个公司的采购流程实例,通过对实例的分析计算出源模型和目标模型的自身相似性度、前集变迁相似性度、后集变迁相似性度,并对计算结果进行说明分析。

图 5.8 和图 5.9 中的变迁所代表的意义如下:A 表示采购中心采购,B 表示其他招标代理机构采购,C 表示选择供应商,D 表示公开招标,E 表示制作标书,F 表示发布公告,d 表示邀请招标,e 表示邀请三家以上有资质的供应商,f 表示发出投标邀请,G 表示审核招标文件,H 表示发送招标文件并资格预审,I 表示抽取专家,J 表示开标、唱标、评标,K 表示确认招标文件,L 表示询价采购,M 表示成立询价小组,N 表示随机抽取三家以上有资质的供应商,O 表示询价,P 表示竞争性谈判,Q 表示谈判准备,R 表示成立谈判小组,S 表示制作谈判文件,T 表示邀请三家以上供应商,U 表示谈判,V 表示审阅报价文件,W 表示技术谈判,X 表示商务谈判,Y 表示最终报价,Z 表示定标,a 表示发布中标公告,b 表示签发中标通知书,c 表示签订合同。

图 5.10 和图 5.11 给出了两个商业部门采购方面的实例,其中一个过程完整地作为源模型,过程简单的作为目标模型。两者都需要选择供应商,在源模型中有四种方式去采购,而在目标模型中只有三种采购方式,在源模型和目标模型中具有相同语义的变迁但其走的路径不尽相同,如成立谈判小组和制作谈判文件。

图 5.10 和图 5.11 中重要的符号所代表的意义如下:A 表示选择供应商,B 表示公开招标,C 表示制作标书,D 表示审核招标文件,E 表示发送招标文件并资格预审,F 表示抽取专家,G 表示开标、唱标、评标,H 表示确认招标文件,I 表示竞争性谈判,J 表示谈判准备,K 表示制作谈判文件,L 表示邀请三家以上供应商,M 表示成立谈判小组,N 表示谈判,O 表示询价采购,P 表示成立询价小组,Q 表示随机抽取三家以上有资质的供应商询价,R 表示审阅报价文件,S 表示商务谈判,T 表示技术谈判,U 表示定标,V 表示签订合同,W 表示邀请招标,X 表示发出投标申请,Y 表示确定技术规格及相关要求。

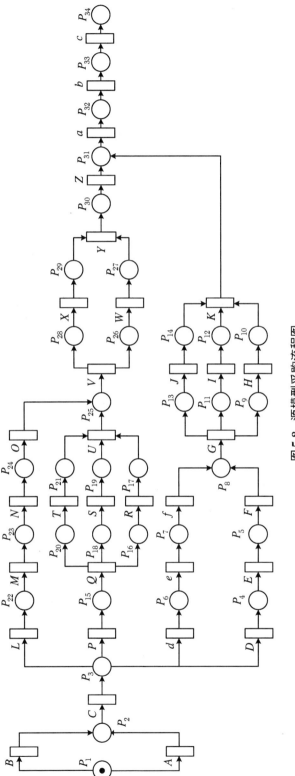

图 5.8 源模型采购流程图

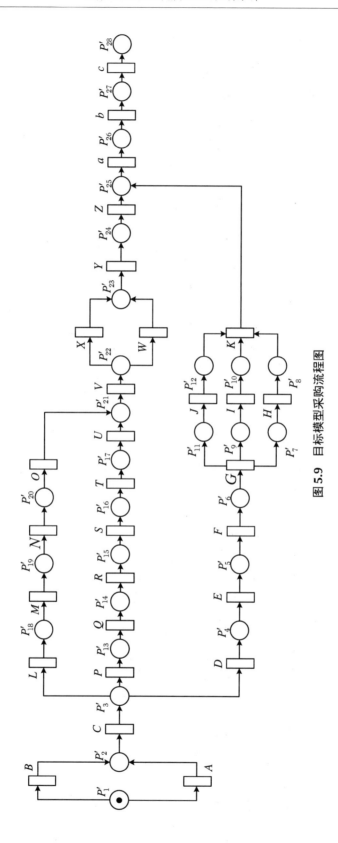

图 5.9 目标模型采购流程图

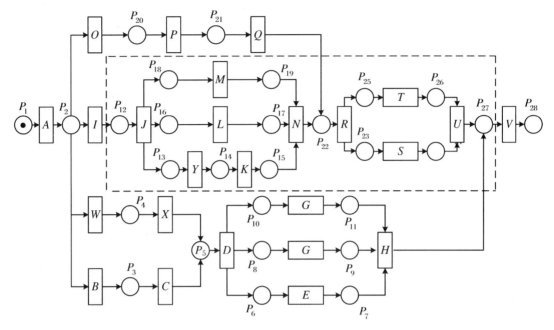

图 5.10 源模型采购图

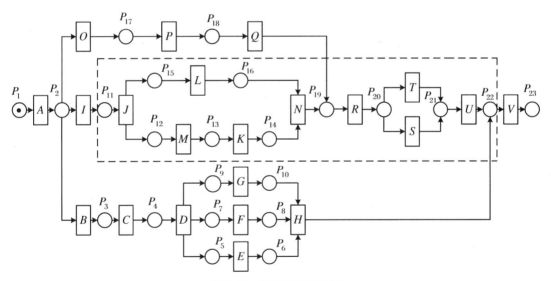

图 5.11 目标模型采购图

5.5.2 基本概念

定义 5.10(前集变迁的占有率) 已知 $N_1 = (P_1, T_1; F_1)$ 为源模型 Petri 网,$N_2 = (P_2, T_2; F_2)$ 为目标模型 Petri 网,$T_1 = \{t_1, t_2, \cdots, t_n\}$,$T_2 = \{t'_1, t'_2, \cdots, t'_m\}$,$\forall t'_j \in T_2$ 都 $\exists t_i \in T_1$,$\forall t \in \cdot(\cdot t_i)$ 或 $\cdot(\cdot t'_j)$,用 $p|\cdot(\cdot t)|$ 表示在已知条件下变迁 $\cdot(\cdot t)$ 发生的概率,即前集变迁的占有率:

(1) 若 $\cdot(\cdot t_i) \bigcap \cdot(\cdot t'_j) = \varphi$,则 $p|\cdot(\cdot t_i) \bigcap \cdot(\cdot t'_j)| = 0$,且 $p|\cdot(\cdot t_i) \bigcup \cdot(\cdot t'_j)| = 1$。

(2) 若 $·(·t_i) \cap ·(·t_j') \neq \varphi$ 且 $·(·t_i) \neq ·(·t_j')$，则 $p|·(·t_i) \cap ·(·t_j')| = \dfrac{1}{n[·(·t_i)]} \cdot \dfrac{1}{n[·(·t_j')]}$，且 $p|·(·t_i) \cup ·(·t_j')| = 1$，其中 $p|·(·t_i) \cap ·(·t_j')|$ 表示 $·(·t_i)$ 和 $·(·t_j')$ 中相同元素同时发生的概率，若 $·(·t_i)$ 和 $·(·t_j')$ 中相同元素不可能同时发生，则 $p|·(·t_i) \cap ·(·t_j')| = 0$。

(3) 若 $·(·t_i) = ·(·t_j')$ 且 $[(·(·t_i))·] \neq [(·(·t_j'))·]$，则 $p|·(·t_i)| = \dfrac{1}{n[(·(·t_i))·]}$，$p|·(·t_j')| = \dfrac{1}{n[(·(·t_j'))·]}$，则 $p|·(·t_i) \cap ·(·t_j')| = \dfrac{1}{n[(·(·t_i))·]} \cdot \dfrac{1}{n[(·(·t_j'))·]}$，且 $p|·(·t_i) \cup ·(·t_j')| = 1$；若 $·(·t_i) = ·(·t_j')$ 且 $[(·(·t_i))·] = [(·(·t_j'))·]$，则 $p|·(·t_i) \cap ·(·t_j')| = 1$，且 $p|·(·t_i) \cup ·(·t_j')| = 1$。

至于后集变迁的占有率可类似地定义。

定义 5.11（结构相似性度） 已知 $N_1 = (P_1, T_1; F_1)$ 为源模型 Petri 网，$N_2 = (P_2, T_2; F_2)$ 为目标模型 Petri 网，$T_1 = \{t_1, t_2, \cdots, t_n\}$，$T_2 = \{t_1', t_2', \cdots, t_m'\}$，$\forall t_i \in T_1$，对应 $t_j' \in T_2$，其中 $i \in \{1, \cdots, n\}$，$j \in \{1, \cdots, m\}$。

(1) 自身相似性度：
$$\text{sim}(t_i, t_j') = \dfrac{\sum p|t_i \cap t_j'|}{\sum p|t_i \cup t_j'|}$$

(2) 前集变迁相似性度：
$$\text{sim}(·(·t_i), ·(·t_j')) = \dfrac{\sum p|·(·t_i) \cap ·(·t_j')|}{\sum p|·(·t_i) \cup ·(·t_j')|}$$

(3) 后集变迁相似性度：
$$\text{sim}((t_i·)·, (t_j'·)·) = \dfrac{\sum p|(t_i·)· \cap (t_j'·)·|}{\sum p|(t_i·)· \cup (t_j'·)·|}$$

定义 5.12（合理的自由选择网）[25] 在一个网 $N = (P, T; F)$ 中，若 N 中不存在循环、死锁以及活锁，则称 N 为一个合理的自由选择网。

定义 5.13（直接行为关系，间接行为关系） 已知在一个合理的自由选择网 $N = (P, T; F)$ 中，$\forall t_i, t_j \in T$，若 $t_i· = ·t_j$，$·(·t_i) = ·(·t_j)$ 或 $·t_i = ·t_j$，则称 t_i 与 t_j 是具有直接行为关系的变迁，否则称 t_i 与 t_j 是具有间接行为关系的变迁。

定义 5.14（拟行为轮廓） 已知 $N = (P, T; F)$ 为一个合理的自由选择网，x、$z \in T$ 为两个单独的变迁，$y = \{t_1, t_2, \cdots, t_k\} \subset T$ 且 $(\{x\} \cup \{z\}) \cap y = \varnothing$，即 x 和 z 之间为间接行为关系，拟行为轮廓需要满足下面几条中的一条：

(1) 拟严格序关系：$x \Rightarrow z$，当且仅当 $\exists y \subset T$，使得 $x \to y$ 且 $y \to z$。

(2) 拟排他序关系：$x \mathbin{\updownarrow} z$，当且仅当 $\exists y \subset T$，使得 $x + y$，且 $y \to z, x \not\to z, x \not\Rightarrow z$。

(3) 拟交叉序关系：$x \Leftrightarrow z$，当且仅当 $\exists y \subset T$，使得 $x // y$ 且 $y \to z, x \not\to z, x \not\Rightarrow z$。

(4) 至于拟严格逆序关系：$x \Leftarrow z$，当且仅当 $\exists y \subset T$，使得 $x \leftarrow y$ 且 $y \leftarrow z$。

如图 5.12 所示，图中 t_1 和 $t_i(i=2,3)$ 是严格序关系，t_1 和 $t_i(i=4,5,\cdots,9)$ 是拟严格

序关系,t_2 和 t_3 是排他序关系,t_2 和 t_4 是拟排他序关系,t_6 和 t_7 是交叉序关系,t_6 和 t_8 是拟交叉序关系。

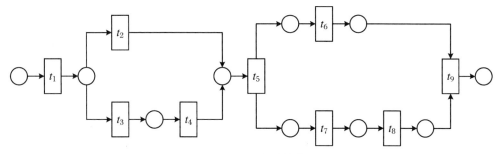

图 5.12 拟行为轮廓

以下内容中的网都默认为是合理的自由选择网。

定义 5.15(行为轮廓及拟行为轮廓行为相似性度) 已知 $N_1=(P_1,T_1;F_1)$ 为源模型 Petri 网,$N_2=(P_2,T_2;F_2)$ 为目标模型 Petri 网,$\to_{N_1}$、$\to_{N_2}$ 分别表示 N_1、N_2 中的严格序关系,$\Rightarrow_{N_1}$、$\Rightarrow_{N_2}$ 分别表示 N_1、N_2 中的拟严格序关系,$+_{N_1}$、$+_{N_2}$ 分别表示 N_1、N_2 中的排他序关系,$\Updownarrow_{N_1}$、$\Updownarrow_{N_2}$ 分别表示 N_1、N_2 中的拟排他序关系,$//_{N_1}$、$//_{N_2}$ 分别表示 N_1、N_2 中的交叉序关系,$\Leftrightarrow_{N_1}$、$\Leftrightarrow_{N_2}$ 分别表示 N_1、N_2 中的拟交叉序关系,$\leftarrow_{N_1}$、$\leftarrow_{N_2}$ 分别表示 N_1、N_2 中的严格逆序关系,$\Leftarrow_{N_1}$、$\Leftarrow_{N_2}$ 分别表示 N_1、N_2 中的拟严格逆序关系。

(1) 严格序相似性度:

$$\text{sim}_\to(N_1,N_2)=\frac{|(\to_{N_1})\cap(\to_{N_2})|}{|(\to_{N_1})\cup(\to_{N_2})|}$$

(2) 拟严格序相似性度:

$$\text{sim}_\Rightarrow(N_1,N_2)=\frac{|(\Rightarrow_{N_1})\cap(\Rightarrow_{N_2})|}{|(\Rightarrow_{N_1})\cup(\Rightarrow_{N_2})|}$$

(3) 排他序相似性度:

$$\text{sim}_+(N_1,N_2)=\frac{|(+_{N_1})\cap(+_{N_2})|}{|(+_{N_1})\cup(+_{N_2})|}$$

(4) 拟排他序相似性度:

$$\text{sim}_\Updownarrow(N_1,N_2)=\frac{|(\Updownarrow_{N_1})\cap(\Updownarrow_{N_2})|}{|(\Updownarrow_{N_1})\cup(\Updownarrow_{N_2})|}$$

(5) 交叉序相似性度:

$$\text{sim}_{//}(N_1,N_2)=\frac{|(//_{N_1})\cap(//_{N_2})|}{|(//_{N_1})\cup(//_{N_2})|}$$

(6) 拟交叉序相似性度:

$$\text{sim}_\Leftrightarrow(N_1,N_2)=\frac{|(\Leftrightarrow_{N_1})\cap(\Leftrightarrow_{N_2})|}{|(\Leftrightarrow_{N_1})\cup(\Leftrightarrow_{N_2})|}$$

(7) 严格逆序相似性度:

$$\text{sim}_\leftarrow(N_1,N_2)=\frac{|(\leftarrow_{N_1})\cap(\leftarrow_{N_2})|}{|(\leftarrow_{N_1})\cup(\leftarrow_{N_2})|}$$

(8) 拟严格逆序相似性度:

$$\text{sim}_{\Leftarrow}(N_1, N_2) = \frac{|(\Leftarrow_{N_1}) \cap (\Leftarrow_{N_2})|}{|(\Leftarrow_{N_1}) \cup (\Leftarrow_{N_2})|}$$

5.5.3 基于 Petri 网寻找源模型和目标模型的行为和结构相似性度

介绍了上述基本定义,我们就可以对源模型和目标模型从结构上去考察它们的相似性。首先依据定义 5.10 分析源模型和目标模型中相应变迁的前集变迁占有率,然后依据定义 5.11 来计算它们的结构相似性度。为此,给出如下算法:

算法 5.6 源模型和目标模型的结构相似性度

输入:源模型 Petri 网 $N_1 = (P_1, T_1; F_1)$,目标模型 Petri 网 $N_2 = (P_2, T_2; F_2)$。

输出:源模型和目标模型的结构相似性度 $\text{sim}(N_1, N_2)$。

(1) 将 N_1 和 N_2 用 Petri 网表示出来,并给意义相同的变迁标上相同的字母。

(2) 依据定义 5.10,可以得出源模型和目标模型所有的前集变迁的占有率以及所有后集变迁的占有率。

(3) 依据定义 5.11 中的(1),可以得出源模型和目标模型的自身相似性度:

$$\text{sim}(t_i, t'_j) = \frac{\sum p \mid t_i \cap t'_j \mid}{\sum p \mid t_i \cup t'_j \mid}$$

(4) 依据定义 5.11 中的(2),可以得出源模型和目标模型的前集变迁相似性度:

$$\text{sim}(\cdot(\cdot t_i), \cdot(\cdot t'_j)) = \frac{\sum p \mid \cdot(\cdot t_i) \cap \cdot(\cdot t'_j) \mid}{\sum p \mid \cdot(\cdot t_i) \cup \cdot(\cdot t'_j) \mid}$$

(5) 依据定义 5.11 中的(3),可以得出源模型和目标模型的后集变迁相似性度:

$$\text{sim}((t_i\cdot)\cdot, (t'_j\cdot)\cdot) = \frac{\sum p \mid (t_i\cdot)\cdot \cap (t'_j\cdot)\cdot \mid}{\sum p \mid (t_i\cdot)\cdot \cup (t'_j\cdot)\cdot \mid}$$

(6) 依据上述计算结果,将 $\text{sim}(t_i, t'_j)$ 分配权重 w_1,将 $\text{sim}(\cdot(\cdot t_i), \cdot(\cdot t'_j))$ 分配权重 w_2,将 $\text{sim}((t_i\cdot)\cdot, (t'_j\cdot)\cdot)$ 分配权重 w_3,且 $w_1 + w_2 + w_3 = 1$。

(7) 可以计算出源模型和目标模型的结构相似性度为

$$\text{sim}(N_1, N_2) = w_1 \cdot \text{sim}(t_i, t'_j) + w_2 \cdot \text{sim}(\cdot(\cdot t_i), \cdot(\cdot t'_j))$$
$$+ w_3 \cdot \text{sim}((t_i\cdot)\cdot, (t'_j\cdot)\cdot)$$

接下来,我们对源模型和目标模型中具有直接行为关系和间接行为关系的变迁进行行为相似性度的计算,并分别将定义中的八种相似性度各自都分配一个权重,进而计算出源模型和目标模型的行为相似性度,最后基于两者相应变迁的行为轮廓以及拟行为轮廓的异同寻找出目标模型的变化域。为此,给出如下算法:

算法 5.7 源模型和目标模型的行为相似性度

输入:源模型 Petri 网 $N_1 = (P_1, T_1; F_1)$,目标模型 Petri 网 $N_2 = (P_2, T_2; F_2)$。

输出:源模型和目标模型 Petri 网的行为相似性度 $\text{sim}(N_1, N_2)$。

(1) 将网 N_1、N_2 中具有相同意义的变迁用同一个字母表示出来。

(2) 依据定义 5.14 和定义 5.15(1)，将 N_1、N_2 中相同字母间有严格序关系的变迁对个数记为 $|(\rightarrow_{N_1}) \cap (\rightarrow_{N_2})|$，将 N_1、N_2 中字母间所有的严格序关系的变迁对记为 $|(\rightarrow_{N_1}) \cup (\rightarrow_{N_2})|$，则严格序相似性度为

$$\text{sim}_{\rightarrow}(N_1, N_2) = \frac{|(\rightarrow_{N_1}) \cap (\rightarrow_{N_2})|}{|(\rightarrow_{N_1}) \cup (\rightarrow_{N_2})|}$$

(3) 依此类推，依据定义 5.14 和定义 5.15 可得出拟严格序相似性度、排他序相似性度、拟排他序相似性度、交叉序相似性度、拟交叉序相似性度、严格逆序相似性度、拟严格逆序相似性度。

(4) 基于步骤(2)和(3)分配权重，$\text{sim}_{\rightarrow}(N_1, N_2)$ 权重为 w_1，$\text{sim}_{\Rightarrow}(N_1, N_2)$ 权重为 w_2，$\text{sim}_{+}(N_1, N_2)$ 权重为 w_3，$\text{sim}_{\Updownarrow}(N_1, N_2)$ 权重为 w_4，$\text{sim}_{//}(N_1, N_2)$ 权重为 w_5，$\text{sim}_{\Leftrightarrow}(N_1, N_2)$ 权重为 w_6，$\text{sim}_{\leftarrow}(N_1, N_2)$ 权重为 w_7，$\text{sim}_{\Leftarrow}(N_1, N_2)$ 权重为 w_8，且 $w_1 + \cdots + w_8 = 1$。

(5) 计算源模型和目标模型的行为相似性度：

$$\begin{aligned}\text{sim}(N_1, N_2) = &\, w_1 \cdot \text{sim}_{\rightarrow}(N_1, N_2) + w_2 \cdot \text{sim}_{\Rightarrow}(N_1, N_2) + w_3 \cdot \text{sim}_{+}(N_1, N_2) \\ &+ w_4 \cdot \text{sim}_{\Updownarrow}(N_1, N_2) + w_5 \cdot \text{sim}_{//}(N_1, N_2) + w_6 \cdot \text{sim}_{\Leftrightarrow}(N_1, N_2) \\ &+ w_7 \cdot \text{sim}_{\leftarrow}(N_1, N_2) + w_8 \cdot \text{sim}_{\Leftarrow}(N_1, N_2)\end{aligned}$$

依据上述算法可得出源模型和目标模型的行为相似性度，下面对引起行为相似性度值低于 1 的原因即存在的变化域进行分析。

算法 5.8 基于源模型的行为轮廓及拟行为轮廓关系寻找目标模型的变化域

输入：源模型 Petri 网 $N_1 = (P_1, T_1; F_1)$ 中任意变迁到其余变迁间的关系，目标模型 Petri 网 $N_2 = (P_2, T_2; F_2)$ 中任意变迁到其余变迁间的关系。

输出：目标模型的变化域。

(1) 依据行为轮廓及拟行为轮廓关系的定义，基于对源模型的对比分析可找出目标模型的可疑区域 $R' = \{t_1', t_2', \cdots, t_m'\}$，对应源模型中的区域 $R = \{t_1, t_2, \cdots, t_n\}$。

(2) $\forall t_k, t_l \in R$，对应 $t_i', t_j' \in R'$，若 $t_k \rightarrow t_l$（$t_k \Rightarrow t_l$，$t_k + t_l$，$t_k \Updownarrow t_l$，$t_k // t_l$，$t_k \Leftrightarrow t_l$，$t_k \leftarrow t_l$，$t_k \Leftarrow t_l$），观测 t_i' 与 t_j' 是否满足同样的关系，若满足，那么目标模型的可疑区域为 $R' - \{t_i', t_j'\}$；若不满足，则 $\{t_i', t_j'\}$ 为 N_2 的一个可疑区域。

(3) 将步骤(2)中所有的变迁对关系都分析一遍，找出 N_2 中不满足 N_1 中关系的变迁对，由它们构成的区域集合记为 C_R，即为目标模型的变化域。

5.5.4 实例分析

将 $\sum p |\cdot(\cdot t_i) \cap \cdot(\cdot t_j')|$ 简记为 α，将 $\sum p |\cdot(\cdot t_i) \cup \cdot(\cdot t_j')|$ 简记为 β，依据算法 5.6(4) 可以得出前集变迁相似性度；将 $\sum p |(t_i \cdot)\cdot \cap (t_j' \cdot)\cdot|$ 简记为 λ，将 $\sum p |(t_i \cdot)\cdot \cup (t_j' \cdot)\cdot|$ 简记为 μ，依据算法 5.6(5) 可以得出后集变迁相似性度。随后可以算出 N_1 和 N_2 的自身相似性度为

$$\text{sim}(t_i, t_j') = \frac{29}{32} \approx 0.906$$

N_1 和 N_2 的前集变迁相似性度为

$$\text{sim}(\cdot(\cdot t_i),\cdot(\cdot t'_j)) = \frac{17 + \frac{1}{2} \times 3 + \frac{1}{12} \times 3 + \frac{1}{3}}{27 \times 1} \approx 0.707$$

N_1 和 N_2 的后集变迁相似性度为

$$\text{sim}((t_i\cdot)\cdot,(t'_j\cdot)\cdot) = \frac{21 + \frac{1}{2} \times 2 + \frac{1}{12} + \frac{1}{3}}{28 \times 1} \approx 0.801$$

由于源模型和目标模型的自身相似性度更能表现出它们的相似性,因此令 $w_1 = 0.5$,$w_2 = 0.25$,$w_3 = 0.25$,算出源模型和目标模型的结构相似性度 $\text{sim}(N_1, N_2) \approx 0.83$。

由于源模型和目标模型的结构相似性度低于 0.85,得出目标模型中存在变化域,依据文献[26]中所给的方法,可以得出目标模型的变化域为 $\{P'_{21}\ VP'_{22}\ WXP'_{23}\ YP'_{24}\}$。

结合图 5.8、图 5.9 以及定义 5.15,下面给出 N_1、N_2 的部分活动变迁关系表,如表 5.11、表 5.12 所示。

表 5.11 N_1 中部分活动变迁关系表

	A	B	C	D	E	F	G	H	I	J	K	L	M
K	⇐	⇑₁	⇑₁	⇑₁	⇑₁	⇑₁	⇑₁	⇑₁	⇐	⇐	+	⇔	⇔
L	⇐	⇑₁	⇑₁	⇑₁	⇑₁	⇑₁	⇑₁	⇑₁	⇐	←	⇔	+	//
M	⇐	⇑₁	⇑₁	⇑₁	⇑₁	⇑₁	⇑₁	⇑₁	⇐	←	⇔	//	+
	N	O	P	Q	R	S	T	U	V	W	X	Y	
K	→	⇑₁	⇑₁	⇑₁	⇒	⇒	⇒	⇒	⇒	⇑₁	⇑₁	←	
L	→	⇑₁	⇑₁	⇑₁	⇒	⇒	⇒	⇒	⇒	⇑₁	⇑₁	//	
M	→	⇑₁	⇑₁	⇑₁	⇒	⇒	⇒	⇒	⇒	⇑₁	⇑₁	//	

表 5.12 N_2 中部分活动变迁关系表

	A	B	C	D	E	F	G	H	I	J	K
K	⇐	⇑	⇑	⇑	⇑	⇑	⇑	⇑	⇐	⇐	+
L	⇐	⇑	⇑	⇑	⇑	⇑	⇑	⇑	⇐	←	⇔
M	⇐	⇑	⇑	⇑	⇑	⇑	⇑	⇑	⇐	←	→
	L	M	N	O	P	Q	R	S	T	U	V
K	⇔	←	→	⇑	⇑	⇑	⇒	⇒	⇒	⇒	⇒
L	+	//	→	⇑	⇑	⇑	⇒	⇒	⇒	⇒	⇒
M	//	+	⇒	⇑	⇑	⇑	⇒	⇒	⇒	⇒	⇒

依此类推,可以得到源模型和目标模型的整个活动变迁关系表,依据算法 5.7 可以计算出 N_1、N_2 的严格序相似性度:

$$\text{sim}_\rightarrow(N_1, N_2) = \frac{|(\rightarrow_{N_1}) \cap (\rightarrow_{N_2})|}{|(\rightarrow_{N_1}) \cup (\rightarrow_{N_2})|} = \frac{27-1}{32+1} \approx 0.788$$

拟严格序相似性度:

$$\text{sim}_\Rightarrow(N_1, N_2) = \frac{|(\Rightarrow_{N_1}) \cap (\Rightarrow_{N_2})|}{|(\Rightarrow_{N_1}) \cup (\Rightarrow_{N_2})|} = \frac{89-1}{108+1} \approx 0.807$$

排他序相似性度:

$$\text{sim}_+(N_1,N_2) = \frac{|(+_{N_1}) \cap (+_{N_2})|}{|(+_{N_1}) \cup (+_{N_2})|} = \frac{32-2}{43+2} \approx 0.667$$

拟排他序相似性度：

$$\text{sim}_{\Updownarrow}(N_1,N_2) = \frac{|(\Updownarrow_{N_1}) \cap (\Updownarrow_{N_2})|}{|(\Updownarrow_{N_1}) \cup (\Updownarrow_{N_2})|} = \frac{208}{284} \approx 0.732$$

交叉序相似性度：

$$\text{sim}_{/\!/}(N_1,N_2) = \frac{|(/\!/_{N_1}) \cap (/\!/_{N_2})|}{|(/\!/_{N_1}) \cup (/\!/_{N_2})|} = \frac{8}{14} \approx 0.571$$

拟交叉序相似性度：

$$\text{sim}_{\Leftrightarrow}(N_1,N_2) = \frac{|(\Leftrightarrow_{N_1}) \cap (\Leftrightarrow_{N_2})|}{|(\Leftrightarrow_{N_1}) \cup (\Leftrightarrow_{N_2})|} = \frac{2}{4} = 0.5$$

严格逆序相似性度：

$$\text{sim}_{\leftarrow}(N_1,N_2) = \frac{|(\leftarrow_{N_1}) \cap (\leftarrow_{N_2})|}{|(\leftarrow_{N_1}) \cup (\leftarrow_{N_2})|} = \frac{27-1}{32+1} \approx 0.788$$

拟严格逆序相似性度：

$$\text{sim}_{\Leftarrow}(N_1,N_2) = \frac{|(\Leftarrow_{N_1}) \cap (\Leftarrow_{N_2})|}{|(\Leftarrow_{N_1}) \cup (\Leftarrow_{N_2})|} = \frac{89-1}{108+1} \approx 0.807$$

由于具有直接行为关系的变迁更能影响模型的行为相似性度，因此令 $w_1 = w_3 = w_5 = w_7 = 0.15$，$w_2 = w_4 = w_6 = w_8 = 0.1$，如此可计算出 N_1、N_2 的行为相似性度 $\text{sim}(N_1, N_2) \approx 0.7067$。

由于行为相似度值低于 0.8，下面通过算法 5.8 分析找出目标模型的变化域。对比分析 N_1、N_2 可得出目标模型的可疑区域，如图 5.11 中虚线区域所示，对应着图 5.10 中的虚线区域，由算法 5.8 推出在 N_1 中，$M \Leftrightarrow K$，$S /\!/ T$，在 N_2 中，$M \to K$，$S + T$，而在可疑区域内其他变迁之间的行为关系都相同，所以可以得出目标模型的变化域为 $\{P_{12}MP_{13}KP_{14}\} \cup \{P_{20}STP_{21}\}$。而按以往的方法，不考虑间接行为关系计算出来的变化域只有 $\{P_{20}STP_{21}\}$，因而可信度较低，通过本节所给的方法计算出来的变化域更为可靠。

5.6 数据流约束下变化域分析

业务流程模型的一致性是业务流程管理的核心内容，也同样关系着计算机系统的安全性。现有研究主要通过行为约束方面对业务流程模型的一致性进行分析，从而达到可信性。但是，当数据出现变化时，已有的研究不能够准确地分析业务流程模型的一致性。为了分析数据变化对业务流程模型的影响，本节将在行为 Petri 网的基础上，从伴随流程的角度描述控制流和数据流，并分析在数据流行为的约束下控制流的行为关系，在此基础上分析变化域。

5.6.1 引例

在网上购物系统的执行过程中受到黑客攻击,修改了付款金额,使得买家按原价付款,而卖家实际收到的金额已经被改变。显然,支付中心遭到攻击后,业务流程模型中的数据出现了变化。此时,单纯地考虑控制流的一致性已经不能够确定变化域,如以文献[27]的方法可知该业务流程模型的一致性是很好的。可见,以目前的方法不能有效地解决数据变化的问题,需要结合控制流和数据流两方面来分析业务流程模型的变化域。图 5.13 是网上购物系统的业务流程模型。

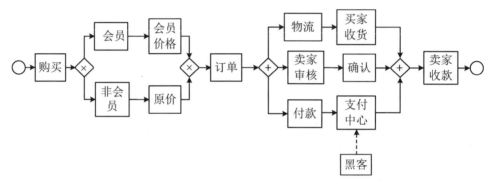

图 5.13 网上购物业务流程模型

5.6.2 基于行为 Petri 网的数据约束下变化域的分析方法

目前,许多研究已经开始关注数据流对业务流程模型的影响。文献[28]基于数据流和控制流对流程模型进行了过程分析和过程优化。文献[29]为了更精确地分析业务流程模型的一致性,定义了控制依赖关系和数据依赖关系,分析了各自的行为关系。但是,几乎没有考虑数据流和控制流之间相互作用关系的研究。

本节首先从伴随流程的角度分析控制流模型和数据流模型的变迁分类;然后在数据流的约束下定义控制流的行为依赖关系,不仅给出了其自身的行为关系,也给出了它们之间的相互依赖关系;最后,给出分析业务流程模型变化域的算法。在给出算法之前,先介绍一些定义。

定义 5.16(行为依赖关系) 设行为 Petri 网 $LBP=(S,P;F)$ 的控制流网和数据流网分别为 $CF=(S_C,P_C;F_C)$ 和 $DF=(S_D,P_D;F_D)$,对任给的变迁对 $(x,y)\in(P_D\times P_D)\bigcup(P_C\times P_C)$,满足下列关系之一:

(1) 调用依赖:$x\Delta y$ 当且仅当对 $x\in P_C^e \wedge y\in P_D^e$,有 $x\in P_C^{ing} \wedge y\in P_D^{ed}$ 或者 $x\in P_D^{ing} \wedge y\in P_C^{ed}$。

(2) 直接依赖:$x\mapsto y$ 当且仅当对任给的 $x,y\in P_C$ 或 $x,y\in P_D$,有共同的发生序列 $\sigma=p_1,\cdots,p_n$,使得 $p_i=x$ 且 $p_j=y,i<j\in\{1,2,\cdots,n\}$。

(3) 选择依赖:$x\neg y$ 当且仅当在网 CF 中存在一个发生序列 $\sigma=p_1p_2,\cdots,p_m$,对变迁 $z\in P_D$,有 $x\mapsto y,x\mapsto z$,但不存在 $i\in\{1,2,\cdots,m\}$ 使得 $p_i=z$。

(4) 互相依赖:$x\otimes y$ 当且仅当 $x\mapsto y$ 且 $y\mapsto x$ 或 $x\neg y$ 且 $y\neg x$。

(5) 独立依赖：$x /\!/ y$ 当且仅当 $x \triangle y$，$x \mapsto y$ 和 $y \mapsto x$。

记集合 $CDBP = (\triangle, \mapsto, \neg, \otimes, /\!/)$ 为行为依赖关系。

为了更精确地分析业务流程模型的变化区域，必须先给出疑似变迁的具体位置。下面给出疑似变迁的定义。

定义 5.17（疑似变迁） 对 $N_1 = (S_1, P_1; F_1)$，一个改变的执行产生一个系统 $N_2 = (S_2, P_2; F_2)$，且 $P_1 \cap P_2 \neq \varnothing$，将受到影响表现出变化的变迁 $p \in P_2$ 认为是一个疑似变迁。

根据疑似变迁，分别给出控制流和数据流的边变迁、内变迁、边变迁优化、内变迁优化的定义。

定义 5.18（边变迁） 设行为 Petri 网 $LBP = (S, P; F)$ 的控制流网和数据流网分别为 $CF = (S_C, P_C; F_C)$ 和 $DF = (S_D, P_D; F_D)$，其行为依赖关系为 $CDBP = (\triangle, \mapsto, \neg, \otimes, /\!/)$，令 $p_x \in P$ 是一个疑似变化变迁。

（1）CF 的前边变迁集为 PEP_C：
$$PEP_C = \{p_1 \in P_C \mid p_1 \mapsto p_x \wedge \forall p_2 \in P_C[p_2 \mapsto t_x \Rightarrow p_1 \mapsto p_2] \wedge \exists p_0 \in P_D \Rightarrow p_0 \triangle p_1\}$$

（2）CF 的后边变迁集为 SEP_C：
$$SEP_C = \{p_1 \in P_C \mid p_1 \mapsto p_x \wedge \forall p_2 \in P_C[p_2 \mapsto t_x \Rightarrow p_1 \mapsto p_2] \wedge \exists p_0 \in P_D \Rightarrow p_0 \triangle p_1\}$$

定义 5.19（边变迁优化） 设行为 Petri 网 $LBP = (S, P; F)$ 的控制流网和数据流网分别为 $CF = (S_C, P_C; F_C)$ 和 $DF = (S_D, P_D; F_D)$，其行为依赖关系为 $CDBP = (\triangle, \mapsto, \neg, \otimes, /\!/)$，令 $p_x \in P$ 是一个疑似变化变迁。PEP_C 和 SEP_C 是网 CF 的边变迁集，且 $B = PEP_C \cup SEP_D$。边变迁优化会产生一个变化区域 R_C，使得 $R_C = P_C \backslash PP_C \backslash SP_C \backslash BP$，其中：
$$PP_C = \{p_1 \in P_C \mid \exists p_2 \in PEP_C[p_1 \mapsto p_2]\}$$
$$SP_C = \{p_1 \in P_C \mid \exists p_2 \in PEP_C[p_2 \mapsto p_1]\}$$
$$BP = \{p_1 \in P \mid \exists p_2 \in B[(p_1 \otimes p_2) \vee (p_1 /\!/ p_2)]\}$$

定义 5.20（内变迁） 设行为 Petri 网 $LBP = (S, P; F)$ 的控制流网和数据流网分别为 $CF = (S_C, P_C; F_C)$ 和 $DF = (S_D, P_D; F_D)$，其行为依赖关系为 $CDBP = (\triangle, \mapsto, \neg, \otimes, /\!/)$。令 $p_x \in P$ 是一个疑似变化变迁，且 PEP_C 和 SEP_C 是网 CF 的边变迁集。

（1）CF 的独立依赖内变迁集为 IIP_C：
$$DIP_C = \{p_1 \in P_C \mid \forall p_2 \in P_D[t_2 \triangle t_1 \Rightarrow t_2 /\!/ t_x] \wedge \forall t_p \in PEP_C, t_s \in SEP_C[t_p \mapsto t_1 \mapsto t_s]\}$$

（2）CF 的互相依赖内变迁集为 MIP_C：
$$MIP_C = \{p_1 \in P_C \mid \forall p_2 \in P_D[t_2 \triangle t_1 \Rightarrow t_2 \otimes t_x] \wedge \forall t_p \in PEP_C, t_s \in SEP_C[t_p \mapsto t_1 \mapsto t_s]\}$$

定义 5.21（内变迁优化） 设行为 Petri 网 $LBP = (S, P; F)$ 的控制流网和数据流网分别为 $CF = (S_C, P_C; F_C)$ 和 $DF = (S_D, P_D; F_D)$，其行为依赖关系为 $CDBP = (\triangle, \mapsto, \neg, \otimes, /\!/)$。令 $p_x \in P$ 是一个疑似变化变迁。IIP_C 和 MIP_C 是网 CF 的内变迁。内变迁优化产生了一个变化区域 Q_C，使得 $Q_C = P_C \backslash IIP_C \backslash MIP_C \backslash IP \backslash MP$，其中：
$$IP = \{p_1 \in P_C \mid \exists p_2 \in IIP_C[(p_1, p_2) \notin /\!/]\}$$
$$MP = \{p_1 \in P_C \mid \exists p_2 \in IIP_C[(p_1, p_2) \notin \otimes]\}$$

基于上述定义，在分析变化域之前，首先提取与疑似变迁有着密切关系的部分；然后采用区域排除法分析疑似变迁；最后，根据疑似变迁可能引起变化的区域进行优化，得到最终的变化域。下面给出变化域分析的算法。

算法 5.9 变化域分析

输入：行为 Petri 网 $LBP = (S, P; F)$；控制流网 $CF = (S_C, P_C; F_C)$；数据流网 $DF =$

$(S_D, P_D; F_D)$,行为依赖关系为 $CDBP = (\Delta, \mapsto, \neg, \otimes, /\!/)$;$p_x$ 是疑似变迁。

输出:变化域 C。

(1) 运行网 $LBP = (S, P; F)$,若正常运行则退出;反之给出变化的变迁 p_x。

(2) 根据定义 5.16 和定义 5.17,分别得到 R_C 和 Q_C,若 $R_C = \varnothing \wedge Q_C = \varnothing$,则 p_x 不是疑似变迁,执行步骤(3),否则执行步骤(4)。

(3) 若 $C_P(R_C \cup Q_C) = \varnothing$,则退出;否则,令 $p_x = p_y$,其中 $p_y \in C_P(R_C \cup Q_C)$,返回步骤(2)。

(4) 疑似变迁集为 $ST_C = R_C \cap Q_C$。

(5) 疑似变化区域为 $T_C = {}^{\cdot}ST_C \cup ST_C^{\cdot} \cup {}^{\cdot}p_x \cup p_x^{\cdot}$,加入初始标识 M_0,同时列出所有的经过疑似变化区域 T_C 内的发生序列:$\sigma_1, \sigma_2, \cdots, \sigma_s$。

(6) 取序列 $\sigma_i (1 \leqslant i \leqslant s)$,对任给的两个节点 $s_i \in T_C \cap \sigma_i$ 和 $s_j \in T_C \cap \sigma_i$,且 $s_i \neq s_j$,$i < j$:

① 若 ${}^{\cdot}s_i \neq \varnothing$ 或 ${}^{\cdot}s_j \neq \varnothing$,则 $T_1 = s_i \cup {}^{\cdot}s_i \cup s_j \cup {}^{\cdot}s_j \cup \cdots$,依次观察在其前集中使能发生的变迁以及该变迁可能引起发生的库所,直到结束;反之 $T_1 = \sigma_i$。

② 若 $s_i^{\cdot} \neq \varnothing$ 或 $s_j^{\cdot} \neq \varnothing$,则 $T_2 = s_i \cup s_i^{\cdot} \cup s_j \cup s_j^{\cdot} \cup \cdots$,依次观察在其后集中使能发生的变迁以及该变迁可能引起发生的库所,直到结束;反之 $T_2 = \sigma_i$。

③ 得到变化区域 $SP_i = T_1 \cap T_2$。

(7) 回到步骤(6)依次得到每条执行序列段并进行操作。

(8) 输出变化域 $C = \bigcup_{i=1}^{m} SP_i$。

5.6.3 实例分析

在引例的描述中,可以看到电子交易中对资金流的平衡是非常重要的,采用文献[27]中的方法,可得到图 5.14 中的流程模型一致的结论。显然,仅仅考虑控制流一致不能够实质性地解决非一致问题。进一步,在考虑数据流模型的情况下,使用文献[26]的方法,以图 5.14 为源模型,以图 5.15 为目标模型,可得到目标模型变化域为图 5.16 中的虚线框部分,显然结果已经偏离了疑似变迁的区域。可见,不考虑控制流和数据流之间的关系,将两个模型看作是独立互不干扰的,不能够有效地分析业务流程模型的非一致性。

首先,建立图 5.13 的伴随流程,其控制流和数据流模型分别如图 5.14 和图 5.15 所示。在数据流行为关系的约束下,分析控制流变迁之间的行为依赖关系。然后对出现变化部分,定位疑似变化为支付中心,即变迁 p_{19}。根据算法 5.9,第一步得到 $R_C = \{p_{10}, p_{16}, p_{18}, p_{23}\}$ 和 $Q_C = \{p_{16}, p_{18}, p_{23}\}$,满足 $R_C = \varnothing \wedge Q_C = \varnothing$,则 p_{19} 是疑似变迁,得到 $ST_C = \{p_{16}, p_{18}, p_{23}\}$;第二步,得到疑似变化区域 T_C 为图 5.14 中虚线矩形框部分;最后,由变化区域 T_C 推出该控制流的变化区域 C 为图 5.17 中的实线矩形框部分。可见,在支付中心与卖家之间应该建立一个相互确认的平台,以确保收支平衡。

第 5 章 业务流程中的变化域分析与处理 127

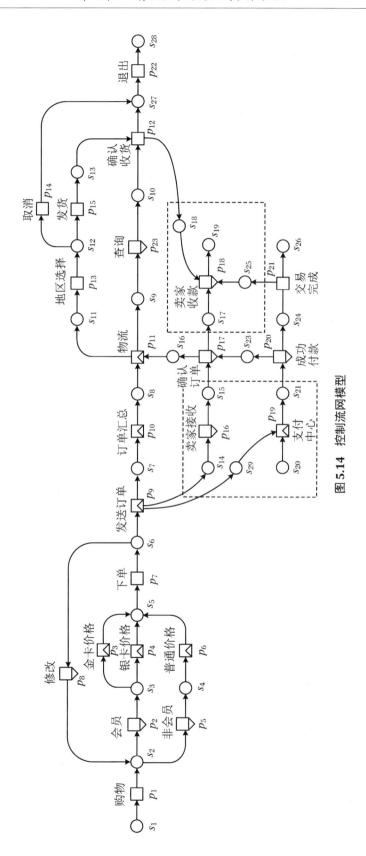

图 5.14 控制流网模型

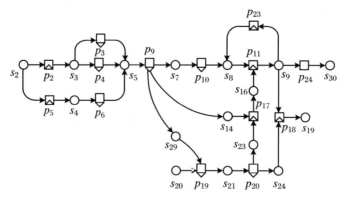

图 5.15 数据流网模型

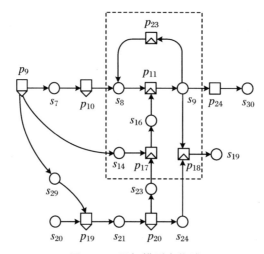

图 5.16 目标模型变化域

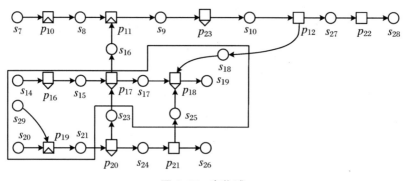

图 5.17 变化域

5.7 小　　结

在用建模方法解决业务流程问题的过程中,复杂的现实应用背景往往使实际系统相对理想状态模型出现变化,常常导致源模型不可直接使用。一般情况下,建模者通过构建一个新的目标模型来替代源模型,以解决实际问题。然而,这一过程繁琐复杂,容易出现偏差,而且时间成本较大。业务流程变化挖掘技术能够实时更新企业的业务流程,降低企业的经营成本,提高企业生产效益,因此成为学者关注的焦点。

为使两个流程模型的使用功能一致,需要分析模型的一致性,找出目标模型中存在变化的部分是建模者需解决的问题。针对这个问题,本章做出以下研究:

从目标模型完备事件日志的角度出发,分别使用紧密度和直接跟随、最终跟随关系,结合事件日志的行为轮廓,分析受变化影响的模型功能块和活动路径。

针对业务流程系统的最小变化域问题,提出了基于 Petri 网动态切片的分析方法。首先对比分析源模型和目标模型的流程结构图,得到目标模型的一个可疑区域,然后利用行为轮廓的思想找出目标模型可疑区域中的变化域,最后通过 Petri 网动态切片的方法得出目标模型的最小变化域进行分析。

此外,还提出了基于 Petri 网动力学表达式来分析最小变化区域的研究方法。当目标模型与源模型间行为偏差不满足建模要求,即出现行为非一致的问题时,找出目标模型中存在的变化区域是解决问题的关键所在。已有对变化区域的研究都是基于序列角度考虑的,通过变化节点来搜索变化范围,具有一定的局限性。本文基于 Petri 网动力学表达式及行为轮廓,从模型角度分别给出了寻找流程模型中疑似非有效序列的方法,以及确定流程模型中最小变化域的分析方法。

针对业务流程系统的相似性问题,本节在已有理论的基础上提出了行为相似性度和结构相似性度的概念,依据前集变迁的占有率以及行为轮廓、拟行为轮廓的相关理论,考虑了源模型和目标模型间的行为相似性度和结构相似性度,并依据一定的理论分析找出目标模型的变化域。

已有实践表明处理变化域时需要考虑数据流的作用,本节在行为 Petri 网的基础上,从伴随流程的角度描述了数据流网和控制流网,有效地区分了控制流模型和数据流模型,并具体地表征了其行为变化。随后,考虑数据流的行为对控制流行为的影响,定义了行为依赖关系,不仅能够清晰表现出流程模型自身的行为关系,也能够表达出数据流行为对控制流行为的约束。最后,基于边变迁优化和内变迁优化,以疑似变迁为观测点,分析变化区域,避免了观测点选择的盲目性。

参 考 文 献

[1] AALST W M P. A Decade of Business Process Management Conferences: Personal Reflections on a Developing Discipline[M]. Springer, 2012: 1-16.
[2] KNUPLESCH D, MANFRED R, WALID F, et al. On Enabling Compliance of Cross-organizational Business Processes[M]. Springer, 2013:146-154.
[3] CASATI F, STEFANO C, BARBARA P, et al. Workflow evolution[J]. Data & Knowledge Engineering, 1998,24(3):211-238.
[4] WEBER B, STEFANIE R, MANFRED R. Change Patterns and Change Support Features in Process-aware Information Systems[M]. Springer, 2007: 574-588.
[5] LLORENS M, OLIVER J, SILVA J, et al. Dynamic slicing techniques for Petri nets[J]. Electronic Notes in Theoretical Computer Science, 2008(223):153-165.
[6] RAKOW A. Slicing Petri Nets with an Application to Workflow Verification[M]. Springer, 2008: 436-447.
[7] WANG H, VINCENT T, TANG C. Change propagation analysis for system modeling using semantic web technology[J]. Advanced Engineering Informatics, 2018(35):17-29.
[8] DAM H-K, ADITYA G. Mining version histories for change impact analysis in business process model repositories[J]. Computers in Industry, 2015(67):72-85.
[9] KHERBOUCHE M, AHMAD O, et al. Analyzing the ripple effects of change in business process models[J]. International Multi Topic Conference, Lahore(PK), 2013: 31-36.
[10] GOKNIL A, KURTEV I, BERG K, et al. Change impact analysis for requirements: A metamodeling approach[J]. Information & Software Technology, 2014,56(8):950-972.
[11] WEIDLICH M, WESKE M, MENDLING J. Change propagation in process models using behavioural profiles[C]// IEEE International Conference on Services Computing (SCC 2009), Bangalore, India, 2009. IEEE, 2009:33-40.
[12] WEIDLICH M, MENDLING J, WESKE M. Propagating changes between aligned process models [J]. Journal of Systems and Software, 2012,85(8):1885-1898.
[13] FANG X, HAO W. Approach of analyzing the smallest change domain in process models based on petri nets[J]. Comput Sci, 2012,6(3):943-949.
[14] FANG X, LIU L, LIU X. Analyzing method of change region in BPM based on module of Petri net[J]. Information Technology Journal, 2013,12(8):1655.
[15] BATCHELDER M, LAURIE H. Obfuscating Java: the Most Pain for the Least Gain[M]. Springer, 2007.
[16] VALLÉE-RAI R, GAGNON E, HENDREN L, et al. Optimizing Java Bytecode Using the Soot Framework: Is It Feasible? [M]. Springer, 2000.
[17] MOSER S, MARTENS A, GORLACH K, et al. Advanced verification of distributed WS-BPEL business processes incorporating CSSA-based data flow analysis[C]//IEEE International Conference on Services Computing (SCC 2007), Salt Lake City, UT, USA. IEEE, 2007: 98-105.
[18] M-P-VAN-DER W. Process discovery: capturing the invisible[J]. IEEE Computational Intelligence Magazine, 2010,5(1):28-41.

[19] 方欢，孙书亚，方贤文. 基于不完备日志联合发生关系的行为变化挖掘方法[J]. 计算机集成制造系统，2020,26(7):1887-1895.

[20] WEIDLICH M, POLYVYANYY A, DESAI N, et al. Process Compliance Measurement Based on Behavioural Profiles[M]. Springer, 2010.

[21] LEEMANS S-J-J, FAHLAND D, AALST W M P. Discovering Block-structured Process Models from Incomplete Event Logs[M]. Springer, 2014.

[22] 陈振强. 基于依赖性分析的程序切片技术研究[D]. 南京:东南大学, 2003.

[23] RAKOW A. Safety Slicing Petri Nets[M]. Springer, 2012.

[24] LI C, REICHERT M, WOMBACHER A. On Measuring Process Model Similarity Based on High-level Change Operations[M]. Springer, 2008.

[25] WEIDLICH M, MENDLING J, WESKE M. Efficient consistency measurement based on behavioral profiles of process models[J]. IEEE Transactions on Software Engineering, 2010,37(3):410-429.

[26] 郝文君，方贤文. 基于Petri网的流程模型中最小变化域的分析方法[J]. 计算机科学，2012,39(Z11):76-78,98.

[27] 王咪咪，方贤文. Petri网多重变迁集的行为轮廓一致性分析[J]. 计算机工程与设计，2013,34(3):935-938.

[28] WÖRZBERGER R, KURPICK T, HEER T. Checking correctness and compliance of integrated process models[C]// International Symposium on Symbolic & Numeric Algorithms for Scientific Computing. IEEE Computer Society, 2008:576-583.

[29] BROCKMANS S, EHRIG M, KOSCHMIDER A, et al. Semantic Alignment of Business Processes[M]. Citeseer, 2006.

第6章 交互业务流程变化传播分析

随着计算机技术的快速发展,业务管理系统也被广泛地应用。但随着网络环境的持续更新以及用户需求的不断变化,原有的业务流程模型变得相当脆弱,传统的过程挖掘难以适应变化的业务需求,而变化传播相关研究可以使得流程一致、无冲突、更合理。为了保证交互流程集的一致性与可兼容性以适应变化需求,需要对变化传播进行分析与优化。这也是当前业务流程建模研究者的一个焦点。

6.1 业务流程变化传播概述

在实际流程操作过程中,当一个小的细节被以错误的方式运行时,或者外部的变化(例如新的法规)强加在这个过程上,系统都将被迫偏离指定的流程模型。现有的过程挖掘技术能够从当今信息系统记录事件的日志中提取有价值的信息,这些技术为发现、监控和改进各种应用领域的流程模型提供了新的手段,但难以识别动态变化的事件日志,并且对具有信息传递的交互系统中出现的变化以及这些变化是如何传播给交互子流程的都没有找到合适的解决方法。

而任何一个业务管理系统都是由大量子系统通过信息传递交互组成的,业务流程变化更是业务流程管理的核心,其目的是使业务流程管理能够灵活地适应不断变化的业务需求。由于交互流程模型集的变化会相互依赖,一个流程的变化可能会对一系列相关流程产生直接或间接的影响,所以,为了保证交互流程的一致性与可兼容性以适应变化需求,变化传播的分析与优化显得尤为重要。

变化传播的分析一直是研究者的焦点。文献[1]中,在给定一个流程模型中变化的情况下,利用行为轮廓的行为抽象来获得相应的活动,以确定另一个模型中的变化区域。这种方法可以应对与层次结构不相关的模型对的变化,并显示行为不一致性,缺点是如果错误地识别了对应关系,可能增加不一致程度。文献[2]提出了一个流程协同进化的框架,该框架将一致的专业化概念应用于动态变化传播,并演示了如何将变化从流程视图传播到其参考流程和相关流程视图。文献[3]提出了两种算法,用于识别变化区域和传播变化。在这个框架中,每个流程模型都映射到一个节点,模型之间的关系表示为节点之间的边。当其中某个流程发生变化时,会修改流程模型并使用修复算法来纠正关系违规,从而搜索一个变体,使违背一致性最少。修复过程的目的是确保在变化之前满足的关系约束在变化之后也得到满足,并且所选择的变体必须与其余流程冲突最少。在业务流程编排中,可以将变化传播定义为其他合作伙伴所需的变化,以确保在特定合作伙伴流程发生变化后协作的一致性和兼容性。

文献[4]提出了一种通用的方法来传播协作过程维护场景中的变化,以保持调用一致性。在这样的场景中,不同的业务合作伙伴拥有自己的私有流程,该流程可以为其他参与者提供公共视图。文献[5,6]提出了一种同步方法,将变化的流程模型与 IT 对齐。使用变化队列,基于不同抽象级别的模型之间的模型通信来传播变化。当一个变化发生时,它被记录到相关模型的变化队列中,并被提交到所有与变化模型同步的模型中。文献[7]提出了一个面向代理的框架,用于修复由变化传播导致的不一致性,并且创建了一个计划库,用于在运行时修复违反约束的情况。

为了灵活适应业务流程模型,响应变化的商务需求是 BPM 的核心问题,相关模型间的变化域传播对于模型的匹配来说有着重要的意义。文献[8]给出了一种面向对象的方法处理变化域传播,通过约束对象的语言和 UML 模型给出了一致性方法,并对有变化域的部分模型予以修复。文献[9]从设计过程的方面,定位、分析、评估变化域问题,用建模的思想加强了设计的可追溯性。文献[5,6]给出了简单对应与复杂对应,并对流程模型进行了匹配,解决了模型间的同步问题,之后给出了流程模型的变化域传播。文献[10]提出了基于 Petri 网行为继承的服务对用户的行为予以建模,用 T-不变量说明了行为继承的充要条件。文献[11]探究了匹配流程模型的变化域传播,并因此缩小了匹配模型的范围,但对如何确定变化的节点未做说明。文献[12]基于细化过程的结构树提出改变变化域传播的方法,该方法适用于特定的流程语言,且提供了一些变化域模式。

部分文献基于配置对变化传播进行研究,配置信息包括允许、隐藏以及阻塞三类参数信息,通过隐藏或者阻塞流程模型的某一部分而达到实现特定要求的目的,对模型需要或保留的行为默认为允许状态,而阻塞或隐藏不需要的行为。文献[13]在假定可配置的流程模型行为合理的前提下,提出了三种变迁:允许(allowed)变迁、隐藏(hidden)变迁、阻塞(blocked)变迁,该配置参数仅针对单个变迁作用,不适用多个变迁组成的活动片段。文献[14]提出一种算法,通过提取、聚类、合并一个特定活动的流程片段,使其构造一个可配置的流程片段,并允许流程设计者灵活调整和指定流程可配置部分来达到设计要求。但是该配置算法仅从业务流程的控制流角度分析,对数据流考虑甚少。文献[15]在不限时间内选择 CYAWL 语言作为基本概念,对业务流程的不同变量进行配置,以维护可适应的过程变体。但在设定时间阈值的情况下,其任务执行的复杂度与错误率将明显上升。文献[16]提出了一种新方法,利用带预标注业务能力合并流程模型,使之成为一个可配置模型。然而,该方法需要对业务流程模型中活动的属性做额外的统计分析,计算复杂度相对较高。以上的方法都是基于常规的流程模型,实际上大部分业务流程模型都是基于描述模型交互的初衷来建立的。

Petri 网作为现代业务流程建模与分析的重要工具之一,不仅能简单明确地表示系统的结构,也能准确地模拟系统的运行过程。本章以 Petri 网的相关知识与理论性质为基础,针对上文中所提出的问题,对业务流程中的变化传播进行研究。

6.2 基于 Petri 网行为包含的业务流程变化传播分析

业务流程建模问题一直是业务流程管理的核心问题,目的是为了灵活地适应变化的商务需求,但在建模过程中也会出现一系列的问题,有些模型之间存在着相同的问题,因此会出现变化域传播的现象。已有的方法主要是从边界变迁的减少和内部边界变迁的减少来分析模型的变化域传播,因而具有一定的局限性。本节依据源模型和目标模型之间存在的迹等价、行为包含关系,以及复杂对应中的元素合并和行为继承,得到拟源模型和拟目标模型;接着基于行为继承的特性,提出基于投影继承和协议继承的变化域传播分析方法,来寻找目标模型的变化域;最后通过一个具体的流程实例,进一步说明了该方法的可行性。

6.2.1 基本定义

以下定义中的网都默认为是合理的自由选择网。

定义 6.1(迹等价) 已知源模型 Petri 网 $N_1 = (P_1, T_1; F_1)$,目标模型 Petri 网 $N_2 = (P_2, T_2; F_2)$,若 $\forall t_i, t_j \in T_1(T_2)$,对应于 $t_m, t_n \in T_2(T_1)$,那么迹等价的几种形式为:

(1) 若 $t_i \rightarrow t_j (t_i \leftarrow t_j)$,对应元 $t_m \rightarrow t_n (t_m \leftarrow t_n)$ 或 $t_m \Rightarrow t_n (t_m \Leftarrow t_n)$。

(2) 若 $t_i + t_j$,对应元 $t_m + t_n$ 或 $t_m \Updownarrow t_n$。

(3) 若 $t_i // t_j$,对应元 $t_m // t_n$ 或 $t_m \Leftrightarrow t_n$。

若 $\forall t_i, t_j$ 与 t_m, t_n 满足以上几种形式中的一种,则称 N_1 和 N_2 是迹等价的,记为 $\text{trace}(N_1) \cong \text{trace}(N_2)$。

定义 6.2(行为包含与沉默变迁) 已知源模型 Petri 网 $N_1 = (P_1, T_1; F_1)$,目标模型 Petri 网 $N_2 = (P_2, T_2; F_2)$,且 $\text{trace}(N_1) \cong \text{trace}(N_2)$,若 $\forall t_i, t_{i+1}, \cdots \in T_1$,都 $\exists t_j, t_{j+1}, \cdots \in T_2$ 与之对应,且 $\exists t_k, t_{k+1}, \cdots \in T_2$ 在 T_1 中无对应元,则称 N_1 行为包含于 N_2,记为 $b(N_1) \subset b(N_2)$,$t_k, t_{k+1}, \cdots$ 称为 N_2 的沉默变迁。

如图 6.1 和图 6.2 所示,$b(N_1) \subset b(N_2)$,N_2 中那些无标识的变迁即为 N_2 的沉默变迁。

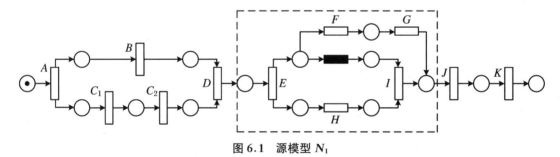

图 6.1 源模型 N_1

定义 6.3(简单对应与复杂对应) 已知 $N_1 = (P_1, T_1; F_1)$,$N_2 = (P_2, T_2; F_2)$,$T_1' \subset T_1$,$T_2' \subset T_2$。

(1) 若 $|T_1'| = |T_2'| = 1$,则称 T_1' 与 T_2' 为简单对应。

(2) 若 $|T_1'| : |T_2'| = m : n$,则称 T_1' 与 T_2' 为复杂对应。

简单对应意味着一个模型中的变迁与另一个模型中的变迁存在 1 对 1 的关系,例如,图 6.1 中的 A 对应着图 6.2 中的 A,即 $|T_1'| = |T_2'| = 1$。

复杂对应意味着将一个模型中的变迁在另一个模型中进行了细化或延伸,例如,图 6.1 中的 C_1、C_2 共同对应图 6.2 中的 C,即 $|T_1'| : |T_2'| = 2 : 1$。

定义 6.4(复杂对应的独立个体及元素合并) 已知 $N_1 = (P_1, T_1; F_1)$,$N_2 = $

$(P_2, T_2; F_2)$,T_1'、$T_1'' \subset T_1$,T_2'、$T_2'' \subset T_2$,$|T_1'| : |T_2'| = m : n$。

(1) 若 T_1' 与 T_1'' 在 T_2 中无相同的对应元,则 T_1' 与 T_1'' 称为网 N_1 中复杂对应的独立个体。

(2) 若 T_1' 与 T_1'' 在 T_2 中有相同的对应元 T_2'',则将 T_2'' 一分为二,依此类推,若 T_1' 中有 n 个变迁共享 T_2' 中的 m 个变迁,则将 T_2' 中 m 个变迁中的每一个共享变迁都拆分为 n 份,接着将 N_1 和 N_2 中语义相同的对应元进行合并,即为复杂对应的元素合并。

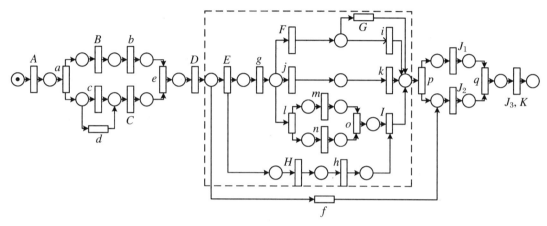

图 6.2　目标模型 N_2

定义 6.5(拟源模型)　已知 $N_1 = (P_1, T_1; F_1)$,$N_2 = (P_2, T_2; F_2)$,若 $\forall T_1' \subset T_1$,$T_2' \subset T_2$ 且 $|T_1'| : |T_2'| = m : n$,$b(N_1) \subset b(N_2)$,依据定义 6.4,将 N_1 中存在着相同复杂对应关系的变迁予以合并,即为拟源模型。

如图 6.3 所示,N_3 为 N_1 的拟源模型。

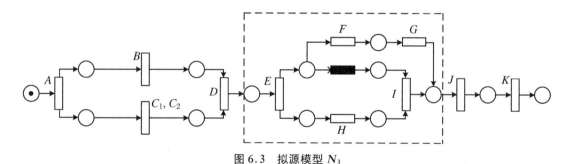

图 6.3　拟源模型 N_3

定义 6.6(行为继承)　已知 $N_1 = (P_1, T_1; F_1)$,$N_2 = (P_2, T_2; F_2)$,行为继承的目的是为了让一个模型适应另一个模型,为此,将那些无相互对应的变迁予以隐藏或阻塞。因此,行为继承包含两方面内容,即投影继承(隐藏)与协议继承(阻塞)。若 $\forall t_j \notin T_1$ 且 $t_j \in T_2$,投影继承(隐藏)是指忽视那些无对应元的变迁集,意味着将 t_j 看作是一个沉默变迁 τ;协议继承(阻塞)是指在确定两个模型相等性之前将某些多余的活动变迁以及库所和弧线予以删除。

通过行为继承这一方法的实施,将无对应元的变迁 t_j 予以隐藏或阻塞,使得两个模型满足行为相等性。通过阻塞某些变迁得到两个相等的模型 N_1 和 N_2,这一方法称为协议继承;通过隐藏某些变迁得到两个相等的模型 N_1 和 N_2,这一方法称为投影继承。通过定义协议继承和投影继承,对于确定两个模型的行为相等性具有很强的优势。

定义 6.7(拟目标模型) 已知 $N_1 = (P_1, T_1; F_1)$,$N_2 = (P_2, T_2; F_2)$,且 N_1 行为包含于 N_2,依据行为继承中协议继承的定义,将 N_2 中那些无对应元的变迁 $t_k, t_{k+1}, \cdots$ 以及多余库所、弧予以删除,同时将 N_2 中存在着相同复杂对应关系的变迁予以合并,此时构成的网即为拟目标模型。

如图 6.4 所示,N_4 为 N_2 的拟目标模型。

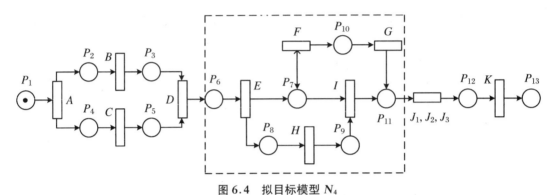

图 6.4 拟目标模型 N_4

6.2.2 变化域传播分析

业务流程建模的目的是为了灵活地适应变化的业务需求,建模过程中会出现一些模型存在迹等价和行为包含关系。已知源模型的变化域,利用变化域传播的特性以及行为继承的方法可以得到目标模型的变化域。为此,我们给出如下算法:

算法 6.1 基于投影继承的目标模型变化域的传播分析

输入:源模型 $N_1 = (P_1, T_1; F_1)$,目标模型 $N_2 = (P_2, T_2; F_2)$,$\text{trace}(N_1) \cong \text{trace}(N_2)$ 且 $b(N_1) \subset b(N_2)$,$T'_1 \subset T_1$,$T'_2 \subset T_2$,源模型的变化域为 X。

输出:目标模型的变化域 C_T。

(1) 已知源模型的变化域为 X,将源模型 N_1 和目标模型 N_2 进行对比分析,可得到目标模型的可疑区域 S_T,对应源模型中的区域为 S_s。

(2) 若 X 为源模型 N_1 的变化域,首先在 N_1 中可疑区域内找出与 X 存在严格序关系或拟严格序关系的变迁集 $S_1(X)$,然后在 N_1 中可疑区域内找出与 X 存在排他序关系或拟排他序关系的变迁集 $E_1(X)$,最后在 N_1 中可疑区域内再找出与 X 存在交叉序关系或拟交叉序关系的变迁集 $I_1(X)$。

(3) $\forall t_j \in T_2$ 且 $t_j \notin T_1$,投影继承(隐藏)的方法,指的是忽视那些无对应元的变迁集,意味着将 t_j 予以隐藏或将 t_j 看作是沉默变迁 τ。通过采取投影继承(隐藏)的方法,可以较准确地在 N_2 中找出 $S_1(X)$、$E_1(X)$、$I_1(X)$ 的对应元,分别记为 $S_2(X)$、$E_2(X)$、$I_2(X)$。

(4) 在 N_2 中的可疑区域内,首先找出所有与 $S_2(X)$ 存在严格序关系或拟严格序关系的变迁集,记为 $S[S_2(X)]$,然后找出所有与 $E_2(X)$ 存在排他序关系或拟排他序关系的变迁集,记为 $E[E_2(X)]$,最后找出所有与 $I_2(X)$ 存在交叉序关系或拟交叉序关系的变迁集,记为 $I[I_2(X)]$。

(5) 输出目标模型 N_2 的变化域 $C_T = S[S_2(X)] \cap E[E_2(X)] \cap I[I_2(X)]$。

算法 6.1 是通过投影继承(隐藏)的方法得出目标模型 N_2 的变化域的,下面给出的算法 6.2 则通过采取协议继承(阻塞)的方法得出目标模型 N_2 的变化域。

算法 6.2 基于协议继承的目标模型变化域的传播分析

输入:源模型 $N_1 = (P_1, T_1; F_1)$,目标模型 $N_2 = (P_2, T_2; F_2)$,$\text{trace}(N_1) \cong \text{trace}(N_2)$ 且 $b(N_1) \subset b(N_2)$,$T_1 + T_1^c = T_2$,源模型的变化域为 X。

输出:目标模型的变化域 C_T。

(1) 首先找出 N_2 在 N_1 中无对应元的变迁集,由其构成的集合记为 T_1^c,即 $T_1 + T_1^c = T_2$。

(2) 依据定义 6.3、定义 6.4 和定义 6.5,将 N_1 中含相同复杂对应的变迁集进行合并,合并后的网 N_3 为拟源模型。

(3) 依据定义 6.6 和定义 6.7,首先采取协议继承(阻塞)的方法,在确定 N_1 和 N_2 两个模型相等性时,将某些多余的活动变迁以及库所和弧线予以删除,即将 T_1^c 以及相关库所、弧线予以删除,然后将 N_2 中存在相同复杂对应的变迁集予以合并,组合后的模型即为 N_2 的拟目标模型,记为 N_4。

(4) 对比分析 N_1 和 N_3,由 N_1 中的变化域 X 可以得出 N_3 中相应的变化域 X_3。

(5) 将 N_3 中相应的变化域 X_3 向前推,得到 $\cdot(\cdot X_3)$,对应于 N_4 中的 $S[\cdot(\cdot X_3)]$;同理,将 N_3 中相应的变化域 X_3 向后推,得到 $(X_3\cdot)\cdot$,对应于 N_4 中的 $S[(X_3\cdot)\cdot]$,得 N_4 中的变化域范围为 $S[\cdot(\cdot X_3)] < X_4 < S[(X_3\cdot)\cdot]$。

(6) 依据步骤(4)以及 N_3 和 N_4 的行为轮廓关系,对比分析可在 N_4 中变化域范围内寻找出 N_4 的最终变化域所在的弧线 A_r。

(7) 将 N_2 与 N_4 进行比较分析,可得到 A_r 所对应的 N_2 中的区域,即为目标模型 N_2 的变化域 C_T。

通过对含相同复杂对应的变迁集进行合并以及采取协议继承(阻塞)的方法,可以得到 N_1 的拟源模型 N_3 以及 N_2 的拟目标模型 N_4,由 N_1 中的变化域可以直接推出 N_3 的变化域,进一步对 N_3 和 N_4 进行分析,即可确定目标模型 N_2 最终的变化域。

6.2.3 实例分析

结合图 6.1、图 6.2 以及算法 6.1,通过对源模型 N_1 的对比分析,可以得出目标模型 N_2 的可疑区域,相应地用虚线表示出来,对应 N_1 中的虚线区域。

通过采取投影继承(隐藏)的方法,得出在 N_1 中的可疑区域内,与变化域 X 存在严格序关系或拟严格序关系的变迁集 $S_1(X) = \{E, I\} = S_2(X)$,与变化域 X 存在排他序关系或拟排他序关系的变迁集 $E_1(X) = \{F, G\} = E_2(X)$,与变化域 X 存在交叉序关系或拟交叉序关系的变迁集 $I_1(X) = \{H\} = I_2(X)$。

接着,分析在网 N_2 中可疑区域内,与 $S_2(X) = \{E, I\}$ 存在严格序关系或拟严格序关系的变迁集为 $\{H, h, g, l, m, n, o\}$,简记为 $S[S_2(X)]$;与 $E_2(X) = \{F, G\}$ 存在排他序关系或拟排他序关系的变迁集为 $\{j, k, l, m, n, o, I\}$,简记为 $E[E_2(X)]$;与 $I_2(X) = \{H\}$ 存在交叉序关系或拟交叉序关系的变迁集为 $\{g, l, m, n, o\}$,简记为 $I[I_2(X)]$。

所以基于投影继承的目标模型的变化域为
$$C_T = S[S_2(X)] \cap E[E_2(X)] \cap I[I_2(X)]$$

$$= \{H,h,g,l,m,n,o\} \bigcap \{j,k,l,m,n,o,I\} \bigcap \{g,l,m,n,o\}$$
$$= \{l,m,n,o\}$$

结合图 6.1、图 6.2、定义 6.4、定义 6.6 和算法 6.2，通过对含相同复杂对应的变迁集进行合并以及采取协议继承（阻塞）的方法，可以得出拟源模型 N_3 和拟目标模型 N_4，如图 6.3 和图 6.4 所示，依据 N_1 中的变化域 X，可以得出 N_3 中相应的变化域 X_3，将 N_3 中相应的变化域 X_3 向前推，得到变迁 E，向后推则得到变迁 I，对应 N_4 中的 E 和 I，将图 6.3 和图 6.4 依据行为轮廓关系进行具体化分析，由 N_3 中相应的变化域 X_3 可知 N_4 的变化域所在的弧线为 $P_7 \mapsto I$，对应着目标模型 N_2 中的 $\{l,m,n,o\}$，此即为 N_2 的变化域。

由上可知，在本节中基于投影继承（隐藏）与协议继承（阻塞）所得到的变化域是相同的，而通过文献[17]中的方法所得到的变化域为 $\{g,l,m,n,o\}$，显然没有本节所得的变化域精确，由此说明了本节所给的方法具有一定的可行性与准确性。

6.3 基于配置和撤销状态的业务流程变化传播分析

变化传播在业务流程行为交互中是一个不容忽视又难以解决的问题。本节提出了一种基于配置和撤销状态的方法分析变化传播。首先采用基于模型变化类型和变化域的算法，对相关流程模型之间的过渡流程进行配置，得到配置的事件驱使流程链条网（configured event driven process chain，C-EPC），之后由转换规则推导出对应的 Petri 网。其次基于变迁系统最小域算法，引入撤销变迁分析研究推导 Petri 网中的撤销状态，得到优化后的最终 Petri 网。最后进行仿真实验，以此说明相关流程之间的变化传播可以被维护，并证明通过本节中的优化分析方法可以提高变化传播的分析效率。

6.3.1 引例

本节将某订票 APP 的网上订票付款系统作为引例。这个系统包含两个模型，分别是用户网上订票和软件系统管理。

图 6.5 中的 PM_1 和 PM_2 分别是某网上订票 APP 从用户订票和系统管理两个角度构建的业务流程模型。从图中可以看出两个流程模型相对应活动对之间有信息及变化传递。

在流程图中考虑三个基本的变化类型：增加、删减和替代。由图 6.6 可以看出，依靠这三种变化类型，当业务流程 PM_1 发生变化时，它会同时传播到自身以及从另一个视角出发的相关流程 PM_2。现已有一些基于变化类型来传播变化的不同算法。

图 6.7 所示的两个相关流程模型之间变化传播的基本流程图只是表现变化是如何从一个模型传播到另一个模型的一个粗略过渡流程图。为了进一步将模型中的信息更好地传递给利益相关者同时尽力满足其特定要求，本节将同时考虑配置和撤销状态对变化传播进行优化分析，并对初始流程、配置流程和配置及撤销优化的流程中涉及的关键数据进行实验对比，验证本节的方法是否对变化传播有优化效果。

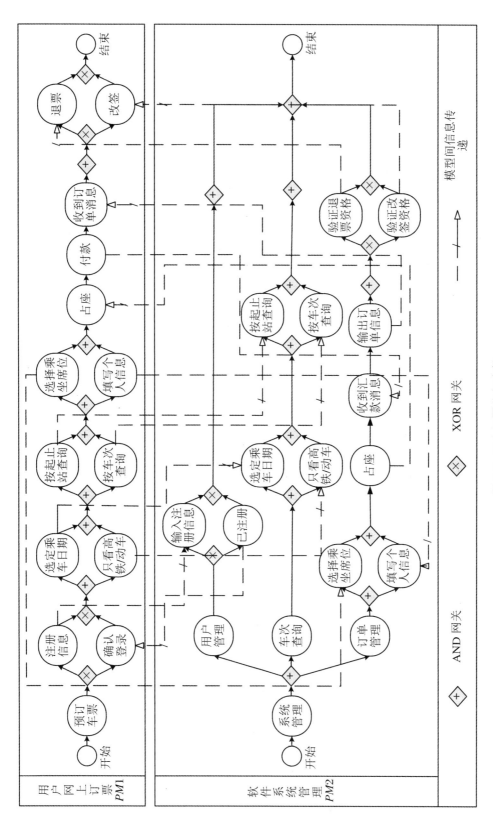

图 6.5 网上订票业务流程

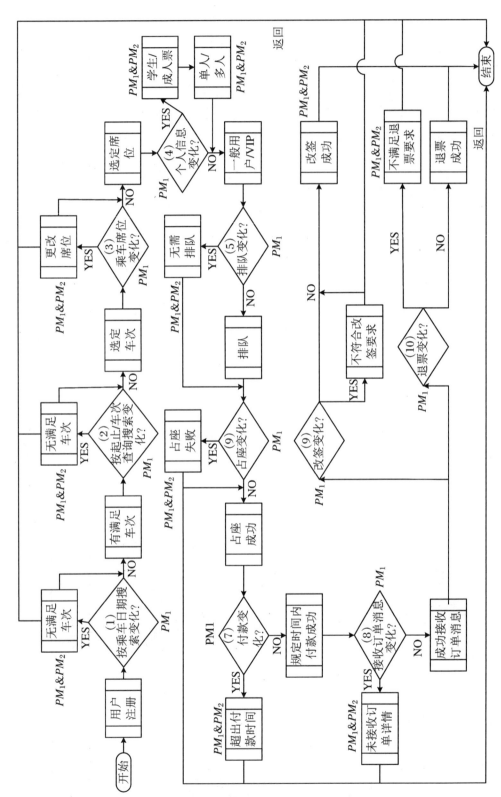

图 6.6 相关流程之间变化传播的基本流程图

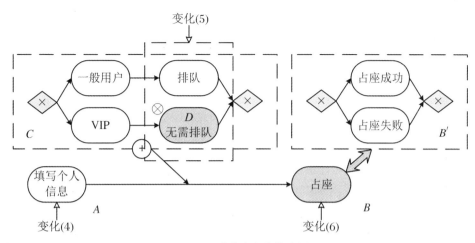

图 6.7 过渡流程变化实例

6.3.2 基本概念

本节最初将使用一个流程建模语言的形式化即流程模型定义(见定义 1.5)来捕捉模型的事件、函数关系、发生路径等。为了确定流程冲突区域并很好地解决它,需要引入域和变化域的定义。

定义 6.8(域) 给定一个过渡流程 $PM' = (A', G', N', F', s', e', t')$,一个流程 $PM = (A, G, N, F, s, e, t)$,若 PM' 中有域 $R(a)$,则两者之间有映射 $h: PM' \mapsto PM$ 且 $\forall a \in A$,都有 $R(a) = \{a' \in A' \mid h(a') = a\}$。

定义 6.9(变化域)[18] $\forall a \in A$,包含活动 a 的变化域 $CR(a)$ 可以表示为:$CR(a) = \bigcup_{a \in A} R(a)$,其中在映射 h_{old} 条件下,$R(a) = R_{\text{old}}$,在映射 h_{new} 条件下,$R(a) = R_{\text{new}}$,即有

$$CR(a) = \begin{cases} R_{\text{old}}(a), & a \text{ 保持不变} \\ R_{\text{new}}(a), & a \text{ 发生变化} \\ R_{\text{old}}(a) \bigcup R_{\text{new}}(a), & a \text{ 前后活动变化情形} \end{cases}$$

如图 6.6 所示,$R_{\text{old}}(a) = \{$选定席位$\}$,$R_{\text{new}}(a) = \{$更改席位$\}$,$R_{\text{old}} \bigcup R_{\text{new}} = \{$选择乘车席位$\}$。

由此又产生了一个"什么是变化"的新问题。为了展现出变化,我们将考虑三个基本的变化类型:增加(Add)、删减(Delete)和替代(Replace)。

定义 6.10(变化类型)[19] 定义变化类型:
ChangePattern: = Add(Fragment, pred, succ) |
　　　　　　　　Delete(Fragment) |
　　　　　　　　Replace(oldFragment, newFragment)

这样一个基于变化类型的流程模型以及 C-EPC 是通过参照共同表达式转换成 Petri 网的形式(见定义 1.1)给定的。

定义 6.11(撤销状态)[20] $TS = (S, E, T, s_{\text{in}})$ 为一个变迁系统,一个状态 $s_C \in S$ 是一个撤销状态当且仅当以下条件成立:

(1) $\forall e \in E$ s.t. $(\xrightarrow{e} s_C)$，有($\forall s \in S:[\xrightarrow{e} s, s = s_C])$。

(2) $\forall e \in E$ s.t. $s_C \xrightarrow{e}$，有($\forall s \in S:[s \xrightarrow{e}, s = s_C])$；

$\forall e \in E$ s.t. $\xrightarrow{e} s_C$，有($\exists s_1, s_2 \in S:[((s_1 \xrightarrow{e} s),(s_2 \xrightarrow{e} s) \in T \wedge (s_1 \neq s_2))])$。

(3) $\exists e:[s_C \xrightarrow{e}], \forall e':[s_C \xrightarrow{e'}], e = e'$。

撤销状态的集合称为撤销状态集，用 $CS(s_C)$ 表示。

定义 6.12(捕捉事件)[20] $TS = (S, E, T, s_{in})$ 为一个变迁系统，一个事件 e_c 是一个捕捉事件，对于 $CS(e_c)$ 是一个捕捉事件集当且仅当 $s_C \xrightarrow{e}$，其中撤销状态 $s_C \in S$。

定义 6.13(失败事件)[20] $TS = (S, E, T, s_{in})$ 为一个变迁系统，一个状态 $s_C \in S$ 是一个撤销状态，e_f 是一个失败事件，则 $CS(e_f)$ 是一个失败事件集当且仅当 $\forall s \in S: s \xrightarrow{e} s_C$。

定义 6.14(最小域)[21] $TS = (S, E, T, s_{in})$ 为一个变迁系统，S 的子集 S' 是最小域当且仅当 $\forall s \in S, s \in CS(S_C)$；$\forall e \in E, e \in CS(e_c)$ 或 $e \in CS(e_f)$。

基于变迁系统的撤销状态、捕捉事件、失败事件和最小域，本节对转换后的 Petri 网进行了撤销优化。而基于模块的 Petri 网对于计算变化的传播途径和优化效率也是一个有效方法。

定义 6.15(模块)[22] 设 M 是一个模块，因网关必须成对出现，若 $\forall a_i, a_j \in [\{G'_{AND}, G''_{AND}\}$ 或 $\{G'_{XOR}, G''_{XOR}\}]$，则 $M = \{G'_{AND,XOR}, \cdots, a_i, \cdots a_j, \cdots, G''_{AND,XOR}\}$。

6.3.3 基于变化类型和变化域的配置

一个可配置的模型能在业务进程库中捕捉到一系列的相关流程模型，这样的模型会通过配置来满足企业、项目或用户的指定需求，最终这些具有特色的流程模型会被特定的领域专家和学者们经常利用到[8]。本节将相关流程模型之间的过渡模型通过一种以变化类型和变化域为基础的算法进行配置而转换成可配置的事件驱使流程链条网即 C-EPC，在这里，EPC 对于本节的业务流程建模是一种极易理解的语言，且 EPC 特有的连接点分类能更好地表现出业务流程的网关集。但是由于 C-EPC 没有特定的执行语义，故我们需要把它一一对应地推导成相应的 Petri 网形式。

算法 6.3 基于变化类型和变化域的配置

输入：PM_1, PM_2, BP, CP, CR。

输出：可配置的 EPC 即 $C-EPC$。

(1) $PM = (A, G, N, F, s, e, t)$，$CP = \{\text{delete, insert, replace}\}$，$CR = \{R_{\text{del}}(a), R_{\text{in}}(a), R_{\text{re}}(a)\}$，$\Gamma = (E, F, C, l, A, F^c, C^c)$，限制条件为 (CP, CR)。

(2) 若 $CR = \text{OFF}, C-EPC = \text{OFF}$。

(3) 若 $CR = \text{ON}, C-EPC$ 存在。

(4) $a_i \to a_j, A = E \cup F, C_{EF}, C_{FE} \subseteq C, e_i \to f_j^c, f_i^c \to e_j, s \mapsto e_s, t \mapsto e_t$。

(5) 若 $G_i = \text{XOR}, C_i^c \to (\text{splitXOR, jionXOR})$。

(6) 若 $|\cdot C| = 1 \wedge |C \cdot| > 1, C_i^c = (\text{splitXOR})$。

(7) 若 $|\cdot C| > 1 \wedge |C \cdot| = 1, C_i^c = (\text{jionXOR})$。

(8) 若 $G_i = \text{AND}, C_i^c \to (\text{splitAND, jionAND})$。

(9) 若 $|\cdot C|=1 \wedge |C\cdot|>1, C_i^C=$ (splitAND)。
(10) 若 $|\cdot C|>1 \wedge |C\cdot|=1, C_i^C=$ (jionAND)。
(11) 若 $\Gamma'=\Gamma \backslash R_{del} \backslash R_{re}$，重复步骤(4)~(10)。
(12) 若 $\Gamma'=R_{del}, a_i \in A, f_i^C \in F^C, a_i=a_{del}, a_i \mapsto f_i^C, f_i^C \to$ function(hide)，$e_i \to f_h \to e_{i+1}$。
(13) 若 $\Gamma'=R_{re}$，如果 $a_{YES} \to a_{NO}, f_{YES}^C \to e_i \to f_{NO}^C$；如果 $a_{YES} \not\to a_{NO}, a_{YES} \to a_t, f_i^C \to$ function(block)，$f_{YES}^C \to e_i \to f_b \to e_{i+1} \to f_{NO}^C$。

基于所提供的三种变化类型和可能发生变化的变化区域，我们首先要从两个相关业务流程之间变化传播的基本流程图出发，将两个相关业务流程的过渡流程转换为可配置的 EPC 即 C-EPC(见算法 6.3)。

定义 6.16(EPC)[23]　设 $\gamma=(E,F,C,l,A)$ 为一个 EPC，则：
(1) $\forall_{n \in E \cup F \cup C} \cdot n=\{x \in E \cup F \cup C | (x,n) \in A\}$ 是 n 的前集；
(2) $\forall_{n \in E \cup F \cup C} n \cdot = \{x \in E \cup F \cup C | (n,x) \in A\}$ 是 n 的后集；
(3) $p=\langle n_1,n_2,\cdots,n_k \rangle$ 是一条路径，如 $(n_i,n_{i+1}) \in A$，其中 $1 \leqslant j < k$；
(4) $C_{AND}=\{c \in C | l(c)=AND\}$ 是 AND 连接点集；
(5) $C_{XOR}=\{c \in C | l(c)=XOR\}$ 是 XOR 连接点集；
(6) $C_S=\{c \in C | |\cdot c|=1 \wedge |c\cdot|>1\}$ 是分离连接点集；
(7) $C_J=\{c \in C | |\cdot c|>1 \wedge |c\cdot|=1\}$ 是合并连接点集；
(8) $C_{EF} \subseteq C$，如 $c \in C_{EF}$ 当且仅当存在一条路径 $p=\langle n_1,n_3,\cdots,n_{k-1},n_k \rangle$，使得 $n_1 \in E, n_2,\cdots,n_{k-1} \in C, n_k \in F$ 是事件与函数之间的连接点集；
(9) $C_{FE} \subseteq C$，如 $c \in C_{FE}$ 当且仅当存在一条路径 $p=\langle n_1,n_3,\cdots,n_{k-1},n_k \rangle$，使得 $n_1 \in F, n_2,\cdots,n_{k-1} \in C, n_k \in E$ 是函数与事件之间的连接点集。

定义 6.17(C-EPC)[23]　满足下列三个条件的七元组 $\Gamma=(E,F,C,l,A,F^C,C^C)$ 是 C-EPC：
(1) (E,P,C,l,A) 是一个 EPC；
(2) $F^C \subseteq F$ 是可配置的函数集；
(3) $C^C \subseteq C_{AND} \cup C_{XOR}$ 是可配置的连接点集。

图 6.8 即为前面过渡流程转换的 C-EPC。由于没有 C-EPC 关于执行语义的标准定义，本节需从 C-EPC 中推导得出 Petri 网表现配置的过渡流程执行语义。图 6.9 即为 C-EPC 对应的 Petri 网的库所、变迁以及流关系。它们的对应情形如下所示：

$\forall e_1,e_2 \in E, f_1,f_2 \in F, s_{1,2},s_{i,j} \in S, t_{1,2},t_{i,j} \in T$，有 $e_{1,2} \mapsto s_{1,2}, f_{1,2} \mapsto t_{1,2}$，则：
(1) 若 $c \in C_{EF} \cap C_J \cap C_{AND}$，有 $s_1+s_2, s_1 \to t_1, s_2 \to t_1$；
(2) 若 $c \in C_{FE} \cap C_J \cap C_{AND}$，有 $t_1+t_2, t_1 \to s_i \to t_j \to s_1, t_2 \to s_{i+1} \to t_j \to s_1$；
(3) 若 $c \in C_{EF} \cap C_J \cap C_{XOR}$，有 $s_1+s_2, s_1 \to t_i \to s_j \to t_1, s_2 \to t_{i+1} \to s_j \to t_1$；
(4) 若 $c \in C_{FE} \cap C_J \cap C_{XOR}$，有 $t_1+t_2, t_1 \to s_1, t_2 \to s_1$；
(5) 若 $c \in C_{EF} \cap C_S \cap C_{AND}$，有 $t_1+t_2, s_1 \to t_i \to s_j \to t_1, s_1 \to t_i \to s_{j+1} \to t_2$；
(6) 若 $c \in C_{FE} \cap C_S \cap C_{AND}$，有 $s_1+s_2, t_1 \to s_1, t_1 \to s_2$；
(7) 若 $c \in C_{EF} \cap C_S \cap C_{XOR}$，有 $t_1+t_2, s_1 \to t_1, s_1 \to t_2$；
(8) 若 $c \in C_{FE} \cap C_S \cap C_{XOR}$，有 $s_1+s_2, t_1 \to s_i \to t_j \to s_1, t_1 \to s_i \to t_{j+1} \to s_2$；
(9) 若 $c \in C_{FEF}$，有 $t_1 \to s_1 \to t_2$；

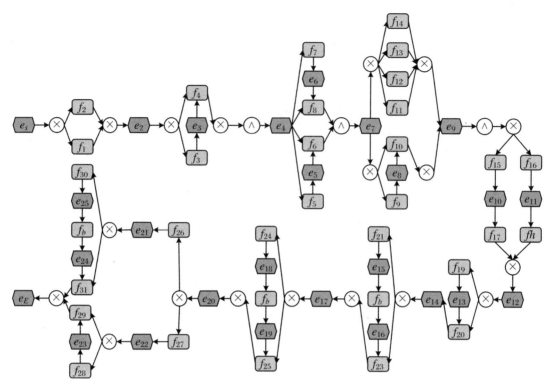

图 6.8 转换后的 C-EPC

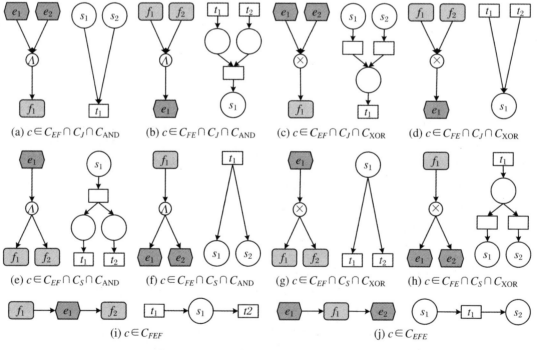

图 6.9 C-EPC 对应 Petri 网的库所、变迁、弧

(10) 若 $c \in C_{EFE}$，有 $s_1 \rightarrow t_1 \rightarrow s_2$。

由此转换规则可以得到从 C-EPC 推导出的过渡流程的 Petri 网，通过此算法配置出的变迁在图中用灰色表示，如图 6.10 所示。

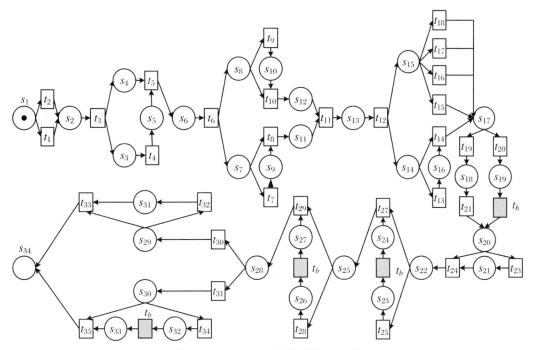

图 6.10 由 C-EPC 推导出的 Petri 网

6.3.4 基于最小域的撤销优化

上一部分中推导出的经过配置的 Petri 网已满足了网上订票用户和软件平台管理两方面的指定需求，但是仍有一个问题没有被解决，即无法在进程途中进行返回操作，这使得此 Petri 网仍旧无法完全符合利益相关者的某些特定需求。例如，用户在使用软件时会发现在中间步骤中意图放弃时没有取消操作，导致其无法返回进行重新操作。本节会在过渡流程 C-EPC 推导出的 Petri 网中讨论撤销状态并引入撤销变迁进行优化，具体使用的是文献 [20] 中的方法，即基于变化最小域的变迁系统构建出一个 Petri 网结构。

定义 6.18(变迁系统)[20] 一个变迁系统(TS)是一个四元组，$TS = (S, E, T, s_{in})$，其中 S 是一个有限非空状态集，E 是一个有限时间集，$T \subset S \times E \times S$ 是一个变迁关系，s_{in} 是一个初始状态。T 的元素称为变迁，并被表示为 $s \xrightarrow{e_1} s'$。一个状态从初始状态是可达的当且仅当从 s 到 s' 存在一个可能的变迁空序列 ($s \xrightarrow{*} s'$)。每个 TS 都需要满足以下基本要求：

(1) 无自循环：$\forall (s \xrightarrow{e} s') \in T : s \neq s'$。

(2) 一对状态之间无多重流关系：$\forall (s \xrightarrow{e_1} s_1), (s \xrightarrow{e_2} s_2) \in T : [s_1 = s_2, e_1 = e_2]$。

(3) 每个事件都会使能发生：$\forall e \in E : \exists (s \xrightarrow{e} s') \in T$。

(4) 每个状态从初始状态都是可达的：$\forall s \in S : s_{in} \xrightarrow{*} s$。

上一部分经过配置的 Petri 网按定义 6.18 生成的网上订票变迁系统如图 6.11 所示。其中,库所到库所之间的文字表示系统中发生的事件,深色库所即为撤销状态集。本节将以变迁系统、撤销状态(集)、捕捉事件(集)、失败事件(集)为输入,以最小域为限制条件,提出一个基于变迁系统最小域输出撤销变迁的算法,形式化为算法 6.4。

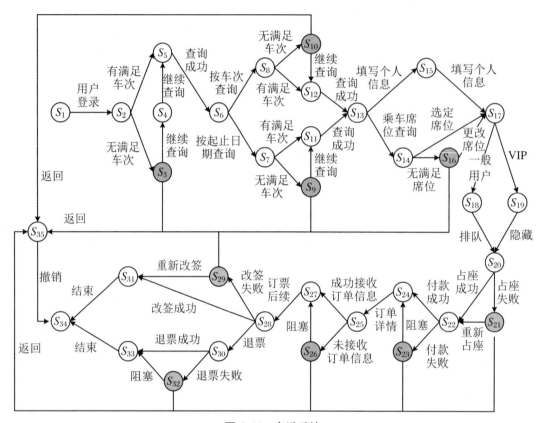

图 6.11 变迁系统

算法 6.4 基于最小域的撤销优化算法

输入:$TS, CS(s_C), e_c, e_f, CS(e_c), CS(e_f), MR$。

输出:$t_C, CS(t_C)$。

(1) 变迁系统 $TS = (S, E, T, s_{in})$,$CS(s_C)$ 是撤销状态集,$e_c(CS(e_c))$ 是一个捕捉事件(集),$e_f(CS(e_f))$ 是一个失败事件(集)。限制条件为最小域 MR。

(2) 若 $CS(s_C) = \varnothing$,$t_C, (CS(t_C)) = \varnothing$。

(3) 若 $CS(s_C) \neq \varnothing$,$t_C, (CS(t_C)) \neq \varnothing$。

(4) 若 $s \in CS(s_C)$,$s^{\cdot} = \{返回\} = CS(e_{f_i})$,$CS(e_{c_i}) = \{撤销\}$,$[CS(e_{f_i})]^{\cdot} = CS(t_{C_i}) = {}^{\cdot}[CS(e_{c_i})]$。

(5) 若 $s \in CS(s_C)$,$s^{\cdot} = \{返回\} = e_f$,$e_c = \{撤销\}$,$e_f^{\cdot} = t_C = {}^{\cdot}e_c$。

由图 6.11 可得出变迁系统的捕捉事件 $e_c = \{撤销\}$,失败事件 $e_f = \{返回\}$,撤销状态集 $CS(s_C) = \{s_3, s_9, s_{10}, s_{16}, s_{21}, s_{23}, s_{26}, s_{32}\}$,最小域 $MR = (S_C, E_c, E_f, T, s_{in})$。而由算法 6.4 最终可以得到一个撤销变迁 t_C,使得 $S_C^{\cdot} = t_C = s_e^{\cdot}$。最后经过配置和分析撤销状态可以得到一个最终 Petri 网,如图 6.12 所示,图中灰色变迁即为过渡流程经过配置和分析撤销状态的结果变迁。

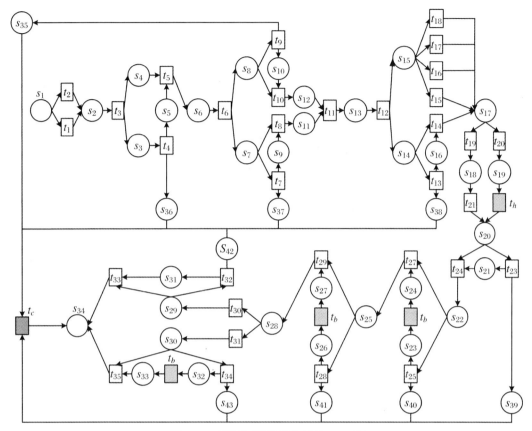

图 6.12 配置及撤销优化后的 Petri 网

6.3.5 仿真分析

原始模型和抽象模型的一致性决定了变化是否能在两个相关流程模型之间传播。一致性意味着一个流程模型的实现和完成将与它所观察到的行为一致[17]。也就是配置及撤销优化的 Petri 网的实现需满足两个相关流程模型的过渡流程中定义的约束条件。在我们变化传播维护的方法中，配置及撤销优化的 Petri 网通过三种变化类型被过渡流程抽象。过渡流程的增加、删减和替代都会被转换成配置和撤销优化的 Petri 网的一个增加、删减和替代片段，其中替代片段实质上可以看成是删减片段与增加片段的结合。由文献[23]可以得知这样的一个抽象会保持原始模型和抽象模型的一致性，故本节中经过配置和撤销状态分析的抽象并不会影响原始模型（过渡流程）与抽象模型（配置和撤销优化的 Petri 网）之间的一致性。在这里，模型之间的一致性可以视为本节方法分析的约束条件，即一致性约束条件将作为仿真实验分析的先决条件引出预后处理。

基于模块的模型绘制有利于人们理解模型的变化类型，对于变化传播途径的展现和优化效率的计算也是一个有效的方法。模块和模块之间的流关系即为模型的流关系，模块的种类包含了此模块中的变化类型。基于模块，我们将对文献[24]方法所得模型、文献[23]方法所得模型、本文中经过配置和撤销状态分析的模型所对应的结构和关键数据进行对比实验。它们的模块、流关系以及模块所包含的变化种类如图 6.13 所示。

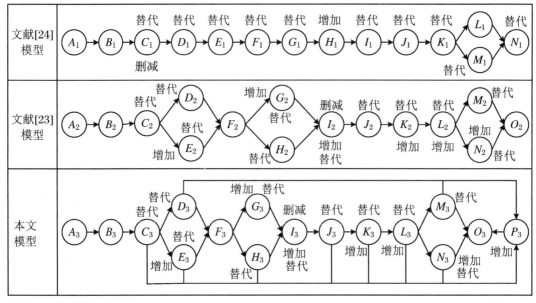

图 6.13 不同文献方法基于模块的模型及模块包含变化种类

由图 6.13 中的变化类型可以得知替代变化实质上就是删减流程片段 $A \to B \to C$ 中的 B，之后再由活动之间的关系增加 B_1 和 B_2 以及网关、流关系。这一部分将根据文献[23]提出的一个基于模块的删减和增加变化类型计算模型变化传播的算法，形式化为算法 6.5。

算法 6.5 基于模块变化类型的变化传播算法

输入：过渡流程 PM。

输出：经过配置和撤销优化的 Petri 网。

1. $BM \to BM'$
2. $\text{Activity}(M) \to A$
3. For $(a, M) \in A$ do
4.   If 满足 $(M, \Sigma, \Phi \cup \varphi_{(a,M)}, I)$，$I$ 是一个满足例子
5.   For $(a', M') \in A$ do
6.   If a' 是 BM 且不存在 (M', I)
7. $A \setminus \{(a', M')\} \to A$
8.   Endif
9.   Endfor
10.   Else
11.   从 BM' 的 M 中移除 a
12.   Endif
13. $A \setminus \{(a, M)\} \to A$
14. Endfor
15. Return BM'
16. If $\Phi \cup \{\neg \Phi_{(a,M)} \mid (a, M) \in NEW\}$
17.   Return $M \cup \{(a, M) \mid \varphi_{(a,M)} \in \Phi_{(a,M)}\} \to BM'$
18. Endif

变化传播反映了一个模型的一个或多个模块生成的变化会导致另一个相关模型的相应组成部分产生继发性变化。为了评估变化传播的效果,我们首先引入了传播变化活动的可能性定义。传播变化活动的可能性 $CP=[cp_{ij}]$ 描述了多个模型中,一个模型的模块生成了一个变化,这个变化传播到另一个相关结构相应模块的条件可能性。下面我们将介绍基于元素 cp_{ij} 评估变化传播 CP 的传播变化活动的可能性含义。

所谓传播变化活动的可能性[23],是指给定一个基本模型 BM 中的模块 M_i 和 M_j,$\forall a_i \in M_i, a_j \in M_j$,$cp_{ij} = \Pr((([M_i] \neq [M_i']) \mid ([M_j] \neq [M_j']) \wedge ([BM] = [BM']) \wedge (a_i \neq a_j))$。其中 $[X]$ 代表模块 M 和基本模型 BM 的功能性,BM' 则是基本模型 BM 通过将 M_i 改变成 M_i' 而获得的一个新的模型。因为很难对其进行直接比较,故这一部分将引入变化传播系数(CPC)来捕捉传播变化活动可能性标量的信息,它是一个能反映结构将它的模块与变化隔离开的可能性标量,变化传播系数[22]用以下公式表示:

$$CPC = \frac{\sum_i \sum_{j \neq i} cp_{ij}}{N^2 - N}$$

在上面的公式中,N 代表了各个阶段模型包含的模块数量。一个模型的 CPC 值若是过低,表明这个模型的变化传递到与其相关的模型对应模块中所显示的优化度不高。CPC 值越高,说明变化传播的分析优化效率越高,变化传播也能更好地被维护。之后将利用其他方法推出的模型即文献[24]方法所得模型、文献[23]方法所得模型与本节方法经过配置和撤销状态分析的模型作为案例进行对比实验,验证本节分析方法是否对相关模型之间的变化传播有优化作用,结果如表 6.1 所示。

表 6.1 不同方法模型变化传播分析比较

	文献[24]方法	文献[23]方法	本节方法
活动总个数	36	71	81
删减活动个数	10	12	12
增加活动个数	22	50	60
变化活动总个数	32	62	72
模块数量	14	15	16
CP	0.88	0.87	0.89
CPC	17.58%	29.52%	30.00%

表 6.1 给出了对于变化传播分析,三种方法推出的模型所包含的活动总个数、删减活动个数、增加活动个数、变化活动总个数、模块数量和 CPC 值。由表中数据可以看出,不同方法模型的变化活动总个数在活动总个数中都占了很大比例,这说明三个模型结构中都有多个变化产生。文献[23]方法相对于文献[24]方法,模型删减和增加活动的个数都有所上涨,这表明配置是基于删减、增加和替代变化进行的。本节方法模型删减活动没有变化而增加活动变多了,说明基于变迁系统最小域的撤销优化是通过增加变化来实现的。模块数量和 CP 值没有太大浮动,意味着从模块角度出发,不同方法所得模型的变化传播可能性保持不变,也就是变化传播基于本节方法仍可以被维护。文献[24]和文献[23]方法中的 CPC 值分别为 17.58% 和 29.52%,本节方法与两者相比分别提升了 12.42% 和 0.48%。这说明本节在文献[24]和文献[23]的基础上改进配置,添加撤销状态的方法确实优化了

相关模型之间的变化传播,不仅维护了变化传播,还提高了变化传播的分析优化效率,优化了模型结构。

6.4 基于融合网的业务流程变化传播优劣性分析

过去的业务流程变化传播都是在单一的一个网或者是相关的控制流网的环境下分析优化的,却并未考虑到多个网、多个初始标识、控制流网与数据流网结合的情形。本节基于对应关系、匹配集、边界集提出一个将控制流网和数据流网形成一个多网合并、存在一个或多个初始标识的融合网的合并算法,并对其进行反复分析、配置和优化。6.3 节已从配置和撤销状态的角度对业务流程网进行了一个简单的优化,那么下面我们就来具体看看基于配置和撤销优化的融合网相比于同样优化后的单一网在变化传播上有哪些优点和缺点。

6.4.1 融合网的生成

控制流网(见定义 1.12)也称作控制流程图,是一个过程或程序的抽象表现。由 Frances E. Allen 发现的控制流网是一个用在编译器中的抽象数据结构,并由编译器在内部维护。它用图的形式表示了一个程序在执行过程中可能通过的所有路径,对于许多编译器优化和静态分析是必不可少的工具。大部分流程挖掘、流程分析等领域使用的都是这种图形化模式的控制流网。

控制流 Petri 网一般需要遵守以下 5 种基本模式:

(1) 序列。序列就是由一系列库所和变迁形成的 $a<b<c<\cdots$ 形式的简单路径。

(2) 平行 AND 网关。所谓平行是指活动通过 AND Split 网关所连接的两个序列是并列的,表明 token 既要行驶上一条路径,又要行驶下一条路径,最后再由 AND Join 网关合流。

(3) 排它 OR 网关。OR 网关是一种隐式网关,排它是指 token 不确定行驶具体哪条路径,执行哪个活动,故通过 OR Split 网关将其分流,按照符合条件执行活动,最后再由 OR Split 网关将两者合流。

(4) 简单合成。简单合成即在平行 AND 网关和排它 OR 网关模式中,在分流-合流的活动中添加一些其他的活动形成一条路径。

(5) 循环。所谓循环是指某一段序列可以通过一条或多条流关系被多次触发而导致其循环往复地发生。

如图 6.14 所示,(a)、(b)、(c)、(d)、(e) 分别给出了五种控制流 Petri 网的基本模式。

数据流网是基于 Petri 网定义发展基本成熟的形式化流网。与用于描述系统内数据流逻辑流向和逻辑变换过程的 Data-flow Diagram 不同,本文的数据流网(Data Flow Net)亦即数据流程图,通常用于描述业务流程或业务规则的详细逻辑,强调"流程",也表明在绘制的过程中会对许多分支进行数据判断。而本文涉及的数据流网实质上就是操纵大量复杂数据,拥有反映控制流结构的携带数据属性的控制流网,并没有 Data-flow Diagram 中所包含的输入数据、内部逻辑操作、输出数据等复杂多变的数据变化,仅仅是含有一定数据并以此继续研究而已。数据流常常在练习、实例甚至生活中遇到,比如在生物信息学实验中,相关系统会处理物理、化学或其他学科中所收集到的数据,生活中也会时时更新大量数据供学者收集、分析。

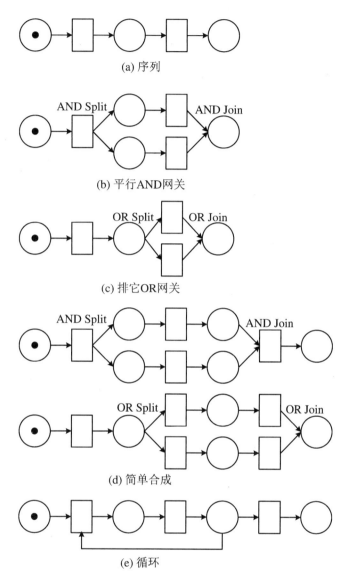

图 6.14 控制流 Petri 网的基本模式

因为本文的数据流网(见定义 1.13)只是在控制流网的基础上在某些特定的变迁集中添加数据约束,即为"满足/不满足某一特定数据",故其定义和所必须要服从的基本模式与控制流网有异曲同工之处。

如图 6.15 所示,(a)、(b)、(c)、(d)、(e)分别给出了五种数据流 Petri 网的基本模式。

定义 6.19(匹配集) 两个业务流程网 $BPN_1 = (S_1, T_1; F_1)$,$BPN_2 = (S_2, T_2; F_2)$,赋予它们一个匹配关系 M,对于以下三种匹配情形:

(1) 匹配库所集 $I_1 \in P_1, I_2 \in P_2$;

(2) 匹配变迁集 $I_1 \in T_1, I_2 \in T_2$;

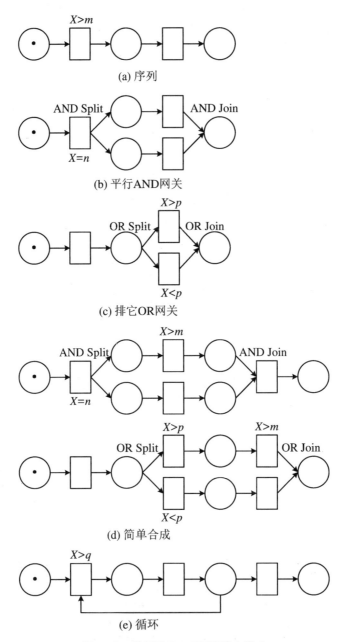

图 6.15 数据流 Petri 网的基本模式

(3) 匹配区域集 $I_1 \in R_1, I_2 \in R_2$,

如果 $\forall p, t, r \in I_2$, 都有 $M(p) = p'$, $M(t) = t'$, $M(r) = r'$, 则称 I_1 根据关系 M 与 I_2 匹配, 记作 $M(I_1) = I_2$。

定义 6.20(最大匹配集) 令 I 为两个网具有匹配关系的库所、变迁、区域组, 相对应 I 的一个最大匹配集 I_M 都需经由以下三个步骤得出:

(1) 将库所 p/变迁 t/区域 r 加入到 I_M, 若 $p/t/r \in I$, r 的前驱活动为 x, 后继活动为 y;

(2) 将变迁 t/库所 p/x/y 加入到 I_M, 若 $t^{\cdot}/s^{\cdot}/y \in I \wedge {}^{\cdot}t/{}^{\cdot}s/x \in I$;

(3) 把流关系$(s,t)/(t,s)/(x_1,x_2)/(y_1,y_2)$加入到$I_M$,若$t/s/x_1/x_2/y_1/y_2\in I_M$。

定义 6.21(边界集)[26] p,t,x是I的前边界库所、变迁、r区域活动,当且仅当$\exists p,t,r\in I_M$使得$t\in \cdot p, p\in \cdot t, x\in \cdot r$且$t\cdot,p\cdot,x\cdot \not\subset I_M$;$p,t,y$是$I$的后边界库所、变迁、$r$区域活动,当且仅当$\exists p,t,r\in I_M$,使得$t\in p\cdot, p\in t\cdot, x\in r\cdot$且$\cdot t, \cdot p, \cdot x\not\subset I_M$。

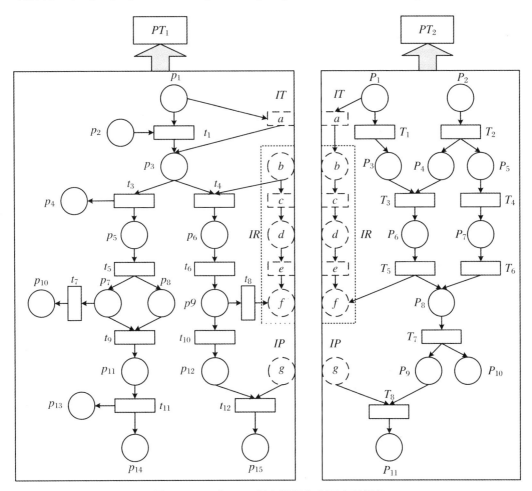

图 6.16 两个 Petri 网之间行为交互实现框架

图 6.16 显示了两个 Petri 网 PT_1 和 PT_2 之间,根据定义 6.19 分别得出它们的交互匹配变迁集 $I_T=\{a\}$、包含发生序列的交互匹配区域集 $I_R=\{b\succ c\succ d\succ e\succ f\}$、交互匹配库所集 $I_P=\{g\}$,通过三种边界行为实现行为交互的框架。而现有的行为交互一般都是通过这三种方式中的单一一种或两种配合构造实施的。

定义 6.22(简单对应、复杂对应)[27]   已知 $N_1=(P_1,T_1,F_1),N_2=(P_2,T_2,F_2),T'_1\subset T_1,T'_2\subset T_2$。

(1) 若$|T'_1|=|T'_2|=1$,则称 T'_1 与 T'_2 为简单对应关系;

(2) 若$|T'_1|:|T'_2|=m:n$,则称 T'_1 与 T'_2 为复杂对应关系。

定义 6.23(标识)[17]   标识反映了一个映射 $M:P\to Z=\{0,1,2,\cdots\}$,其中网中的初始标识记为$M_0$,所有拥有标识的 Petri 网 $\Omega=(P,T;F,M)$ 中所含的变迁都将服从以下发生规则:

(1) 若 $\forall p \in P, p \in {}^{\cdot}t \to M(p) \geqslant 1$，则变迁 $t \in T$ 在标识 M 下可以发生，用 $M[t>$ 表示。

(2) 若变迁 $t \in T$ 在标识 M 下可以发生，那么将会产生一个新的标识 M'，也就是 $M[t>M'$，则标识将满足以下三种发生情形：

① 若 $p \in t^{\cdot} - {}^{\cdot}t$，则 $M'(p) = M(p) + 1$；

② 若 $p \in {}^{\cdot}t - t^{\cdot}$，则 $M'(p) = M(p) - 1$；

③ 若 $p \notin t^{\cdot} - {}^{\cdot}t \wedge p \notin {}^{\cdot}t - t^{\cdot}$，则 $M'(p) = M(p)$。

本节将两个相关的控制流网和数据流网合并成融合网的算法就是依据最大匹配集、边界集、简单对应、复杂对应这几个定义实现的，具体算法如下所示。

算法 6.6　融合网的生成

输入：控制流网 $CN = (P^C, T^C; F^C)$，数据流网 $DN = (P^D, T^D; F^D)$。

输出：融合网 $FN = (P, T; F)$。

(1) $\forall P'_1/T'_1 \subset P^C/T^C, P'_2/T'_2 \subset P^D/T^D$，若有 $|P'_1| = |P'_2| = 1/|T'_1| = |T'_2| = 1$，则 P'_1, T'_1 与 P'_2, T'_2 为简单对应关系，$I^C_{P/T}$ 通过简单对应匹配 $I^D_{P/T}$，即 $M(I^C_{P/T}) = I^D_{P/T}$，执行步骤(2)。

(2) $\forall R'_1 \subset CN, R'_2 \subset DN$，若有 $|R'_1| = |R'_2| = 1$，则 R'_1 与 R'_2 为简单对应关系，I^C_R 通过简单对应匹配 I^D_R，即 $M(I^C_R) = I^D_R$，执行步骤(3)、(4)。

(3) 若 $I^C_{P/T}$、$I^D_{P/T}$、I^C_R、I^D_R 均为最大匹配集 I_M，则得到 $P = P'_1 = P'_2, T = T'_1 = T'_2, R = R'_1 = R'_2$，执行步骤(5)。

(4) 若 $I^C_{P/T}$、$I^D_{P/T}$、I^C_R、I^D_R 中有任意一个不是最大匹配集，则需根据定义 6.20 的步骤得出最大匹配集 I_M，执行步骤(3)。

(5) $\forall P'_1/T'_1 \subset P^C/T^C, P'_2/T'_2 \subset P^D/T^D, R'_1 \subset CN, R'_2 \subset DN$，若有 $|P'_1|:|P'_2| = m:n, |T'_1|:|T'_2| = m:n, |R'_1|:|R'_2| = m:n$，则 P'_1、T'_1、R'_1 与 P'_2、T'_2、R'_2 是复杂对应关系，执行步骤(6)。

(6) T、X_T 作为 I 的前边界变迁集、r 区域前活动边界变迁集，形成融合网时必须按照定义 6.23 的第一个情形加以处理，以避免使 T、X_T 成为 FN 的一个死锁，执行步骤(7)。

(7) P、Y_P 作为 I 的后边界库所、r 区域后活动边界库所，形成融合网时必须按照定义 6.23 的第二个情形加以处理，以避免使 P、Y_P 成为 FN 的一个陷阱，使其符合图 6.14 中添加数据约束的(a)、(b)、(c)、(d)、(e)五种 Petri 网规则。

(8) 输出融合网 $FN = (P, T; F)$。

下面用一个实例来展现如何使用算法 6.6 合并控制流网和数据流网来获得融合网。

如图 6.17 所示是一个网上订餐控制流网，其中变迁代表的意义如下：

$T^C = \{t_1:$登录$; t_2:$登录失败$; t_3:$新用户注册$; t_4:$登录成功$; t_5:$推出菜品信息$; t_6:$查看菜品$; t_7:$满足下单要求$; t_8:$不满足下单要求$; t_9:$下单$; t_{10}:$货到付款$; t_{11}:$网上支付$; t_{12}:$发送订单$; t_{13}:$回复订单信息$; t_{14}:$订单不成立$; t_{15}:$订单成立$; t_{16}:$收到订单详情$; t_{17}:$配送$; t_{18}:$确认收货$; t_{19}:$评论$\}$。

如图 6.18 所示是网上订餐的数据流网，其中变迁代表的意义如下：

$T^D = \{t_1:$登录$; t_2:$登录失败$; t_3:$新用户注册$; t_4:$登录成功$; t_5:$推出菜品信息$; t_6:$查看菜品$; t_7:$满足下单要求$; t_8:$不满足下单要求$; t_9:$下单$; t_{10}:$货到付款$; t_{11}:$金额满 a 可减 b; $t_{12}:$金额不满 a; $t_{13}:$发送订单$; t_{14}:$回复订单信息$; t_{15}:$订单不成立$; t_{16}:$订单成立$; t_{17}:$收到

订单详情;t_{18}:配送;t_{19}:确认收货;t_{20}:评论}。

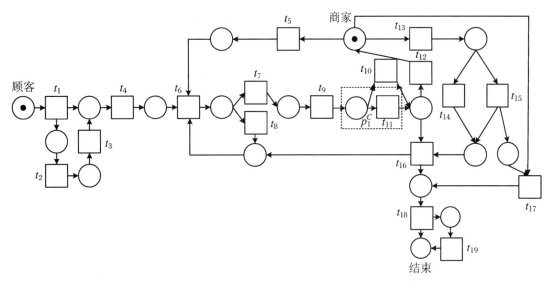

图 6.17 网上订餐控制流网

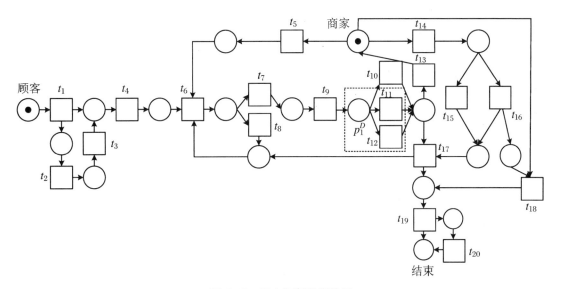

图 6.18 网上订餐数据流网

根据算法 6.6,图 6.17 和图 6.18 中两个相关业务流程 Petri 网虚线框以外的库所、变迁和区域均属于一一对应的关系,即简单对应关系,可以按照算法步骤(1)、(2)、(3)、(4)直接成为融合网的某固定组成部分。而两个网的虚线框部分属于 $m:n$ 的复杂对应关系,按照步骤(5)、(6)、(7)合并两个网的虚线框部分,为满足步骤(6)、(7)的限制条件,虚线框内由一个库所扩展为两个库所,最终得出融合网如图 6.19 所示。

图 6.19 中变迁代表的意义如下:

T^{FN} = {t_1:登录;t_2:登录失败;t_3:新用户注册;t_4:登录成功;t_5:推出菜品信息;t_6:查看菜品;t_7:满足下单要求;t_8:不满足下单要求;t_9:下单;t_{10}:货到付款;t_{11}:网上支付;t_{12}:支付金额($x-b$)元;t_{13}:支付金额 x 元;t_{14}:发送订单;t_{15}:回复订单信息;t_{16}:订单不成立;

t_{17}：订单成立；t_{18}：收到订单详情；t_{19}：配送；t_{20}：确认收货；t_{21}：评论}。

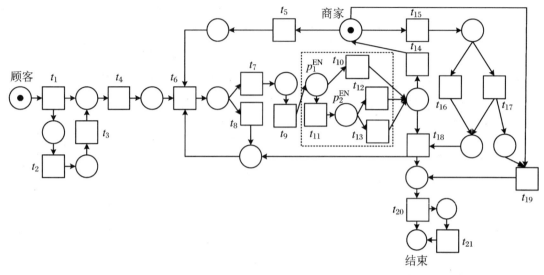

图 6.19　网上订餐融合网

变化传播实质上就是保持一个相互关联的流程集一致性平衡的进程，它反映了一个模型的一个或多个区域生成的变化会导致另一个相关模型的相应组成部分产生继发性变化。这里有个例子能使"变化传播"概念简单易懂：有两个人同时出发去某地，目的地有车辆安排接车，而一人坐火车，一人坐动车，两人到达时间肯定不相同，所以接车时间也要相应地发生变化以避免将时间浪费在等待上。

变化传播是以变化为基础在区域、模块、相关模型之间实现的，所以我们将先介绍什么是变化，以及变化有哪些基本形式。

定义 6.24(变化形式)

ChangePattern ：= Add(Fragment,pred,succ)|

　　　　　　　　Delete(Fragment)|

　　　　　　　　Replace(oldFragment,newFragment)

基于图 6.20 中的增加、删减和替代这三种变化形式可以基本实现区域、模块、相关模型之间的变化传播。下面将利用图 6.21 即网上订餐融合网来大略阐述一下变化传播。假如

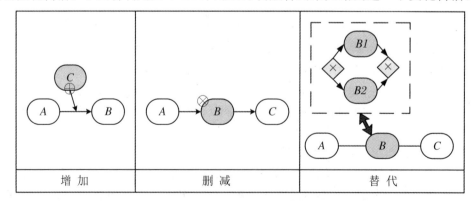

图 6.20　变化形式分类

顾客一般在食用过所点的食品之后愿意上网对店铺和食物进行评价,故而可以将评价分为"好评"和"差评",即顾客的评价会产生一个变化。基本满意的顾客会给出一个好评,而对于此次用餐不太满意的顾客极有可能会在后续评价中给出差评,并阐明原因。这时,上进的商家会根据顾客的意见积极更正失误即 t_{24},以避免更多的差评产生直至使顾客基本打出好评,这也就是为了应对"增加"变化 $CT\{t_{22}:$好评$;t_{23}:$差评,阐述不满意的原因$\}$,使得整个融合网没有冲突出现、更一致而添加的另一个"增加"变化。这个变化传播的过程就类似一个池塘中扩散的"涟漪"一样,一处产生了波纹变化,不远处就会产生一个甚至多个新的波纹变化。

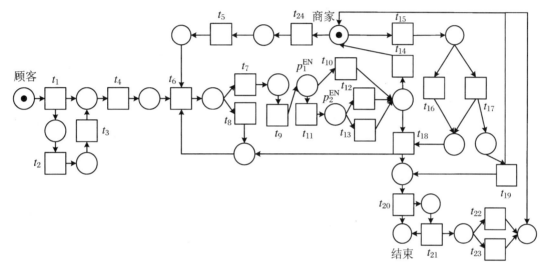

图 6.21　网上订餐融合网的变化传播

图 6.21 中变迁代表的意义如下:
$T^{\mathrm{FN}} = \{t_1:$登录$;t_2:$登录失败$;t_3:$新用户注册$;t_4:$登录成功$;t_5:$推出菜品信息$;t_6:$查看菜品$;t_7:$满足下单要求$;t_8:$不满足下单要求$;t_9:$下单$;t_{10}:$货到付款$;t_{11}:$网上支付$;t_{12}:$支付金额$(x-b)$元$;t_{13}:$支付金额 x 元$;t_{14}:$发送订单$;t_{15}:$回复订单信息$;t_{16}:$订单不成立$;t_{17}:$订单成立$;t_{18}:$收到订单详情$;t_{19}:$配送$;t_{20}:$确认收货$;t_{21}:$评论$;t_{22}:$好评$;t_{23}:$差评,阐述不满意的原因$;t_{24}:$按照顾客意见适当更正$\}$。

6.4.2　变化传播的时间成本

以往的业务流程变化传播都是在单一的一个网或者是相关的控制流网的环境下分析优化的,并未考虑到多个网、多个初始标识、控制流网与数据流网结合的情形。前文基于对应关系、匹配集、边界集提出一个将控制流网和数据流网合并形成一个多网合一、存在一个或多个初始标识的融合网的算法,并对其进行了反复分析、配置和优化。在变化传播可能性方面,使用融合网更能满足特定要求。不过,与单一流程网分析变化传播相比,融合网既有一些单一网没有的优势,也仍可能有一些自身的劣势之所在。

许多业务流程都是通过 Petri 网抽象表现出来的,但是一般 Petri 网只重点描述系统的序列使能、排它和并发等状态的演变,并没有涉及时间约束的概念,本节将分析比较三种网在变化传播中所耗费的时间成本,为此根据文献[28]所提出的时间约束 Petri 网推出以变化为基准的时间 Petri 网,同样引入变化全局时钟,将延迟时间赋予变化引起继发性反应的库所集。之后再根据多重区域矩阵以及个体元素和全网敏感度的公式,计算三种网在传播变化过程中的敏感度,并对三者进行分析比较。

定义 6.25(变化时间 Petri 网)[28]　满足下列六个条件的六元组 $CTN = (P, T; F, \alpha, \beta, M_0)$ 称作变化时间 Petri 网:

(1) S 是一个有限非空库所集,T 是一个有限非空变迁集;

(2) $S \cup T \neq \varnothing, S \cap T = \varnothing$;

(3) $F = (S \times T) \cup (T \times S)$ 表示流关系;

(4) $\alpha : T \to R^+$ 表示变迁到库所的使能时间;

(5) 用 $\beta = [0, \varepsilon] : (\Gamma)$ 表示变化击发的库所时间域,其中 0 是指全局时钟的一个基准,ε 为延迟时间域,Γ 指的是当前库所使能的准确时间亦即全局时钟;

(6) M_0 表示系统的一个初始标识。

本节的变迁时间 Petri 网变迁击发的条件与一般的 Petri 网相同,即 $\forall s \in {}^\cdot t, M(p) > 0$。而时间属性要求严格序列中的前驱库所到变迁的击发为瞬时完成,变迁到后继库所的使能时间设定为 $\alpha = 1$。

定义 6.26(标识)　若变迁 $t \in T$ 在标识 M 下可以发生,那么将会产生一个新的标识 M',也就是 $M[t>M'$,它们将满足以下三种关系:

$$\begin{cases} M'(p) = M(p) - 1, & \forall p \in {}^\cdot t \\ M'(p) = M(p) + 1, & \forall p \in t^\cdot \wedge \Gamma' = \Gamma + \alpha \\ M'(p) = M(p), & \forall p \notin {}^\cdot t \wedge p \notin t^\cdot \end{cases}$$

基于变化的全局时钟和网结构基本模式,下面我们将提出一个计算某个变化所传播击发的结束库所中最大全局时钟的算法,如下所示:

算法 6.7　基于全局时钟及基本模式计算变化传播击发的终止库所最大全局时钟

输入:控制流变化时间 Petri 网,数据流变化时间 Petri 网,融合变化时间 Petri 网,固定的一个变化变迁 t_m。

输出:变化传播击发的终止库所全局时钟。

(1) 令 $p_i = t_m^\cdot$,即 p_i 是变化变迁 t_m 的后继库所,并设 $\beta_0 = [0, 0] : (0)$ 为 p_i 的库所时间域,亦即此变化时间 Petri 网的初始库所时间域,执行步骤(2)。

(2) 若一个活动变迁对 $(x, y) \in T \times P$ 满足严格序关系 $x \to y$ 且上一个库所时间域为 $[0, \varepsilon_1] : (\Gamma_1)$,则此活动变迁对中的库所时间域为 $[0, \varepsilon_1] : (\Gamma_1 + 1)$,即 $\alpha = 1$,执行步骤(3)。

(3) 若一个活动变迁对 $(x, y) \in P \times P$ 满足排它序关系 $x + y$ 或并列序关系 $x \parallel y$,且上一个库所时间域为 $[0, \varepsilon_1] : (\Gamma_1)$,则第一个库所 x 发生的库所时间域为 $[0, \varepsilon_1 + 1] : (\Gamma_1 + 1)$,而第二个库所 y 的时间域则为 $[0, \varepsilon_1 + 1] : (\Gamma_1 + \varepsilon_1 + 2)$,也就是说,与上一个库所相比,延迟时间均为 $\varepsilon_1 + 1$ 到达这两个库所,库所 y 的全局时钟为延迟时间 $\varepsilon_1 + 1$ 加上库所 x 的全局时钟 $\Gamma_1 + 1$,执行步骤(4)。

(4) 当序列基本模式中的 AND Split 与 Join 相遇时,以 Join 为主,执行步骤(5)。

(5) 当序列基本模式中的 OR Split 与 Join 相遇时,以 Split 为主,执行步骤(6)。

(6) 若 $|p_e| > 1$,即不止一个终止库所,假令终止库所分别为 $p_a, p_b, \cdots, p_n$,且每个终止库所对应的全局时钟分别为 $\Gamma_a, \Gamma_b, \cdots, \Gamma_n$,则此变化时间 Petri 网的全局最大时钟为 $\Gamma_e = \max\{\Gamma_a, \Gamma_b, \cdots, \Gamma_n\}$,分别输出控制流变化时间 Petri 网、数据流变化时间 Petri 网、融合

变化时间 Petri 网的最大全局时钟，亦即时间成本。

6.4.3 实例分析

变化传播在许多软件领域都有着难以忽略的重要作用，文献[29]就以某打车软件和乘客的交互行为为例进行了基于库所系统的变化传播范围分析。本节单独以打车软件中的快车系统为案例，模拟出一个"乘客-系统"之间有交互行为并已经过配置和撤销优化的变化时间 Petri 网，并依次通过控制流、数据流，以及根据前文的基于对应关系、最大匹配集、边界集的算法将二者合并后形成的这三种表现形式描绘出输出控制流变化时间 Petri 网、数据流变化时间 Petri 网、融合变化时间 Petri 网。之后根据前文中的基于全局时钟及基本模式计算变化传播击发的终止库所最大全局时钟算法分析比较这三种网在变化传播之下的时间成本。

如图 6.22 所示为某打车软件快车系统控制流变化时间 Petri 网，其中变迁的意义如下：

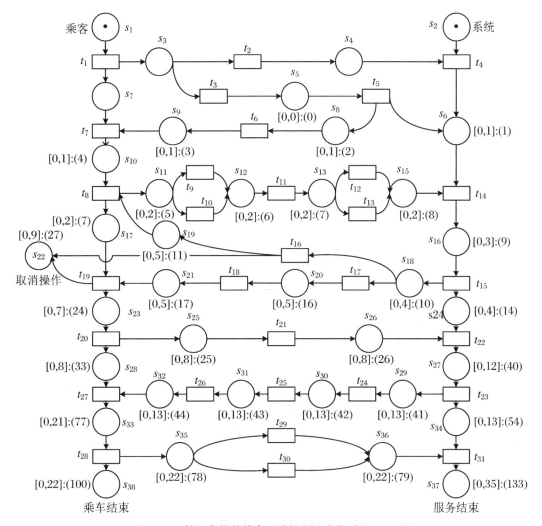

图 6.22 某打车软件快车系统控制流变化时间 Petri 网

$T^C=\{t_1$:打开软件;t_2:新用户初次登录;t_3:老用户登录;t_4:基本信息输出;t_5:新信息录入;t_6:新用户给予优惠券;t_7:收取优惠券;t_8:叫车;t_9:现在叫车;t_{10}:预约叫车;t_{11}:目的地;t_{12}:自动定位的位置定为出发点;t_{13}:输入上车点;t_{14}:收到邀单;t_{15}:发给附近快车司机;t_{16}:无人抢单;t_{17}:有人抢单;t_{18}:发送车辆主要信息;t_{19}:收到车主信息;t_{20}:准备上车;t_{21}:确认车主信息;t_{22}:接到顾客;t_{23}:到达目的地;t_{24}:发送乘车时间;t_{25}:发送乘车总里程;t_{26}:发送总金额;t_{27}:收到金额明细;t_{28}:付款;t_{29}:付款使用优惠券;t_{30}:付款不使用优惠券;t_{31}:收到金额}。

令打车软件快车系统控制流变化时间Petri网中的起始变化为$\{t_3$:新用户初次登录$\}$，经遍历它的变化传播范围为$\{t_5,\cdots,t_{31}\}$，根据上一部分计算某个变化所传播击发的结束库所中最大全局时钟的算法，图6.24有三个终止库所，其序列号以及全局时钟分别为$\varGamma_{22}=27, \varGamma_{37}=133, \varGamma_{38}=100$，其中全局时钟最大的数为133，则此系统控制流变化时间Petri网的时间成本为133。

如图6.23所示为该打车软件快车系统数据流变化时间Petri网，其中变迁的意义如下：

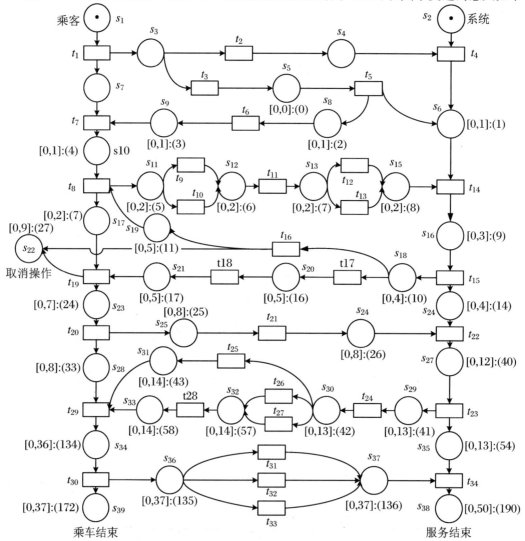

图6.23 打车软件快车系统数据流变化时间Petri网

$T^D=\{t_1$:打开软件;t_2:新用户初次登录;t_3:老用户登录;t_4:基本信息输出;t_5:新信息录入;t_6:新用户给予优惠券 a 元;t_7:收取优惠券;t_8:叫车;t_9:现在叫车;t_{10}:预约叫车;t_{11}:目的地;t_{12}:自动定位的位置定为出发点;t_{13}:输入上车点;t_{14}:收到邀单;t_{15}:发给附近快车司机;t_{16}:无人抢单;t_{17}:有人抢单;t_{18}:发送车辆主要信息;t_{19}:收到车主信息;t_{20}:准备上车;t_{21}:确认车主信息;t_{22}:接到顾客;t_{23}:到达目的地;t_{24}:发送乘车总里程 L 公里;t_{25}:最低消费 b 元;t_{26}:普通时段 cL 元;t_{27}:特殊时段 dL 元;t_{28}:其他费用 n 元;t_{29}:收到交易过程明细;t_{30}:付款;t_{31}:支付 $b/(b-a)$元;t_{32}:支付$(cL+n)/(cL+n-a)$元;t_{33}:支付$(dL+n)/(dL+n-a)$元;t_{34}:收到金额}。

同样令打车软件快车系统数据流变化时间 Petri 网中的起始变化为{t_3:新用户初次登录},经遍历它的变化传播范围为{$t_5,\cdots,t_{34}$},其中全局时钟最大的数为190,则此系统数据流变化时间 Petri 网的时间成本为190。

如图 6.24 所示为打车软件快车系统融合变化时间 Petri 网,其中变迁的意义如下:

$T^{FN}=\{t_1$:打开软件;t_2:新用户初次登录;t_3:老用户登录;t_4:基本信息输出;t_5:新信息录入;t_6:新用户给予优惠券 a 元;t_7:收取优惠券;t_8:叫车;t_9:现在叫车;t_{10}:预约叫车;t_{11}:目的地;t_{12}:自动定位的位置定为出发点;t_{13}:输入上车点;t_{14}:收到邀单;t_{15}:发给附近快车司机;t_{16}:无人抢单;t_{17}:有人抢单;t_{18}:发送车辆主要信息;t_{19}:收到车主信息;t_{20}:准备上车;t_{21}:确认车主信息;t_{22}:接到顾客;t_{23}:到达目的地;t_{24}:发送乘车总时长 T 分钟;t_{25}:全长 $L \leqslant m$ 公里;t_{26}:全长 $L>m$ 公里;t_{27}:最低消费 b 元;t_{28}:普通时段 cL 元;t_{29}:特殊时段 dL 元;t_{30}:时长费 eT 元;t_{31}:远途费 $f(L-m)$元;t_{32}:收到交易过程明细;t_{33}:付款;t_{34}:支付 $b/(b-a)$元;t_{35}:支付$(cL+eT)/(cL+eT-a)$元;t_{36}:支付$(dL+eT)/(dL+eT-a)$元;t_{37}:支付$[cL+eT+f(L-m)]/[cL+eT+f(L-m)-a]$元;$t_{38}$:支付$[dL+eT+f(L-m)]/[dL+eT+f(L-m)-a]$元;$t_{39}$:收到金额}。

依然令打车软件快车系统融合变化时间 Petri 网中的起始变化为{t_3:新用户初次登录},经遍历它的变化传播范围为{$t_5,\cdots,t_{39}$},其中全局时钟最大的数为235,则此系统融合变化时间 Petri 网的时间成本为235。

由表 6.2 可知,控制流变化时间 Petri 网、数据流变化时间 Petri 网、融合变化时间 Petri 网这三种网的变化传播初始条件相同:初始库所时间域相同,变化变迁相同。只是因为三种网的结构和约束条件不同导致库所数量、变迁数量、一些发生序列也跟着发生变化。从此表可以看出,235>190>133,即三种网的时间成本由大到小排序为:融合变化时间 Petri 网>数据流变化时间 Petri 网>控制流变化时间 Petri 网。

表 6.2 三种变化时间 Petri 网比较分析

Petri 网模式	初始库所时间域	变化变迁	库所数量	变迁数量	时间成本
控制流变化时间 Petri 网	$[0,0]:(0)$	t_3	38	31	133
数据流变化时间 Petri 网	$[0,0]:(0)$	t_3	39	34	190
融合变化时间 Petri 网	$[0,0]:(0)$	t_3	42	39	235

由上述分析可知,合并的融合网与控制流网和数据流网相比,在同等变化传播初始条件下,存在耗费时间成本较多的劣势。

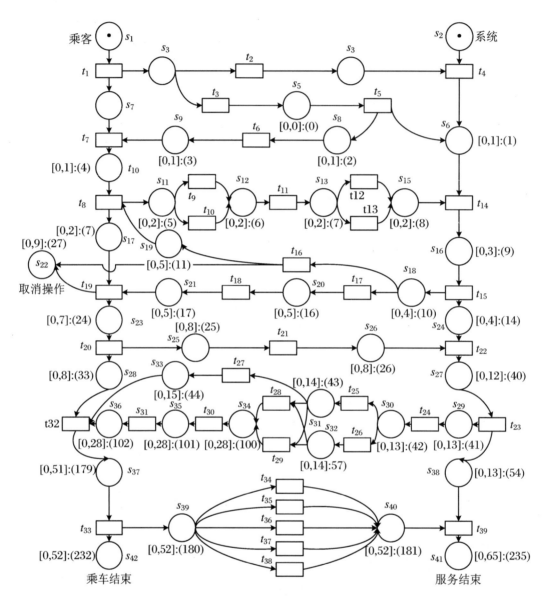

图 6.24 打车软件快车系统融合变化时间 Petri 网

6.4.4　计算变化传播的敏感度

融合网在变化传播领域与控制流网和数据流网相比,有时间成本消耗过多的缺点,下面我们将通过多重区域矩阵(multi-domain matrix,MDM)来阐述关于变化传播,融合网有敏感度较高的优点。

在 MDM 中分为三个板块,分别是变化区域 CR 元素之间的影响矩阵、变化区域 CR-传播元素 PT 的影响矩阵、传播元素 PT 之间的影响矩阵。第一个板块说明不同的变化变迁被归类为一个区域,若变化区域包含的这些变迁之间没有交互行为,则这个板块的矩阵是 0 矩阵;第二个板块捕捉了变化区域和传播元素之间的影响关系;第三个板块描述了传播元素之间的影响矩阵。图 6.25 所绘制的 MDM 结构[30]正是多重区域矩阵的整个板块。

	变化区域CR	传播元素PT
变化区域CR	CR元素之间的影响矩阵	
传播元素PT	CR-PT的影响矩阵	PT元素之间的影响矩阵

图 6.25　MDM 结构

由图 6.22、图 6.23、图 6.24 变化 t_3 所传播的变迁范围和图 6.25 的 MDM 结构绘制出如表 6.3、表 6.4、表 6.5 所示的控制流网、数据流网、融合网的 MDM 矩阵。

在得到原始的 MDM 矩阵之后,依据每个节点到另一个节点的影响关系,我们利用公式 6.1 计算节点与节点之间在变化传播时的敏感度[30]:

公式 6.1
$$R = (n-m)\sum_{k=1}^{N}\alpha^{k-1}MDM^k$$

假设一个变化传播链条的长度为 1,意指不存在变化衰减;传播链条的长度若是大于 1,变化则随着长度的增加而几何性增长。因此,衰减约束 α 被引进敏感度研究中,α 的值在 [0,1] 范围内,α 越小,变化传播的衰减速度越快,传播速度越慢。其中,$n-m$ 代表此网变化传播范围的变迁数量;α 指衰减约束;MDM 是多重区域矩阵。上面的方程综合了上述几个因素对灵敏度的贡献。

而仅仅依靠这个公式是远远不够的,在得到组合的影响矩阵后,将其中 MDM 区域对应元素相加,可以得到所有相关元素对多个外部不确定因素的敏感性,即一个网在变化传播下的总敏感度[31] NS_Σ 的计算公式如下所示:

公式 6.2
$$NS_\Sigma = \sum_{i=4}^{n}\sum_{j=1}^{m}R_{MDM}(i,j)$$

在这里,为使得变化传播速度均相等且始终,我们先令 $\alpha=0.5$。通过公式 6.1、公式 6.2 可计算出控制流网、数据流网、融合网在存在变化区域的环境下变化传播的敏感度,结果如表 6.6 所示。

表 6.3 控制流网 MDM 矩阵

	t_3	t_4	t_5	t_6	t_7	t_8	t_9	t_{10}	t_{11}	t_{12}	t_{13}	t_{14}	t_{15}	t_{16}	t_{17}	t_{18}	t_{19}	t_{20}	t_{21}	t_{22}	t_{23}	t_{24}	t_{25}	t_{26}	t_{27}	t_{28}	t_{29}	t_{30}	t_{31}
t_3	0	0	0	0	0	0	0	0	0	0	0	0	0	0	0	0	0	0	0	0	0	0	0	0	0	0	0	0	0
t_4	0	0	0	0	0	0	0	0	0	0	0	0	0	0	0	0	0	0	0	0	0	0	0	0	0	0	0	0	0
t_5	1	0	0	0	0	0	0	0	0	0	0	0	0	0	0	0	0	0	0	0	0	0	0	0	0	0	0	0	0
t_6	1	1	0	0	0	0	0	0	0	0	0	0	0	0	0	0	0	0	0	0	0	0	0	0	0	0	0	0	0
t_7	1	0	1	0	0	0	0	0	0	0	0	0	0	0	0	0	0	0	0	0	0	0	0	0	0	0	0	0	0
t_8	1	0	0	1	1	0	0	0	0	0	0	0	0	0	0	0	0	0	0	0	0	0	0	0	0	0	0	0	0
t_9	1	0	0	0	1	1	0	0	0	0	0	0	0	0	0	0	0	0	0	0	0	0	0	0	0	0	0	0	0
t_{10}	1	0	0	0	0	0	1	0	0	0	0	0	0	0	0	0	0	0	0	0	0	0	0	0	0	0	0	0	0
t_{11}	1	0	0	0	0	0	1	1	0	0	0	0	0	0	0	0	0	0	0	0	0	0	0	0	0	0	0	0	0
t_{12}	1	0	0	0	0	0	0	0	1	0	0	0	0	0	0	0	0	0	0	0	0	0	0	0	0	0	0	0	0
t_{13}	1	0	0	0	0	0	0	0	1	1	0	0	0	0	0	0	0	0	0	0	0	0	0	0	0	0	0	0	0
t_{14}	1	0	0	0	0	0	0	0	0	0	1	0	0	0	0	0	0	0	0	0	0	0	0	0	0	0	0	0	0
t_{15}	1	0	0	0	0	0	0	0	0	0	0	1	0	0	0	0	0	0	0	0	0	0	0	0	0	0	0	0	0
t_{16}	1	0	0	0	0	0	0	0	0	0	0	0	1	0	0	0	0	0	0	0	0	0	0	0	0	0	0	0	0
t_{17}	1	0	0	0	0	0	0	0	0	0	0	0	0	1	0	0	0	0	0	0	0	0	0	0	0	0	0	0	0
t_{18}	1	0	0	0	0	0	0	0	0	0	0	0	0	0	1	0	0	0	0	0	0	0	0	0	0	0	0	0	0
t_{19}	1	0	0	0	0	0	0	0	0	0	0	0	0	0	0	1	0	0	0	0	0	0	0	0	0	0	0	0	0
t_{20}	1	0	0	0	0	0	0	0	0	0	0	0	0	0	0	0	1	0	0	0	0	0	0	0	0	0	0	0	0
t_{21}	1	0	0	0	0	0	0	0	0	0	0	0	0	0	0	0	0	1	0	0	0	0	0	0	0	0	0	0	0
t_{22}	1	0	0	0	0	0	0	0	0	0	0	0	0	0	0	0	0	0	1	0	0	0	0	0	0	0	0	0	0
t_{23}	1	0	0	0	0	0	0	0	0	0	0	0	0	0	0	0	0	0	0	1	0	0	0	0	0	0	0	0	0
t_{24}	1	0	0	0	0	0	0	0	0	0	0	0	0	0	0	0	0	0	0	0	1	0	0	0	0	0	0	0	0
t_{25}	1	0	0	0	0	0	0	0	0	0	0	0	0	0	0	0	0	0	0	0	0	1	0	0	0	0	0	0	0
t_{26}	1	0	0	0	0	0	0	0	0	0	0	0	0	0	0	0	0	0	0	0	0	0	1	0	0	0	0	0	0
t_{27}	1	0	0	0	0	0	0	0	0	0	0	0	0	0	0	0	0	0	0	0	0	0	0	1	0	0	0	0	0
t_{28}	1	0	0	0	0	0	0	0	0	0	0	0	0	0	0	0	0	0	0	0	1	0	0	0	1	0	0	0	0
t_{29}	1	0	0	0	0	0	0	0	0	0	0	0	0	0	0	0	0	0	0	0	0	0	0	0	0	1	0	0	0
t_{30}	1	0	0	0	0	0	0	0	0	0	0	0	0	0	0	0	0	0	0	0	0	0	0	0	0	0	1	0	0
t_{31}	1	0	0	0	0	0	0	0	0	0	0	0	0	0	0	0	0	0	0	0	0	0	0	0	0	0	0	1	0

表 6.4 数据流网 MDM 矩阵

	t_3	t_4	t_5	t_6	t_7	t_8	t_9	t_{10}	t_{11}	t_{12}	t_{13}	t_{14}	t_{15}	t_{16}	t_{17}	t_{18}	t_{19}	t_{20}	t_{21}	t_{22}	t_{23}	t_{24}	t_{25}	t_{26}	t_{27}	t_{28}	t_{29}	t_{30}	t_{31}	t_{32}	t_{33}	t_{34}
t_3	0																															
t_4	0	0	0	0	0	0	0	0	0	0	0	0	0	0	0	0	0	0	0	0	0	0	0	0	0	0	0	0	0	0	0	0
t_5	1	0	0	0	0	0	0	0	0	0	0	0	0	0	0	0	0	0	0	0	0	0	0	0	0	0	0	0	0	0	0	0
t_6	1	0	1	0	0	0	0	0	0	0	0	0	0	0	0	0	0	0	0	0	0	0	0	0	0	0	0	0	0	0	0	0
t_7	1	0	0	1	0	0	0	0	0	0	0	0	0	0	0	0	0	0	0	0	0	0	0	0	0	0	0	0	0	0	0	0
t_8	1	0	0	0	1	0	0	0	0	0	0	0	0	0	0	0	0	0	0	0	0	0	0	0	0	0	0	0	0	0	0	0
t_9	1	0	1	0	0	1	0	0	0	0	0	0	0	0	0	0	0	0	0	0	0	0	0	0	0	0	0	0	0	0	0	0
t_{10}	1	0	0	0	0	0	1	0	0	0	0	0	0	0	0	0	0	0	0	0	0	0	0	0	0	0	0	0	0	0	0	0
t_{11}	1	0	0	0	0	0	0	1	0	0	0	0	0	0	0	0	0	0	0	0	0	0	0	0	0	0	0	0	0	0	0	0
t_{12}	1	0	0	0	0	0	0	0	1	0	0	0	0	0	0	0	0	0	0	0	0	0	0	0	0	0	0	0	0	0	0	0
t_{13}	1	0	0	0	0	0	0	0	0	1	0	0	0	0	0	0	0	0	0	0	0	0	0	0	0	0	0	0	0	0	0	0
t_{14}	1	1	0	0	0	0	0	0	0	0	1	0	0	0	0	0	0	0	0	0	0	0	0	0	0	0	0	0	0	0	0	0
t_{15}	1	1	0	0	0	0	0	0	0	0	0	1	0	0	0	0	0	0	0	0	0	0	0	0	0	0	0	0	0	0	0	0
t_{16}	1	0	0	0	0	0	0	0	0	0	0	0	1	0	0	0	0	0	0	0	0	0	0	0	0	0	0	0	0	0	0	0
t_{17}	1	0	0	0	0	0	0	0	0	0	0	0	0	1	0	0	0	0	0	0	0	0	0	0	0	0	0	0	0	0	0	0
t_{18}	1	0	0	0	0	0	0	0	0	0	0	0	0	0	1	0	0	0	0	0	0	0	0	0	0	0	0	0	0	0	0	0
t_{19}	1	0	0	0	0	0	0	0	0	0	0	0	0	0	0	1	0	0	0	0	0	0	0	0	0	0	0	0	0	0	0	0
t_{20}	1	0	0	0	0	0	0	0	0	0	0	0	0	0	0	0	1	0	0	0	0	0	0	0	0	0	0	0	0	0	0	0
t_{21}	1	0	0	0	0	0	0	0	0	0	0	0	0	0	0	0	0	1	0	0	0	0	0	0	0	0	0	0	0	0	0	0
t_{22}	1	0	0	0	0	0	0	0	0	0	0	0	0	0	0	0	0	0	1	0	0	0	0	0	0	0	0	0	0	0	0	0
t_{23}	1	0	0	0	0	0	0	0	0	0	0	0	0	0	0	0	0	0	0	1	0	0	0	0	0	0	0	0	0	0	0	0

续表

	t_3	t_4	t_5	t_6	t_7	t_8	t_9	t_{10}	t_{11}	t_{12}	t_{13}	t_{14}	t_{15}	t_{16}	t_{17}	t_{18}	t_{19}	t_{20}	t_{21}	t_{22}	t_{23}	t_{24}	t_{25}	t_{26}	t_{27}	t_{28}	t_{29}	t_{30}	t_{31}	t_{32}	t_{33}	t_{34}
t_{24}	1	0	0	0	0	0	0	0	0	0	0	0	0	0	0	0	0	0	0	0	1	0	0	0	0	0	0	0	0	0	0	0
t_{25}	1	0	0	0	0	0	0	0	0	0	0	0	0	0	0	0	0	0	0	0	0	1	0	0	0	0	0	0	0	0	0	0
t_{26}	1	0	0	0	0	0	0	0	0	0	0	0	0	0	0	0	0	0	0	0	0	1	0	0	0	0	0	0	0	0	0	0
t_{27}	1	0	0	0	0	0	0	0	0	0	0	0	0	0	0	0	0	1	0	0	0	0	1	1	0	0	0	0	0	0	0	0
t_{28}	1	0	0	0	0	0	0	0	0	0	0	0	0	0	0	0	0	0	0	0	0	0	0	0	1	0	0	0	0	0	0	0
t_{29}	1	0	0	0	0	0	0	0	0	0	0	0	0	0	0	0	0	0	0	0	1	0	0	1	1	1	0	0	0	0	0	0
t_{30}	1	0	0	0	0	0	0	0	0	0	0	0	0	0	0	0	0	0	0	0	0	0	0	0	0	1	1	0	0	0	0	0
t_{31}	1	0	0	0	0	0	0	0	0	0	0	0	0	0	0	0	0	0	0	0	0	0	0	0	0	1	0	1	0	0	0	0
t_{32}	1	0	0	0	0	0	0	0	0	0	0	0	0	0	0	0	0	0	0	0	0	0	0	0	0	0	0	0	1	0	0	0
t_{33}	1	0	0	0	0	0	0	0	0	0	0	0	0	0	0	0	0	0	0	0	0	0	0	0	0	0	0	0	0	1	0	0
t_{34}	1	0	0	0	0	0	0	0	0	0	0	0	0	0	0	0	0	0	0	0	0	0	0	0	0	0	0	0	0	0	1	0

表 6.5　融合网 MDM 矩阵

	t_3	t_4	t_5	t_6	t_7	t_8	t_9	t_{10}	t_{11}	t_{12}	t_{13}	t_{14}	t_{15}	t_{16}	t_{17}	t_{18}	t_{19}	t_{20}	t_{21}	t_{22}	t_{23}	t_{24}	t_{25}	t_{26}	t_{27}	t_{28}	t_{29}	t_{30}	t_{31}	t_{32}	t_{33}	t_{34}	t_{35}	t_{36}	t_{37}	t_{38}	t_{39}
t_3	0	0	0	0	0	0	0	0	0	0	0	0	0	0	0	0	0	0	0	0	0	0	0	0	0	0	0	0	0	0	0	0	0	0	0	0	0
t_4	0	0	0	0	0	0	0	0	0	0	0	0	0	0	0	0	0	0	0	0	0	0	0	0	0	0	0	0	0	0	0	0	0	0	0	0	0
t_5	1	0	0	0	0	0	0	0	0	0	0	0	0	0	0	0	0	0	0	0	0	0	0	0	0	0	0	0	0	0	0	0	0	0	0	0	0
t_6	1	0	1	0	0	0	0	0	0	0	0	0	0	0	0	0	0	0	0	0	0	0	0	0	0	0	0	0	0	0	0	0	0	0	0	0	0
t_7	1	0	0	1	0	0	0	0	0	0	0	0	0	0	0	0	0	0	0	0	0	0	0	0	0	0	0	0	0	0	0	0	0	0	0	0	0
t_8	1	0	0	0	1	0	0	0	0	0	0	0	0	0	0	0	0	0	0	0	0	0	0	0	0	0	0	0	0	0	0	0	0	0	0	0	0
t_9	1	0	0	0	0	1	0	0	0	0	0	0	0	0	0	0	0	0	0	0	0	0	0	0	0	0	0	0	0	0	0	0	0	0	0	0	0
t_{10}	1	0	0	0	0	0	1	0	0	0	0	0	0	0	0	0	0	0	0	0	0	0	0	0	0	0	0	0	0	0	0	0	0	0	0	0	0
t_{11}	1	0	0	0	0	0	0	1	0	0	0	0	0	0	0	0	0	0	0	0	0	0	0	0	0	0	0	0	0	0	0	0	0	0	0	0	0
t_{12}	1	0	0	0	0	0	0	0	1	0	0	0	0	0	0	0	0	0	0	0	0	0	0	0	0	0	0	0	0	0	0	0	0	0	0	0	0
t_{13}	1	0	0	0	0	0	0	0	0	1	0	0	0	0	0	0	0	0	0	0	0	0	0	0	0	0	0	0	0	0	0	0	0	0	0	0	0
t_{14}	1	0	0	0	0	0	0	0	0	0	1	0	0	0	0	0	0	0	0	0	0	0	0	0	0	0	0	0	0	0	0	0	0	0	0	0	0
t_{15}	1	0	0	0	0	0	0	0	0	0	0	1	0	0	0	0	0	0	0	0	0	0	0	0	0	0	0	0	0	0	0	0	0	0	0	0	0
t_{16}	1	0	0	0	0	0	0	0	0	0	0	0	1	0	0	0	0	0	0	0	0	0	0	0	0	0	0	0	0	0	0	0	0	0	0	0	0
t_{17}	1	0	0	0	0	0	0	0	0	0	0	0	0	1	0	0	0	0	0	0	0	0	0	0	0	0	0	0	0	0	0	0	0	0	0	0	0
t_{18}	1	0	0	0	0	0	0	0	0	0	0	0	0	0	1	0	0	0	0	0	0	0	0	0	0	0	0	0	0	0	0	0	0	0	0	0	0
t_{19}	1	0	0	0	0	0	0	0	0	0	0	0	0	0	0	1	0	0	0	0	0	0	0	0	0	0	0	0	0	0	0	0	0	0	0	0	0
t_{20}	1	0	0	0	0	0	0	0	0	0	0	0	0	0	0	0	1	0	0	0	0	0	0	0	0	0	0	0	0	0	0	0	0	0	0	0	0
t_{21}	1	0	0	0	0	0	0	0	0	0	0	0	0	0	0	0	0	1	0	0	0	0	0	0	0	0	0	0	0	0	0	0	0	0	0	0	0
t_{22}	1	0	0	0	0	0	0	0	0	0	0	0	0	0	0	0	0	0	1	0	0	0	0	0	0	0	0	0	0	0	0	0	0	0	0	0	0
t_{23}	1	0	0	0	0	0	0	0	0	0	0	0	0	0	0	0	0	0	0	1	0	0	0	0	0	0	0	0	0	0	0	0	0	0	0	0	0

续表

	t_3	t_4	t_5	t_6	t_7	t_8	t_9	t_{10}	t_{11}	t_{12}	t_{13}	t_{14}	t_{15}	t_{16}	t_{17}	t_{18}	t_{19}	t_{20}	t_{21}	t_{22}	t_{23}	t_{24}	t_{25}	t_{26}	t_{27}	t_{28}	t_{29}	t_{30}	t_{31}	t_{32}	t_{33}	t_{34}	t_{35}	t_{36}	t_{37}	t_{38}	t_{39}
t_{24}	1	0	0	0	0	0	0	0	0	0	0	0	0	0	0	0	0	0	0	0	1	0	0	0	0	0	0	0	0	0	0	0	0	0	0	0	0
t_{25}	1	0	0	0	0	0	0	0	0	0	0	0	0	0	0	0	0	0	0	0	0	1	0	0	0	0	0	0	0	0	0	0	0	0	0	0	0
t_{26}	1	0	0	0	0	0	0	0	0	0	0	0	0	0	0	0	0	0	0	0	0	0	1	0	0	0	0	0	0	0	0	0	0	0	0	0	0
t_{27}	1	0	0	0	0	0	0	0	0	0	0	0	0	0	0	0	0	0	0	0	0	1	1	1	0	0	0	0	0	0	0	0	0	0	0	0	0
t_{28}	1	0	0	0	0	0	0	0	0	0	0	0	0	0	0	0	0	0	0	0	0	0	0	1	0	0	0	0	0	0	0	0	0	0	0	0	0
t_{29}	1	0	0	0	0	0	0	0	0	0	0	0	0	0	0	0	0	1	0	0	0	0	1	1	1	1	0	0	0	0	0	0	0	0	0	0	0
t_{30}	1	0	0	0	0	0	0	0	0	0	0	0	0	0	0	0	0	0	0	0	0	0	0	0	1	0	1	0	0	0	0	0	0	0	0	0	0
t_{31}	1	0	0	0	0	0	0	0	0	0	0	0	0	0	0	0	0	0	0	0	1	0	0	0	0	1	0	1	0	0	0	0	0	0	0	0	0
t_{32}	1	0	0	0	0	0	0	0	0	0	0	0	0	0	0	0	0	0	0	0	0	0	0	0	0	0	0	0	1	0	0	0	0	0	0	0	0
t_{33}	1	0	0	0	0	0	0	0	0	0	0	0	0	0	0	0	0	0	0	0	0	0	0	0	0	0	0	0	0	1	0	0	0	0	0	0	0
t_{34}	1	0	0	0	0	0	0	0	0	0	0	0	0	0	0	0	0	0	0	0	0	0	0	0	0	0	0	0	0	0	1	0	0	0	0	0	0
t_{35}	1	0	0	0	0	0	0	0	0	0	0	0	0	0	0	0	0	0	0	0	0	0	0	0	0	0	0	0	0	0	1	0	0	0	0	0	0
t_{36}	1	0	0	0	0	0	0	0	0	0	0	0	0	0	0	0	0	0	0	0	0	0	0	0	0	0	0	0	0	0	1	0	1	0	0	0	0
t_{37}	1	0	0	0	0	0	0	0	0	0	0	0	0	0	0	0	0	0	0	0	0	0	0	0	0	0	0	0	0	0	1	0	0	1	0	0	0
t_{38}	1	0	0	0	0	0	0	0	0	0	0	0	0	0	0	0	0	0	0	0	0	0	0	0	0	0	0	0	0	0	1	0	0	1	1	0	0
t_{39}	1	0	0	0	0	0	0	0	0	0	0	0	0	0	0	0	0	0	0	0	0	0	0	0	0	0	0	0	0	0	0	1	1	1	1	1	0

由表 6.6 可知,三种网的变化区域相同,都是变迁 t_3 发生变化,但是变化范围不同,分别是 $\{t_5,\cdots,t_{31}\}$、$\{t_5,\cdots,t_{34}\}$、$\{t_5,\cdots,t_{39}\}$,变化的变迁数量也不一样,$n-m$ 分别为 28、31、36。经过公式 6.1、公式 6.2 的计算最后得出控制流网、数据流网、融合网的某些区域在发生变化时,在网结构中传播变化的敏感度由高至低排列为:72>62.1>55.9,即可以得到一个结论:在变化传播的环境下,融合网与控制流网和数据流网相比具有传播变化区域时敏感度更高的优点。

表 6.6 三种网的变化传播敏感度比较

网模式	变化区域	变化范围	$n-m$	敏感度
控制流网	t_3	$\{t_4,\cdots,t_{31}\}$	28	55.9
数据流网	t_3	$\{t_4,\cdots,t_{34}\}$	31	62.1
融合网	t_3	$\{t_4,\cdots,t_{39}\}$	36	72

6.5 小　　结

业务流程中出现变化域会影响模型运行的准确性和可信性,因此,寻找业务流程模型变化域问题是一个核心问题。而变化传播实质上就是保持一个相互关联的流程集一致性平衡的进程,它对于发展业务流程来说是一个极大的挑战。

6.1 节概述了业务流程变化传播的研究背景,分析了变化传播研究的重要性以及研究变化传播能够解决的问题,并对变化传播领域相关研究做了总结。

6.2 节在现有研究的基础上,基于源模型和目标模型存在迹等价和行为包含关系,探讨了源模型与目标模型的变化域传播问题。做出了如下贡献:(1)依据拟行为轮廓、迹等价和行为包含关系等定义提出拟源模型、拟目标模型;(2)通过行为继承中的投影继承的概念,提出了基于投影继承的变化域传播分析方法;(3)通过行为继承中的协议继承的概念,提出了基于协议继承的变化域传播分析方法。并用具体的实例验证了通过这两种动态分析方法找到的目标模型的变化域是相同的。这使得变化域的寻找更有说服力,避免了以往只是从边界变迁的减少、内部边界变迁的减少分析变化域传播的局限性。未来将会研究那些迹不等价或行为之间无包含关系的变化域传播问题,并进一步地对寻找出的变化域进行处理,以达到业务流程的建模需求。

6.3 节提出了基于配置和撤销状态对两个相关业务流程模型的变化传播进行维护分析。这一节为了分析变化传播,首先提出基于变化类型和变化域的配置算法将过渡流程转换成 C-EPC,并将其推导成 Petri 网形式。之后基于变迁系统的最小域算法引入撤销变迁研究之后的 Petri 网中的撤销状态,得到优化后的最终 Petri 网流程。最后将不同文献方法所得模型与本节模型进行仿真分析及对比试验,证实本节采用的方法确实优化维护了相关模型之间的变化传播,并提高了变化传播的分析优化效率。这种维护优化变化传播的分析过程的亮点在于首次在传播变化中引进撤销状态并进行研究。在此研究的基础上,未来工作将会从以下这个方面展开,即在研究撤销状态时采用何种算法可以实现自主选择节点动态地添加撤销变迁实现优化。

6.4 节首先基于全局时钟和网结构基本模式提出变化时间 Petri 网的定义，这个网吸收了事件 Petri 网的某些概念，但同样也衍生出以某个变化变迁紧挨着的后继库所为初始库所域向下进行，此后的部分提出了一个计算网最大全局时钟的算法，相比之下，融合网有耗费时间成本过多的缺点。之后根据包含了三个矩阵板块的多重区域 MDM 矩阵描绘出三种网的 MDM 结构矩阵，利用节点与节点之间在变化传播时的敏感度公式，以及流程在变化传播过程中的总敏感度公式，分析比较得出在初始条件一致的前提下，对于传播某个变化区域，融合网相较于前两种网有敏感度更高的优点。虽然得出了基于融合网变化传播的优劣性，但未来仍有两方面工作需要完成：一是同时考虑库所的全局时钟以及库所击发变迁使用的资源以达到资源齐全情况下对成本的控制；二是分析融合网在一致性、合理性、兼容性等方面与控制流网和数据流网相比的优劣性。

参 考 文 献

[1] WEIDLICH M, MENDLING J, WESKE M. Propagating changes between aligned process models [J]. The Journal of Systems and Software, 2012, 85(8):1885-1898.

[2] GROSSMANN G, MAFAZI S, MAYER W, et al. Change propagation and conflict resolution for the co-evolution of business processes[J]. International Journal of Cooperative Information Systems, 2015, 24(1).

[3] KURNIAWAN T-A, GHOSE A-K, DAM H-K, et al. Relationship-preserving changepropagation in process ecosystems[C]// International Conference on Service-oriented Computing. Springer, 2012:63-78.

[4] FDHILA W, RINDERLE-MA S, REICHERT M. Change propagation in collaborative processes scenarios[C]//Collaborative Computing: Networking, Applications and Worksharing (CollaborateCom), 2012 8th International Conference on. 2012:452-461.

[5] WEIDMANN M, ALVI M, KOETTER F, et al. Business process change management based on process model synchronization of multiple abstraction levels[C]//IEEE International Conference on Service-oriented Computing & Applications. IEEE, 2011:1-4.

[6] WEIDMANN M, KOETTER F, RENNER T, et al. Synchronization of adaptive process models using levels of abstraction[C]//2011 IEEE 15th International Enterprise Distributed Object Computing Conference Workshops. IEEE, 2011:174-183.

[7] DAM H-K, WINIKOFF M. Generation of repair plans for change propagation[C]//International Workshop on Agent-Oriented Software Engineering. Springer, 2007:132-146.

[8] DAM H-K, WINIKOFF M. An agent-oriented approach to change propagation in software maintenance[J]. Autonomous Agents and Multi-agent Systems, 2011, 23(3):384-452.

[9] FEI G, GAO J, OWODUNNI O, et al. A method for engineering design change analysis using system modelling and knowledge management techniques[J]. International Journal of Computer Integrated Manufacturing, 2011, 24(6):535-551.

[10] 郭峰, 魏光. 基于 Petri 网的 Web 服务描述及其可替换性分析[J]. 计算机集成制造系统, 2013, 19(6):1423-1432.

[11] MURATA T. Petri nets: properties, analysis and applications[J]. Proceedings of the IEEE, 1989,

77(4):541-580.

[12] IBRAHIM N, WAN W-K, DERIS S. Comparative evaluation of change propagation approaches towards resilient software evolution[C]//Proceedings of the Third International Conference on Software Engineering Advances, ICSEA 2008, October 26-31, 2008, Sliema, Malta. IEEE Computer Society, 2008: 198-204.

[13] AALST W M P. Preserving correctness during business process model configuration[J]. Formal Aspects of Computing, 2010,22(3/4).

[14] ASSY N, CHAN N N, GAALOUL W. An automated approach for assisting the design of configurable process models[J]. IEEE Transactions on Services Computing, 2015,8(6):874-888.

[15] DÖHRING M, REIJERS H A, SMIRNOV S. Configuration vs. adaptation for business process variant maintenance: an empirical study[J]. Information Systems (Oxford), 2014,39(1):108-133.

[16] DERGUECH W, BHIRI S, CURRY E. Designing business capability-aware configurable process models[J]. Information Systems, 2017,72(10.):77-94.

[17] WEIDLICH M, WESKE M, MENDLING J. Change propagation in process models using behavioural profiles[C]//2009 IEEE International Conference on Services Computing. IEEE, 2009: 33-40.

[18] KAMATH S, ANANTHANARAYANA V-S. Change propagation in process models using behavioural profiles[C]//2009 IEEE International Conference on Services Computing. IEEE, 2009: 33-40.

[19] DEMUTH A, RIEDL-EHRENLEITNER M, LOPEZ-HERREJON R-E, et al. Co-evolution ofmetamodels and models through consistent change propagation[J]. The Journal of Systems and Software, 2016(111):281-297.

[20] KALENKOVA A A, LOMAZOVA I A. Discovery of cancellation regions within process mining techniques[J]. Fundamenta Informaticae, 2014,133(2-3):197-209.

[21] CORTADELLA J, KISHINEVSKY M. Deriving Petri nets from finite transition systems[J]. IEEE Transactions on Computers, 1998,47(8):859-882.

[22] SHAIK I, ABDELMOEZ W, GUNNALAN R, et al. Change propagation for assessing design quality of software architectures[C]// IEEE/IFIP Conference on Software Architecture. IEEE, 2005: 205-208.

[23] BOURNE S, SZABO C, SHENG Q Z. Managing configurable business process as a service to satisfy client transactional requirements[C]//IEEE International Conference on Services Computing. New York: NY, 2015: 154-161.

[24] FDHILA W, INDIONO C, RINDERLE-MA S, et al. Dealing with change in process choreographies: design and implementation of propagation algorithms[J]. Information Systems, 2015(49): 1-24.

[25] LI C, REICHERT M, WOMBACHER A. Mining business process variants: challenges, scenarios, algorithms[J]. Data & Knowledge Engineering, 2011(70): 409-434.

[26] DO N. Integration of engineering change objects in product data management databases to support engineering change[J]. Computers in Industry, 2015(73):69-81.

[27] 方贤文,赵芳,刘祥伟,等. 基于 Petri 网行为包含和行为继承的业务流程变化域传播分析[J]. 计算机科学, 2016,43(11):36-39.

[28] 黄志球,于瑞强. 利用时间约束 Petri 网进行项目绩效分析[J]. 小型微型计算机系统, 2010,31(2): 276-280.

[29] YAN C, PING C, JING Y. Change propagation analysis of trustworthy requirements based on de-

pendency relations[C]//The IEEE International Conference on Information Management and Engineering:ICIME. School of Computer Science and Engineering, Chongqing University of Technology, Chongqing, China, 2010: 246-251.

[30] WEI J, ZHANG G, YAN X, et al. Product element sensitivity measurement under multiple exogenous uncertainties considering change propagation behavior[J]. Procedia CIRP, 2016(56): 465-470.

[31] MARTINHO R, DOMINGOS D, VARAJÃO J. CF4BPMN: a BPMN extension for controlled flexibility in business processes[J]. Procedia Computer Science, 2015(64):1232-1239.

第7章 基于配置的业务流程变化域优化分析

目前,业务流程管理已被广泛提出并被应用到企业流程管理及系统分析设计等智能化管理领域。其主要是对流程模型进行相关性分析,即对它们的相互影响程度进行分析,从而得知它们对彼此行为的影响,再从中找出变化区域。但是由于大部分实际模型都有庞大复杂而冗余的体系,人们往往无法通过经验分析得到正确的答案,而如果用以往的求变化域的方法对大型复杂系统进行分析,不仅工作量大得惊人,而且无法对具有复杂对应的模型系统进行分析比较。例如,移动互联环境下的电子商务流程需要满足多个用户的不同需求,需要根据实际需要选择性地对流程中的活动进行不同配置。基于配置的业务流程变化域优化分析已经被提出并广泛用来解决上述面临的问题。

7.1 基于配置的业务流程变化域优化分析概述

传统的业务流程管理是基于设计可执行模型的业务流程,业务流程自动化使用的是工作流管理系统,而不是狭义的组织系统的配置[1]。目前,信息系统标准针对实际事件业务流程模型,提供控制事件传播过程的优化配置。对于事件业务流程的配置优化,是建立在一个规范的实际应用的流程模型中,优化分析处理流程模型的隐藏变迁,通过增加有关配置信息,进而对流程模型配置优化分析,即为模型的配置优化。

业务流程模型的配置优化,可以通过阻塞或隐藏变迁,获得带有配置信息的可配置的流程模型[2]。目前,对于许多业务流程模型,运行过程不能满足企业或组织的信息需求,因此,需要对业务流程模型添加配置信息,用以满足市场业务的需求。

7.1.1 研究背景

随着企业的不断成长,流程变得越来越复杂,对一套好的业务流程管理系统的需求显得愈加迫切。流程配置信息挖掘作为业务流程管理的核心内容之一,随之引来越来越多的相关研究人员的关注和研究。流程模型的配置信息可分为三种:隐变迁、阻塞变迁和允许变迁。一方面,在挖掘流程模型的过程中,往往会存在一些客观或主观的因素,导致日志序列在执行过程中出现各种问题,如模型中有些变迁在运行时被禁止执行(即阻塞变迁)。因此,为了更好地还原模型的具体行为,挖掘阻塞变迁等配置信息成为流程挖掘的重点之一。另一方面,在配置的过程中,因为不当的配置方法经常会间接导致挖掘的可配置流程模型存在非一致性区域的问题,所以对可配置流程模型的变化域进行分析已经成为业务流程管理的重难点之一。

目前的流程挖掘技术主要集中于以下几个方面的研究：

(1) 针对业务流程模型的挖掘。从行为语义角度进行挖掘，Florian Lautenbacher 等提出了一种基于语义模型的语义标注过程规划方法，实现了流程模型的有效挖掘[3]。从行为过程角度进行挖掘，Borja Vázquez-Barreiros 等提出了一种基于遗传算法的流程模型挖掘方法，通过对收集并存储在日志文件中的事件日志进行分析来自动地提取真实的工作流程[4]。

(2) 针对业务流程模型不可见任务的挖掘。Aalst、Weijters 提出了不可见任务的产生条件，并给出了不可见任务的检测方法[5,6]。Afrawal 也提出了基于活动间依赖关系的流程模型挖掘算法，利用业务流程管理系统的日志来挖掘业务流程模型[7]。

(3) 针对业务流程模型配置信息的挖掘。王晓悦提出了基于 Petri 网的行为轮廓从事件日志中挖掘隐变迁的方法，根据对事件日志之间行为轮廓关系的分析，找出隐变迁的存在位置[8]。虽然现在已经对业务流程配置信息的挖掘进行了一定研究，但随着市场需求的不断扩大，对业务流程的需求也在相应增加，流程模型中不再只有隐变迁存在，也存在着其他类型的配置变迁（如阻塞变迁）。

7.1.2 配置信息分析

随着电子商务的不断发展，用户的需求越来越多样化，企业在高效地完成工作之余还需要着重考虑用户的多样需求，因此企业需要在运行的业务流程中通过加入相应的配置信息来满足企业和用户的需求。在业务流程中加入配置信息不仅有利于满足用户的多样需求，而且有利于提高企业的运行效率以及改善企业的运行环境。文献[9]提出一种可以识别工作流建模语言的可配置元素的方法，目的是为工作流模型添加合理的配置信息。文献[10]介绍了一种可配置的流程建模符号，该符号可以捕获任务执行过程中涉及的资源、数据和物理对象的功能，从而实现了流程模型的有效配置。文献[11]提出一种融合算法，该算法将一组流程变量融合到一个可配置的流程模型中，得到包含原始模型行为的融合模型，实现了流程模型变量的有效融合。文献[12]提出一种辅助可配置流程模型设计的自动化方法，通过提取、聚类、合并一个特定活动流程片段的操作来构造一个可配置的流程片段，实现流程设计者通过指定的流程可配置部分来达到配置流程模型的目的。文献[13]提供了一个正式的框架，该框架是为了保证个性化流程模型在配置过程的每个阶段都是正确的。文献[14]介绍了一种基于可配置模块的系统技术，目的是简化流程管理系统，从而提高系统的灵活性和可扩展性。文献[15]提出了一个基于 SWRL 的业务规则来实现业务流程配置的方法，目的是使用这些特定领域的规则来获得满足客户需求的特定规则。文献[16]提出一种管理可配置的业务流程的新方法，主要是从活动、资源、数据对象 3 个方面管理配置业务流程，实现业务流程的合理配置，满足客户的不同要求。

业务流程的配置信息可分为以下几类：
(1) 允许变迁是该活动可见并且可以被执行。
(2) 隐变迁是该活动可以被跳过而直接执行下一个活动，即该活动不可见。
(3) 阻塞变迁是在一定条件下删除该活动的选择分支，即不执行该执行的选择分支。

隐变迁是指一些存在于过程模型中，但没有出现在日志序列中的变迁。从事件日志中挖掘出隐变迁可以很好地还原模型，提高操作的运转效率，既而达到高效率的生产及服务。

定义 7.1(配置) 配置是一个分步函数 $T \xrightarrow{C} \{\tau, \vartheta, \theta\}$，$\mathrm{dom}(c)$ 是配置的变迁集合，$\forall t \in \mathrm{dom}(c)$，有：

$C(t) = \tau$ 是一个隐藏的变迁，被隐藏的变迁集为 $T_C^H = \{t \in \mathrm{dom}(c) | C(t) = \tau\}$；

$C(t) = \vartheta$ 是一个阻塞的变迁，被阻塞的变迁集为 $T_C^B = \{t \in \mathrm{dom}(c) | C(t) = \vartheta\}$；

$C(t) = \theta$ 是一个允许的变迁，被允许的变迁集为 $T_C^A = \{t \in \mathrm{dom}(c) | C(t) = \theta\}$。

定义 7.2(隐变迁) T' 是进程模型的变迁集合，l 代表来自 T' 的标记函数的定义域，变迁 $t \in T'$ 被称为隐变迁当且仅当 $t \notin \mathrm{dom}(l)$，即 t 不在 l 的定义域范围内。

下面给出隐变迁常见的几种类型：

(1) 给出完备日志 $W_1 = \{ABC, BAC\}$，由行为轮廓弱关系定义得知 $A \parallel_L B$，$A \rightarrow_L C$，$B \rightarrow_L C$，如图 7.1 所示。

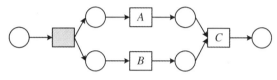

图 7.1　不可见任务类型 1

(2) 给出完备日志 $W_2 = \{ABC, AC\}$，由行为轮廓弱关系定义得知 $A \rightarrow_L B$，$A \rightarrow_L C$，$B \rightarrow_L C$，如图 7.2 所示。

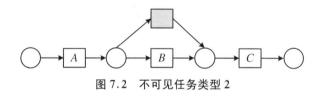

图 7.2　不可见任务类型 2

(3) 给出完备日志 $W_3 = \{ABC, ABBBC\}$，由行为轮廓弱关系定义得知 $A \rightarrow_L B$，$A \rightarrow_L C$，$B \rightarrow_L C$，如图 7.3 所示。

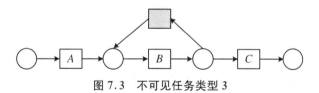

图 7.3　不可见任务类型 3

(4) 给出完备日志 $W_4 = \{ABCD, ACBD, ACD\}$，由行为轮廓弱关系定义得知 $A \rightarrow_L B$，$A \rightarrow_L C$，$A \rightarrow_L D$，$B \parallel_L C$，$C \rightarrow_L D$，如图 7.4 所示。

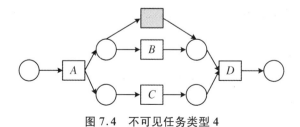

图 7.4　不可见任务类型 4

其中允许变迁为日志中存在、在模型中可见并且可以执行的变迁，如图 7.4 所示的变迁

A、B、C、D。

定义 7.3(阻塞变迁) T 是流程模型 N 的变迁集合，l 是定义域来自 T 的标记函数。

(1) 变迁 $t \in T$ 被称作阻塞变迁，若 $t \notin \mathrm{dom}(l)$（t 不在 l 的定义域范围内），且所有日志序列在日志中标签为 t 的变迁被移除后，t 之后的变迁不再发生。

(2) 变迁 $t \in T$ 被称作阻塞变迁，若 $t \in \mathrm{dom}(l)$（t 在 l 的定义域范围内），且存在部分日志序列不满足日志中标签为 t 的变迁被移除后，t 之后的变迁不再发生。

在一些业务流程模型中可能存在阻塞变迁，常见的阻塞变迁有两种类型：一种是阻塞变迁显示在给定的完备日志中，另一种是阻塞变迁不显示在给定的完备日志中。

(1) 给出完备日志 $L_1 = \{ABC, AB\}$，由日志的行为轮廓弱关系定义得 $A \rightarrow_L B, B \rightarrow_L C$，阻塞变迁挖掘结果如图 7.5(a)所示。

(2) 给出完备日志 $L_2 = \{ABDEG, ABDFG, ACDEG, ACD\}$，由日志的行为轮廓弱关系定义得 $A \rightarrow_L B, B \rightarrow_L D, D \rightarrow_L E, E \rightarrow_L G, D \rightarrow_L F, F \rightarrow_L G, A \rightarrow_L C, C \rightarrow_L D, D \rightarrow_L E, E \rightarrow_L G, B \parallel_L C, E \parallel_L F$，阻塞变迁挖掘结果如图 7.5(b)所示。

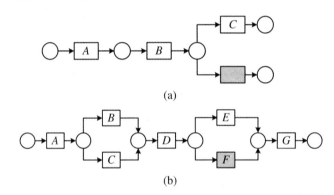

图 7.5　存在阻塞变迁的情况

7.1.3　配置挖掘

流程挖掘是一种从工作事件日志中提取有用信息的技术，主要是通过对流程运行产生的日志序列进行一定的分析，重现业务流程的实际过程，利用相关的知识对流程进行分析和优化等。而配置挖掘是对流程模型中存在的配置信息进行挖掘。在流程模型挖掘过程中，由于业务流程的需求灵活多变，流程模型越来越复杂，直接造成记录的事件日志出现一些问题，如某些变迁在运行过程中被隐藏（即隐变迁）、某些变迁在运行过程中被禁止执行（即阻塞变迁）等，从而使得流程模型中含有一定的配置信息。这些配置信息的存在会对流程模型具体行为的挖掘产生很大影响，导致在事件日志序列下对流程模型中配置信息的挖掘成为当下的重难点之一。

文献[17]提出一种不完整系统日志的流程挖掘方法，避免了一些不符合流程挖掘要求的日志不能使用流程挖掘来进行流程优化或变化分析的问题。文献[18]提出一个基于隐马尔可夫模型(HMM)的序列聚类算法，目的是使用 HMM 作为序列聚类算法的基础框架，从而实现流程的有效挖掘。文献[19]提出一种从事件日志中发现块结构化流程模型的方法，目的是从任何给定的日志中发现一组块结构的流程模型，使得该流程模型不仅合理而且符合观察到的行为。文献[20]提出一种新的流程挖掘算法 $\alpha^{\#}$,通过从事件日志中检测不可见任务来扩展经典 α 算法的挖掘能力,实现了 WF-net 中不可见任务的流程模型的挖掘。

7.1.4 配置优化分析

配置流程模型旨在适应特定的组织和项目需求,引导不同种类模型用于不同领域分析或方案设计。文献[21]提出假设参考流程模型的配置是语法和行为语义合理的,则个体化流程模型语法和行为语义也是合理的,并应用到 Event-driven Process Chains 中。然而现有的算法只能合并对齐的流程模型,且在满足需求方面具有局限性。文献[9]提出一种融合算法将一组过程变量融合到一个可配置的流程模型中,合并模型包含了原始模型的行为,确保了模型中每个变迁可到达,通过配置和个体化可得到任何输入模型,适用于整个流程模型。现有的可配置的流程建模符号的范围是一个限制,具体而言,这些符号集中在捕获任务和控制流依赖中,忽略了同样重要的业务成分数据和资源融合的过程。

由于每个用户都有一个特定的角度去描述不相关的业务流程模型,使得模型不能充分地适用任何流程模型。针对这个问题,配置过程模型可用于给不同的组织提供有效的信息。文献[22]概述了一个结合配置建模的方法,有利于实现过程模型的建立。文献[23]研究了可配置的流程建模符号,用于捕获资源、数据和物理对象。文献[24]引入活动社区环境的概念辅助业务流程设计,可适应复杂的流程模型,具体而言,这个方法适用于较大集合的流程模型,设计师根据实际需求设计活动,根据设计师推荐的活动,可以很容易地提高或扩大流程,实现更大的业务目标。文献[25]通过业务约束下的 SWRL 方法,提出在服务情况下自动化配置业务流程模型的方法,由 SWRL 规则指导变量,设计和实现可变点本体,通过可变点本体和 SWRL 规则编码本体获取可变点间的依赖关系,保证了个体化流程模型存在特定领域。为了关联两个流程模型中的配置变迁,文献[26]提出了一个进化方法,用模式系统代替过程活动,给出进化模式的指导,确保模式可以把所有变化运用到流程模型配置中。文献[27]提出了一种算法,用于提取、聚类和合并过程中的片段,围绕一个特定的活动,构建一个可配置的片段,以协助可配置的过程模型的设计。文献[28]提出了一种过程模型的重构技术,以及一组用于重构大型流程存储库的行为保护技术。可配置的流程模型语言应用于可配置的流程模型中,重构的模型使工艺设计人员可以有效应对制造过程模型,更易理解和维护模型。文献[29]定义了范围内的业务流程的可变性。提出一组变异模式,并解释了它们是如何使用的。通过对业务流程模式的改进,说明可变性设计模式是一系列业务流程的改进模式,通过配置和定制化服务使其重用,可有效地作用于改进的过程性能度量,实现模型的有效改进。

现有的方法缺乏可变性建模语义表示,大多数方法为建模配置过程模型提供机制,验证处理语法而不是语义。文献[30]提出了一个基于本体的方法,以提高可配置的过程模型验证效率,使整个业务流程访问实现智能查询、机器推理。为了解决配置业务流程模型过程中,不正确的配置引起的行为异常问题,文献[31]通过处理数据语义优化可配置的业务流程模型,提出在考虑数据流的情况下,如何有效地验证流程模型完备性的方法。为了方便工作,改善模型所造成的不确定性情况,文献[32]提出了一个软件支持的方法,自动创建能配置的模型,通过声明性语言、多目标函数、资源和控制流,创建灵活的可配置业务流程模型去解决这些不确定性。文献[33]提出了一种 BPaaS 可配置的方法,即允许客户确保他们的交易需求不被侵犯,适当配置这些活动、资源和在服务中使用的数据对象。该服务通过三步流程被配置和验证,应用二元决策图分析和检验模型。在业务流程管理的背景下,文献[34]提出在配置的过程中,一个特定的抽象目标可表示为约束下具体和抽象的过程与过程变换运营商之间的对应关系。它的框架不仅仅是简单的结构聚合,还利用了领域特定的属性、分类法、部分-整体关系和流标准来生成抽象流程模型的层次结构。在不同企业间的复杂变化环境中,目前的混合型 MBA 开发工具缺乏可变功能系统支持,文献[35]在一个真实世界中的业务流程实例中进行探索性研究,分析了业务流程层次上混合型 MBA 可变工作流的形成,保证了领域活动图的质量。文献[36]给出了配置和管理业务流程变量的高级概念,对于特定的业务流程,存在不同的变体,它们中的每一个都构成了一个主流程对构建流程上下文的特定需求的调整。当代流程管理的工具和方法不充分支持建模等过程变量。该变体必须在单独的过程模型中指定或者在同一过程模型中用条件分支表示。运用 Provop 方法提出的概念,提供了一个灵活、强大的业务管理过程变量以及针对它们整个生命周期的解决方案。这种变种支持将促进更多系统的过程配置以及维护。

7.1.5 本章主要内容

结合研究背景可以得出,目前业务流程模型的优化大多从静态角度出发,很少考虑到配置变迁。7.2 节在 Petri 网和行为轮廓的基础上,结合行为方面分析业务流程中的疑似变迁,首先对齐日志和模型;然后基于模型移动来动态定位变化区域,考虑变化变迁的接口部分,用配置变迁优化模型;最后通过对比给定模型和优化模型的适合度、行为适当性与行为轮廓一致性度,表明最优模型就是配置后的模型。

7.3 节举例分析了可配置的业务流程模型,通过配置信息约束变迁的行为,实现对流程模型的优化分析。

配置变迁的查找和使用使得流程模型的优化更具针对性,比如需要增加时间任务的活动无法被跳过或阻止,需要限制发生次数的任务也无法被配置,对于流程模型中任务复杂的片段进行配置则存在一定的局限性。对此,7.4 节提出基于片段适配的流程模型优化方法,并通过实例分析验证了该方法的有效性。

国内外学者对可配置业务流程和变化域方面做出的大量研究大多是从单个业务流程模型的角度出发,很少有基于合并模型来分析变化域的,针对合并后的可配置流程模型寻找变化域的研究更是少之又少。文献[37]中对合并模型可疑变化域的研究主要基于模型交互时产生的非一致区域进行分析,而 7.5 节在流程树的基础上引入平均权重距离和顺序矩阵,根据比较顺序矩阵中的不一致子矩阵来研究可配置流程模型的变化域。

7.2 基于配置变迁 Petri 网模型优化分析方法

为了迅速适应市场需求,针对业务流程模型进行优化分析显得越来越重要。已有的方法大部分基于静态定位变化区域,进而对该区域进行优化,具有一定的局限性。本节在 Petri 网和行为轮廓的基础上,从行为方面分析业务流程中可能存在的疑似变迁,根据日志和模型的对齐关系及跨序列日志关系,同时考虑接口部分,结合适合度和行为适当性,通过配置变迁优化初始模型,然后根据行为轮廓一致性度判定最优模型,最后用实例验证该方法的可行性。

7.2.1 基于配置变迁的变化域优化分析

1. 模型与日志间的对齐

已有的方法仅仅通过对齐进行模型优化,这就会带来问题,当存在模型上的移动($\bot$, t),它主要是延伸带变迁的网 N 在模型的 τ 变迁处跳过一个变迁 t,当存在日志移动(a, $\bot$),延伸网 N 通过在变迁 a 的位置加入自环变迁 t,这些延伸适用于模型和日志在迹上的移动,重点要说明这些延伸的位置。

表 7.1 中的(4)在重放 $ABDCE$ 后,这个网标识为$[p6, p7]$,重放变迁 F,发生在日志中,但不在模型中的日志移动(F, $\bot$),同理,变迁 D 不能发生在模型中,记作日志移动(D, $\bot$),表 7.1 中的(2)模型上的($\bot$, D),($\bot$, C),($\bot$, F),本章在此处加入一个与变迁 t 有相同前集与后集的 τ 变迁,同理可分析表 7.1 中的(1)、(3)。

表 7.1 日志和模型的对齐

(1)

A	B	D	E	F	D	F	G	H	J
A	B	$\bot$	E	$\bot$	D	F	G	H	J
[p1]	[p2,p3]	[p4,p5]	[p5,p6]	[p8,p6]	[p5,p6]	[p8,p6]	[p8,p9]	[p10]	[p11]

(2)

A	B	$\bot$	$\bot$	E	G	$\bot$	H	J
A	B	D	C	E	G	F	H	J
[p1]	[p2,p3]	[p2,p5]	[p4,p5]	[p6,p5]	[p5,p9]	[p8,p9]	[p10]	[p11]

(3)

A	B	$\bot$	$\bot$	$\bot$	$\bot$	$\bot$	J
A	B	E	D	F	G	H	J
[p1]	[p2,p3]	[p2,p6]	[p6,p5]	[p6,p8]	[p8,p9]	[p10]	[p11]

(4)

A	B	D	C	E	F	D	F	G	H	J
A	B	D	C	E	$\bot$	$\bot$	F	G	H	J
[p1]	[p2,p3]	[p3,p5]	[p2,p4]	[p6,p7]	[p7,p8]	[p8,p5]	[p8,p7]	[p9,p8]	[p7,p10]	[p11]

2. 模型移动的定位

一个日志 L 的最佳对齐包含较少的同步移动(相关定义见第 3 章),例如,日志 L 与模型 M 不对齐,许多的 τ 变迁和自环被加入。由于自环被加入到模型中的相同位置,使得模型中出现不符合要求的随机序列,降低了模型的精确性。已有的方法仅仅研究日志移动的单个变迁的定位,如 $b \in \Sigma$,本章研究日志移动的最大序列,发生在相同位置的移动最大序列是非拟合子迹,假设一个随机的但是最佳的对齐被给定,$z(M) = \{z(m)/m \in M\}$ 是日志 L 的迹到 M 的对齐,因此定位模型移动可以提高精确性。

定义 7.4(定位模型移动) 设 $z = (a_1, t_1) \cdots (a_n, t_n)$ 是一个关于模型 $M = (P, T, F,$

i_s,i_e,l)的对齐,对任意的移动(a_i,t_k),i_k是M的发生序列$t_1t_2\cdots t_{k-1}$作用下的发生标识,$\forall 1\leqslant k\leqslant n$,如果($a_k,t_k$)=($\bot,a_k$)是一个模型移动,那么($\bot,a_k$)的定位是一个库所集合 $\text{loc}(\bot,a_k)=\{p\in P/m_k(p)>0\}$定位在标识$i_k$处。

结合 Petri 网和行为轮廓,从行为方面动态分析业务流程中的变化域,而不仅仅是从静态方面分析。找到发生频数较高的日志,分析这些日志与流程模型间的对齐,找到可能引起变化的位置,通过动态定位,进一步确定变化区域。具体算法如下:

算法 7.1 基于配置变迁的变化域优化分析

(1) 把日志发生频数从高到低排列,找出发生频数较高(日志发生频数高,说明它在模型中发生的可能性大)的日志。

(2) 对齐发生频数较高的日志与流程模型的变迁,计算一个对齐的代价,即对齐(M,L,c)→β,$\forall x\in \Sigma$,计算日志移动($x,\geqslant$)在β中的数目,记为$\Delta(x)$,$\forall y\in T$,计算模型移动($y,\geqslant$)在β中的数目,记为$\Delta(y)$,记总代价$c^*(\beta)=\Delta x+\Delta y(\beta\in \Sigma\cup T)$。依此类推,重复上述过程,直至重放完所有的高频日志。

(3) 通过比较,找到代价较大的对齐(代价大,说明模型与日志移动多,出现变化的可能性大)。

(4) 根据定义 7.4,对日志的行为关系,$\forall 1\leqslant k\leqslant n$,如果($a_k,t_k$)=($\bot,a_k$)是一个模型移动,那么($\bot,a_k$)的定位是一个库所集合 $\text{loc}(\bot,a_k)=\{p\in P/m_k(p)>0\}$定位在标识$i_k$处动态定位模型中移动的位置,确定变化变迁的位置,根据变化变迁的上下位关系和上下文语义,确定疑似变化域$C_i(1\leqslant i\leqslant k)$。

(5) 用剩余的代价较高的对齐日志作为控制流进一步确定变化区域,最终有
$$C_r = C_1\cup C_2\cdots \cup C_k$$

定义 7.5(接口变迁) 在模型$PN=(P,T,F,i,o,l)$中,i是初始库所且$\cdot i=\varnothing$,$i\cdot\neq\varnothing$,o是最终库所且$\cdot o\neq\varnothing$,$o\cdot=\varnothing$,l是网PN的标签,它的行为轮廓为$B_{PN}=\{\rightarrow,\times,\parallel\}$。若$y_i$是模型中的变化变迁,$PN$的向前接口变迁为与$y_i$直接严格序的向前所有边界节点,即$PC\subseteq P$,若$\exists a\rightarrow_{PN} y_i$,则$\exists b\in P$,使得$a\rightarrow_{PN} b\rightarrow_{PN} y_i$,则$a$是$y_i$的前接口变迁。类似可定义$y_i$的后接口变迁$c$。$a$和$c$合称为$y_i$的接口变迁。

定义 7.6(行为轮廓一致性度)[38] 设$CP_1=(A_1,T_1;F_1)$和$CP_2=(A_2,T_2;F_2)$分别是两个不同的流程 Petri 网模型,它们间的对齐关系记作~,$CT_1\subseteq T_1\times T_1$、$CT_2\subseteq T_2\times T_2$分别表示它们的对应一致性变迁对集合,两个模型间行为轮廓一致性度被记作

$$CBP(CP_1,CP_2)=\frac{\sum_{\langle t_x,t_y\rangle\in CT_1\cup CT_2}|(t_x,t_y)|}{\sum_{\langle t_x,t_y\rangle\in \langle T_1,T_1\rangle\cup \langle T_2,T_2\rangle}|(t_x,t_y)|}$$

对源模型中存在的变化域,选取增量日志来验证和优化给定模型。由于变化变迁的接口变迁很可能会存在变化,验证指判断增量日志中弱序关系与给定流程模型的相应活动的行为轮廓关系是否一致。大家通常关注这样一个问题,如果增量日志的弱序关系与初始模型的对应行为轮廓关系不一致,那么如何调整并进行优化?本节标记了模型和日志不对齐的地方,通过日志与模型的一致性评判标准进行调整,改善流程模型。

通过算法 7.1 我们找到了给定模型的变化域,下面给出通过配置变迁对模型进行优化分析的算法。

算法 7.2 变化域的优化方法研究

输入:带变化域的流程模型。

输出:优化的流程模型。

(1) 根据定义 7.5,找到变化变迁的接口变迁,结合变化变迁和它的接口变迁作为一个新的变化区域,转入步骤(2)。

(2) 若日志包含新变化区域中的变迁,且迹的变迁数超过最长序列一半,则记为增量日志,转入步骤(3),否则舍弃。

(3) 计算增量日志的弱序关系,转入步骤(4)。

(4) 将增量日志中所有弱序关系与初始模型的对应行为轮廓关系进行对齐,在行为不一致的地方加上配置变迁,同时加入或删除一些路径来调整模型,得到 $M_1,M_2,\cdots$。

(5) 根据定义 7.4,计算模型和增量日志的适合度,若 $a_{LP}>0.9$,则计算行为适当性 a_B,同时使 $A_{LP}=a_{LP}+A_{LP}$,$A_B=a_B+A_B$(A_{LP} 和 A_B 的初始值为 0),转入步骤(7),否则舍弃此标签和它的相应路径计算,转入步骤(6)。

(6) 加入一条新的日志,转入步骤(4)。

(7) 在标签相同的位置,如果 $w_i \cdot a_{LP}(S_j)+w_k \cdot a_B(S_j)/(w_i+w_k)>w_i \cdot a_{LP}(S_0)+w_k \cdot a_B(S_0)/(w_i+w_k)$ ($w_i>w_k$),其中 $j=1,2,\cdots$,则得到模型 M_j,进入步骤(8),否则舍弃模型 M_j。

(8) 根据定义 7.6,计算模型 M_j 和模型 M_0 的行为轮廓一致性度,选择与给定模型 M_0 一致性度最大的模型 M_j^* 作为新模型。

(9) 转入步骤(1),直到给定的全部标签做出最佳调整,得到最优业务流程模型。

7.2.2 实例分析

下面我们用一个简单实例来说明上述方法的可行性。表 7.2 事件日志中给出了日志的执行轨迹与实例数。按实例数从大到小排列,结果如下:

$\{\langle ABCDEFGHJ \rangle^{4832},\langle ABDFDFGHJ \rangle^{3996},\langle ABEGHJ \rangle^{2825},\langle ABDCEDFFGHJ \rangle^{2235},$
$\langle ABJ \rangle^{1085},\langle ABDFCEGHJ \rangle^{660},\langle ABCDEFHJ \rangle^{560},\langle ABCEGHJ \rangle^{224}\}$

结合表 7.3 的对齐关系,找到变化变迁 C、D、F,结合上下位关系和语义,确定变化区域如图 7.6 中虚线区域所示。

表 7.2 事件日志

实例数	事件轨迹
4832	$ABCDEFGHJ(L_1)$
2235	$ABDCEFDFGHJ(L_2)$
3996	$ABDFDFGHJ(L_3)$
560	$ABCDEFHJ(L_4)$
2825	$ABEGHJ(L_5)$
224	$ABCEGHJ(L_6)$
660	$ABDFCEGHJ(L_7)$
1085	$ABJ(L_8)$

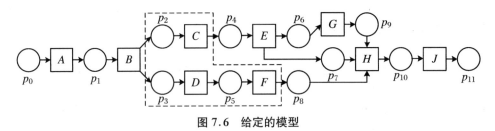

图 7.6 给定的模型

根据算法 7.2，利用增量日志调整模型，用配置变迁优化模型，计算优化模型和给定模型的行为轮廓一致性度，找到行为轮廓一致性度最大的且是最佳对齐的，得到优化后模型如图 7.7 所示。

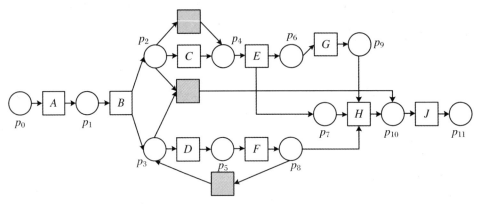

图 7.7 优化后的模型

得到上述优化模型后，我们将其与基于文献[39]的方法从精度、适合度、行为适当性方面做了比较，以说明该方法的有效性，具体结果如表 7.3 所示。

表 7.3 结果对比

日志		Case				
		240	360	500	650	850
本文方法	精度	0.981	0.988	0.994	0.986	0.979
	适合度	0.985	0.989	0.996	0.982	0.979
	行为适当性	0.977	0.986	0.992	0.989	0.979
文献[39]方法	精度	0.972	0.984	0.986	0.979	0.968
	适合度	0.970	0.985	0.990	0.976	0.963
	行为适当性	0.974	0.983	0.988	0.983	0.974

7.3 业务流程配置适合性检测和优化算法

可配置的流程模型近来作为实现重用流程设计的基石获得了动力。配置模型以一般方式对类似流程的公共和可变部分进行分组。由于这些流程通常很大且复杂，其配置显然是一项困难的任务。可配置的参考流程模型也可以根据利益相关者的要求指导和得出定制的业务流程,包括来自不同业务领域的组织的常见和可变过程,这些参考流程模型被设计和重用。因此,对辛苦建立的配置模型给出更加适合的检测变得很关键。本节在研究大量配置模型的基础上,分析了它们的建模方法和存在的问题,利用因果行为轮廓的概念给出了一个检测配置模型适合性的方法,丰富了模型适合性检测内容。

7.3.1 业务流程不适合配置检测

在一个复杂的流程模型中可以用配置的手段(阻塞和隐藏)对变化流程进行控制。隐藏是跳过该活动变迁,并不影响系统达到弱终止;而阻塞使该活动变迁从活动中移除,永远不会发生且肯定会影响其他变迁的发生,导致系统行为异常。因此本文主要考虑的是阻塞配置对系统适合性的影响,系统优化也是对阻塞配置的优化。

在模型设计的时候,配置适合性检测是个很重要的问题。为了检测模型配置的适合性,先从被阻塞配置的变迁入手,找出与该阻塞变迁向前、向后构成因果行为的变迁,即关联变迁集。下面给出这个算法:

算法 7.3 检测不合理的配置

输入:带配置的流程模型 CP,被阻塞的变迁集 T_C^B。

输出:关联变迁集。

(1) 对于被阻塞变迁 $t_0 \in T_C^B$,计算 $\cdot t_0$,令 $\alpha = \{t \mid t \in \cdot(\cdot t_0)\}$。

(2) 若 $t_a \in \alpha \land t_a \in T_C^B$,执行步骤(6)。

(3) 如果 $t_b \in \alpha \land t_b \notin T_C^B \land t_b \gg t_0$,则输出 t_b 和 $(t_b)\cdot$。

(4) 继续对 t_i 执行步骤(3)、(4),直到不存在 t 满足 $t \gg t_0$,执行步骤(7)。

(5) 对于被阻塞变迁 $t_0 \in T_C^B$,计算 $t_0\cdot$,令 $\beta = \{t \mid t \in (t_0\cdot)\cdot\}$。

(6) 若 $t_j \in \beta \land t_j \in T_C^B$,执行步骤(9)。

(7) 如果 $t_j \in \alpha \land t_j \notin T_C^B \land t_j \gg t_0$,则输出 t_j 和 $\cdot(t_j)$。

(8) 继续对 t_j 执行步骤(7)、(8),直到不存在 t 满足 $t \gg t_0$。

(9) 程序结束。

通过算法 7.3,我们可以找到哪些配置不合理,以及由不合理配置产生的关联变迁与异常库所状态集,据此可计算模型合理性度。可以提前设定一个合理性度的值,把计算出来的合理性度与给定的值比较,如果高于这个值,说明模型合理性度高,不需要优化,若低于这个值则说明模型需要进行优化。

7.3.2 业务流程不适合配置优化

对于适合度低的配置模型,本书给出了三种优化的方法:第一种是删除部分阻塞配置,即把某部分不合理阻塞配置删除;第二种是弱化阻塞配置,即把阻塞降为隐藏;第三种是强化关联变迁配置,即把关联变迁全部阻塞。对于被阻塞的强制变迁集通常采用删除该配置的方法,因为强制变迁处于系统运行中的关键节点,阻塞了任何一个系统都不能运行下去。根据网系统的结构,下面给出优化算法:

算法 7.4　低适合度配置优化

输入:带配置的网系统,阻塞变迁集,关联变迁集。

输出:优化的配置系统。

(1) 由因果行为轮廓定义找出与初始变迁和最终变迁互为因果行为轮廓的强制变迁集 T_M。

(2) 如果 $\exists t_i \in T_M \wedge t_i \in T_C^B$,则对 t_i 执行删除配置操作。

(3) 若 $t_k \in T_B^C \backslash T_M \wedge ^\# K_k \neq \varnothing \wedge K_k^\# = \varnothing$,如果存在 $t_x \in T \backslash T_C^B$ 满足 $t_x \updownarrow t_k$,则对 t_k 的关联变迁集 K_k 执行弱化配置操作,否则对 t_k 执行删除配置操作。

(4) 若 $t_l \in T_B^C \backslash T_M \wedge ^\# K_l = \varnothing \wedge K_l^\# \neq \varnothing$,如果存在 $t_y, t_z \in K_l^\#$ 满足 $t_y \updownarrow t_z$,则对 t_l 执行强化关联变迁配置操作,否则对 t_l 的关联变迁执行强化配置操作。

(5) 若 $t_m \in T_B^C \backslash T_M \wedge ^\# K_m \neq \varnothing \wedge K_m^\# \neq \varnothing$,则对 t_m 执行删除或者弱化配置操作。

(6) 输出最终的配置系统。

7.3.3　实例分析

如图 7.8 所示是带配置的某电子商务网站订单处理流程图,其中 A 表示接收客户订单,B 表示客户分析,C 表示个人订单,D 表示团体订单,E 表示普通客户,F 表示普通信用度,G 表示高信用度,H 表示 VIP 客户,I 表示全额付款,J 表示分期付款,K 表示购买保险,L 是沉默变迁不代表任何活动,M 表示检查/更新请求,N 表示提交请求,O 表示请求变化,P 表示审核请求,Q 表示确认订单。

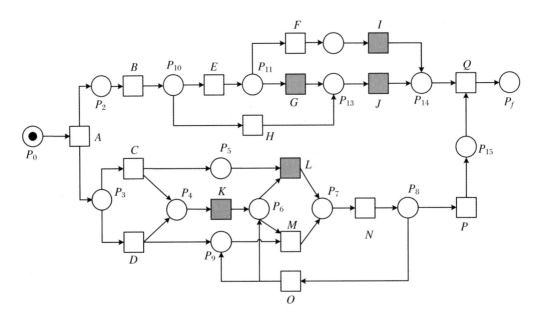

图 7.8　带配置的订单处理流程图

在实际情况中,有时候商家可能会因为资金链紧张而关闭分期付款这一政策,或者该网站不接受个人订单,即阻塞变迁 J 和 C。对此,我们根据算法 7.3,求出关联变迁集,检测该模型的正确性。图 7.9 中阻塞变迁集合 $T_C^B = \{C, G, I, J, K\}$,求得关联变迁集:

$^\#K_C = \varnothing, K_C{}^\# = \{L\}; {}^\#K_G = \varnothing, K_G{}^\# = \varnothing; {}^\#K_I = \{F\}, K_I{}^\# = \varnothing;$
$^\#K_J = \{H\}, K_J{}^\# = \varnothing; {}^\#K_K = \{A,D\}, K_K{}^\# = \{N,P,Q\};$
$P_B = \{P_4, P_5, P_6, P_7, P_8, P_{11}, P_{12}, P_{13}, P_{14}, P_{15}\}$

假定关联变迁和异常状态集所占的权重各为 50%，由此可得到该模型的适合性为

$$H_S = 1 - \left(\frac{6}{17-6} \times 50\% + \frac{11}{15} \times 50\%\right) \approx 0.3606$$

可见该模型的配置适合性比较低。

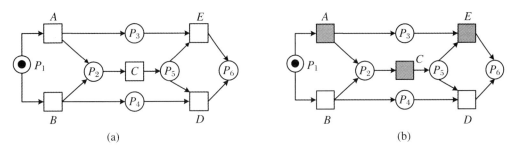

图 7.9　不正确配置示意图

下面根据算法 7.4 对模型进行优化。由因果行为轮廓定义找出与初始变迁和最终变迁互为因果行为轮廓的强制变迁集 $T_M = \{A, B, K, N, P, Q\}$。$T_M \cap T_C^B = \{K\}$，所以根据算法 7.4 步骤(1)我们把 K 从阻塞配置中删除，即 $T_C^B = T_C^B \backslash \{K\}$。库所 P_{11} 的输出路径和 P_{14} 的输入路径相同且两条路径都有阻塞变迁，所以我们移除其中一条路径的阻塞变迁。$^\#K_J = \{H\}, K_J{}^\# = \varnothing$，根据步骤(4)、(5)，对 J 关联变迁 K_J 执行强化操作阻塞变迁 H。对于变迁 $C, {}^\#K_C = \varnothing, K_C{}^\# = \{L\}$，根据步骤(7)、(8)，阻塞变迁 L，即 $T_C^B = T_C^B \bigcup \{L\}$。最终优化后的模型如图 7.10 所示。

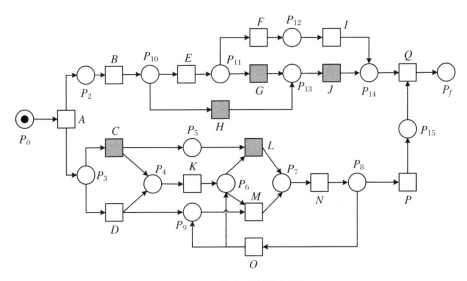

图 7.10　优化后的流程图

计算优化后的模型适合度：

$$H_S = 1 - \left(\frac{0}{17-5} \times 50\% + \frac{2}{15} \times 50\%\right) = 0.9333$$

远远高于之前的 0.3606,证明优化后模型适合性提高了很多。

7.4 基于片段适配的业务模型的优化方法

业务流程模型优化是业务流程管理的核心内容之一,交互流程模型是系统运行过程中资源和顾客之间交互产生的,对交互流程模型进行优化分析不仅能够提高资源的利用率,还可以使得系统更好地服务顾客。已有的优化方法多是基于配置变迁的观点,通过挖掘隐藏变迁和阻止变迁优化流程模型,但是在处理带有时间/次数信息或添加指定任务的模型要求方面,挖掘配置变迁的优化方法存在一定的局限性。本节提出基于片段适配的交互流程模型优化方法。首先,基于配置流程模型分析系统运行反馈的模型要求,查找需要进行适配处理的流程片段。其次,撤销配置流程模型中与适配片段重叠的隐藏变迁和阻止变迁,保留其他配置变迁。最后,基于模型要求选择恰当的适配模式类型,通过适配规则对适配片段增加时间任务或限制其发生次数,以此对配置流程模型进行优化。本节的最后通过实例和仿真分析验证了该优化方法的有效性。

7.4.1 引例

随着网络技术的发展,网上订购飞机票越来越受到欢迎。基于网上订票系统,考虑如图 7.11 所示的源模型。根据图 7.11,网上订票系统由三个模块交互形成,即乘客中心、航空公司和支付中心。乘客进入乘客中心,通过填写个人信息注册登录账号,然后选择业务进行交易;航空公司则需要实时监管系统中票务情况,不断地为乘客更新机票信息,以便乘客购换机票;支付中心则负责乘客的缴、退款任务。

流程模型管理在网上订票系统中发挥了重要作用,源模型中三个模块有效交互,保证了系统完整、正常的运行。但是,源模型并不完全适用于实际操作的所有情况。相反,其在一些情况下的运行比较冗长低效,而且部分任务信息并不明确,比较模糊。例如,在实际情况中,已注册的乘客在下次进入系统的时候可以直接登录,不需要再次填写个人信息注册账号;办理改签业务的乘客也无需重新输入机票信息(国内/国际、单程/往返、出发城市、目的城市),只需要更改机票出发日期或者乘坐舱位即可;改签或退订机票也应该有时间限制,比如飞机起飞后停止该机票的一切业务办理;流程中的会员积分如何进行记录,会员卡类型又是如何划分;对已经完成一次积分的机票进行改签或退票时,积分如何记录,等等。

上述例子显示,交互流程模型并不一定能简单高效地运行,而且模型内部的任务信息并不一定表达明确。因此,对流程模型进行合理优化从而获得质量、效率更高,任务更加清晰明确的模型是很有必要的。本节基于 Petri 网配置和适配给出两种优化算法,并基于网上订票系统的源模型验证了基于片段适配的优化方法的有效性。

第 7 章 基于配置的业务流程变化域优化分析

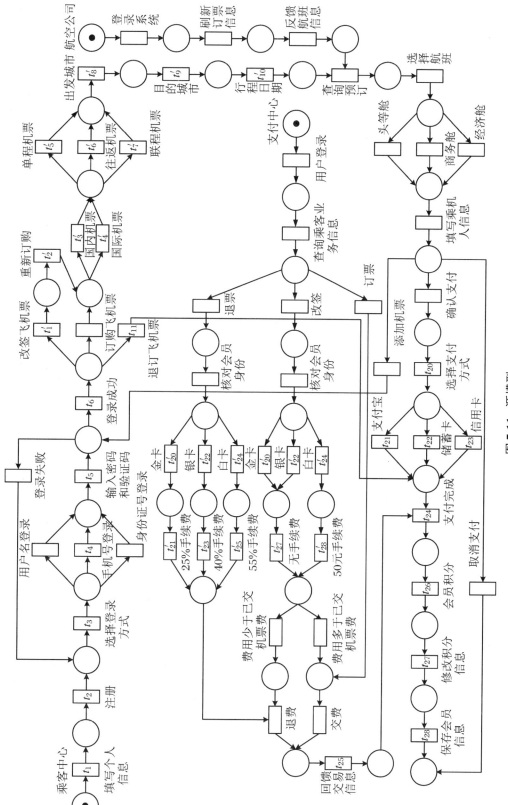

图 7.11 源模型

7.4.2 基本概念

这一部分给出交互流程模型优化方法的基础知识。Petri网的性质中提到了Petri可达性,这里可达性是指在一个Petri网中,存在一个变迁$t \in T$,且该变迁满足发生规则,如果该变迁使得$M[t>M'$,那么称标识M'是从M可达的。如果把所有的可达标识看作顶点,连接相应的弧,可以定义可达图。

定义7.7(可达图)[40] 一个Petri网PN的可达图是一个有着顶点和弧的图,其中顶点对应网PN中的各个标识,弧被定义为:(M_1, M_2)是可达图中的一个弧,当且仅当在网PN中有$M_1 \rightarrow M_2$。

对于一个标签工作流网PN,其可达图中的每一个弧都被对应的变迁标签所标记。

定义7.8((标签)工作流网)[41] 设$PN = (P, T, F)$是一个(标签)Petri网,PN是一个(标签)工作流网(WF-nets)当且仅当:

(1) 存在唯一的源库所$p_s \in P$和汇库所$p_e \in P$,其中$\cdot p_s = p_e \cdot = \varnothing$;

(2) 对$P \cup T$中的任意节点,从源库所p_s到汇库所p_e都有一条路径,即$\forall n \in P \cup T$,$(p_s, n) \in F \wedge (n, p_e) \in F$;

(3) PN的初始标识只有源库所中包含一个token。

工作流网是Petri网的一个特殊子集,可以被用来构建工作流流程模型。在一个工作流网PN中,用i来表示初始标识,用f来表示终止标识。其中,终止标识表示下只有汇库所包含一个token。

7.4.3 基于Petri网优化交互业务流程模型

已有的流程模型优化方法主要关注配置变迁的挖掘,本部分首先基于Petri网配置提出交互流程模型的优化算法。基于Petri网配置的优化算法,主要是基于合理的工作流网,查找有效的隐藏变迁和阻止变迁,以此将源模型转化为可配置的交互流程模型,从而优化源模型。配置流程模型中不能包含带有时间/次数等信息的指定任务,为了解决这一问题,本部分又提出了基于Petri网片段适配的优化算法,该算法基于配置流程模型分析模型要求和适配变量查找适配片段,结合准确的适配模式,输入合理的适配规则对流程模型进行适配优化。

1. 基于配置优化流程模型

一个合理的交互流程模型Petri网从最初的运行到最后的终止,其中每个活动(变迁)的发生都不是任意执行的,除了Petri网理论规定的变迁发生规则以外,还会具有一定的限制条件。这种限制在不同的Petri网系统中并非完全相同,即使是在同一个流程模型中,其各个部分的限制也可能是不同的。为了更好地理解系统中变迁发生的限制条件,给出流程模型Petri网中限制的定义。

定义7.9(限制) 给定一个流程模型Petri网$PN = (P, T, F, G)$,T是有限非空变迁集,$\forall t \in T$,称这个变迁是被限制的,当且仅当变迁t的发生是被约束的,记作$\lim(t)$。

定义7.10(Petri网配置)[21] 配置是一个分步函数$T \xrightarrow{C} \{\hbar, \partial, l\}$,$\text{dom}(c)$是配置的变迁集合,$\forall t \in \text{dom}(c)$,有:

(1) $C(t)=\hbar$ 是一个被隐藏的变迁,被隐藏的变迁集为 $T_C^H=\{t\in \mathrm{dom}(c)\,|\,C(t)=\hbar\}$;
(2) $C(t)=\partial$ 是一个被阻止的变迁,被阻止的变迁集为 $T_C^B=\{t\in \mathrm{dom}(c)\,|\,C(t)=\partial\}$;
(3) $C(t)=l$ 是一个被允许的变迁,被允许的变迁集为 $T_C^A=\{t\in \mathrm{dom}(c)\,|\,C(t)=l\}$。

由于流程模型中的变迁可以被强制阻止或隐藏(见图7.12),为了避免无效配置,被配置的流程模型所对应的网系统必须是一个工作流网,同时要求该流程模型是一个完全流程模型,下面给出配置流程模型和完全流程模型的定义。

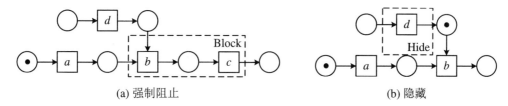

图 7.12　强制阻止和隐藏

定义 7.11(配置流程模型)[21]　配置流程模型是一个二元组 $CP_N=(N,C)$,其中 $N=(P,T,F,L)$ 是一个带标签的流程模型,$C\subseteq T\to\{\hbar,\partial,l\}$ 是一个配置集合。

定义 7.12(完全流程模型)　模型 $N=(P,T,F,L)$ 是一个带标签的流程模型,$M:P\to\{0,1,\cdots\}$ 是流程模型中的一个标识,χ 是标识集合,N 是一个完全流程模型,当且仅当对任意的 $M\in\chi$,$M_0\xrightarrow{\sigma_i}M$,总存在 σ_j 使得 $M\xrightarrow{\sigma_j}M_f(i,j\geqslant 1)$。

算法 7.5　基于 Petri 网配置优化交互流程模型

输入:源模型,处理过的模型运行数据 case。
输出:配置流程模型。

(1) 检测源模型对应的网系统是否为工作流网,或其网系统可以划分为工作流网模块的集,即网(或子网)存在唯一的源库所和汇库所 $p_s、p_e\in P$,使得 $\cdot p_s=\varnothing\wedge p_e\cdot=\varnothing$。若满足,转至步骤(2),否则终止算法。

(2) 确保模型为完全流程模型,即对模型中任意可达标识(终止标识除外),总会存在一个发生序列使其到达下一个标识状态。若满足,转至步骤(3),否则终止算法。

(3) 查找处理过的模型运行数据 case 中的变迁 $t_C\in T_C$,其中 T_C 是 case 的变迁集。若 $t_i\notin T_C\wedge t_i\in T(i\geqslant 1)$,则记录 t_i 为可疑配置变迁,转至步骤(4),否则转至步骤(6)。

(4) 若 t_i 满足流程模型中至多连续5个前驱变迁以外的变迁 $t_{i-j}\in T_C\wedge t_{i-j}\in T(1<j\leqslant 5)$,同时流程模型中至多连续5个后继变迁以外的变迁 $t_{i+j}\in T_C\wedge t_{i+j}\in T$,且 $\exists\sigma',\sigma_c\subset T$,使得 $\sigma'=\{\sigma_c\,|\,t_s\xrightarrow{\sigma_c}t_e\}$,其中 $t_s,t_e\in T$ 分别是源变迁和汇变迁,若 $t_i\in\sigma_c$,则变迁 t_i 为隐藏变迁,标注 Hide,即变迁 t_i 在 case 中没有发生,但是其前驱变迁或后继变迁(至多连续5个以外)在 case 中和流程模型中都可以发生,且变迁 t_i 在流程模型中仍可发生,则 $l(t_i)=\hbar$,记 $t_{C_h}^H=\{t_i\in T\,|\,t_i\notin T_C\wedge t_i\in T\}$,$T_C^H=\bigcup_{h=1}t_{C_h}^H(h\geqslant 1)$,转至步骤(7),否则转至步骤(5)。

(5) 若 t_i 满足流程模型中的前驱变迁 $t_j\in T_C\wedge t_j\in T(1<j<i)$,同时流程模型中至多连续5个后继变迁以外的变迁 $t_{i+k}\notin T_C\wedge t_{i+k}\notin T(1<k\leqslant 5)$,且 $\exists\sigma',\sigma_c\subset T$,使得 $\sigma'=\{\sigma_c\,|\,t_s\xrightarrow{\sigma_c}t_e\}$,若 $t_i\notin\sigma_c$,则变迁 t_i 为阻止变迁,标注 Block,即变迁 t_i 在 case 中没有发生,其前驱变迁在 case 中和流程模型中都可以发生,但是变迁 t_i 及其后继变迁在 case 中和

流程模型中都不能发生,则 $l(t_i)=\partial$,记 $t_{C_h}^B=\{t_i\in T\mid t_i\notin T_C\wedge t_i\in T\}$, $T_C^B=\bigcup_{h=1}t_{C_h}^B$ ($h\geqslant 1$),转至步骤(7),否则转至步骤(6)。

(6) 没有被限制的其他变迁 $t\in T_C$(隐藏变迁和阻止变迁以外的变迁)不需要进行配置处理,在源模型中不发生任何变化,记 $T_C^{\hat{c}}=\{t\in T_C\mid t\in T_C\wedge t\in T\}$。转至步骤(7)。

(7) $N_C=(T_C^H,T_C^B,T_C^{\hat{c}})$ 为初步配置的流程模型,基于步骤(2)检验该模型是否为完全流程模型,若满足,则输出 N_C,算法结束,否则转至步骤(3)。

算法7.5的重点在于查找流程模型中的隐藏变迁和阻止变迁,从而对源模型进行配置优化。但是在源模型中,一些模型要求对部分活动(变迁)增加时间任务,或者要求限制其发生次数,这些任务通过算法7.5难以实现。为了解决这个问题,下面提出基于适配的流程模型优化方法。

2. 基于适配优化流程模型

本部分基于文献[42]介绍一种 vBPMN 的适配方法。vBPMN 是指变量业务流程管理概念,是一种基于流程模型片段的适配方法,包含了三个主要概念:适配片段、适配模式和适配规则。

定义7.13(适配) 适配是一个分步过程 $\overleftrightarrow{T}\stackrel{A}{=}\{S,Pa,R\}$,$\mathrm{dom}(A)$ 是适配的片段变迁集合,对任意的片段变迁 $\overleftrightarrow{t}\in\mathrm{dom}(A)$,有:

(1) 适配片段 $S\subseteq T$, $S=\{t_1,t_2,\cdots,t_i\}$,其中 $i\geqslant 1$;
(2) 适配模式 Pa 分为两类,信息模式和平行插入模式;
(3) 适配规则 R 在适配变量的基础上被键入适配过程。

定义7.14(适配流程模型) 适配流程模型是一个二元组 $N_A=(N,A)$,其中 $N=(P,T,F,L)$ 是一个带标签的流程模型,$A=\{S,Pa,R\}$ 是一个适配过程。

定义7.15(适配片段) 适配流程模型 $N_A=(N,A)$ 中,由开始节点①和终止节点①表示的部分为适配片段 S, $S=\{t\}$ 为单片段;$S=\{t_s,\cdots,t_f\}$(t_s 和 t_f 分别为源变迁和汇变迁)为全片段;其他片段为一般片段。

vBPMN 基于自身流程建模语言指定了适配行为,由此适配模式可以被自身解释,同时可以被任意修改和扩展。多重的适配模式由单个的适配模式嵌套和合并组成,这就规定了适配片段必须是单进单出(SESE)的结构。实际上,SESE 结构是适配片段的一个弱约束,有研究[43]指出不同领域中95%的流程模型是 SESE 结构,或者可以转换成为 SESE 结构。

定义7.16(适配规则) 适配规则 R 建立了适配变量和流程适配之间的联系,一个抽象的语法表示如下,其中 * 表示 $0\sim n$ 的迭代:

ON *entry-event*
IF ⟨*data-context*⟩
THEN APPLY [⟨*pattern*((*parameter* = *value*) *))⟩] *

算法7.6 基于 Petri 网适配优化交互流程模型

输入:配置流程模型,模型要求,适配变量 $X=\{x_1,x_2,\cdots\}$。
输出:适配流程模型。

(1) 基于信息不完善的配置流程模型,结合模型要求和适配变量 $X=\{x_1,x_2,\cdots\}$ 查找适配片段 $S=\{t_1,t_2,\cdots,t_j\}$,其中 $j\geqslant 1$。分析变量 x_i,考虑其在模型要求中的作用,根据所有的模型要求,在配置流程模型中添加开始节点①和终止节点①表示适配片段。为了确保片段的单进单出结构,适当裁剪片段类型。

(2) 若适配片段 $S\cap C'\neq\varnothing$($C'\subseteq T\rightarrow\{\hbar,\partial\}$ 是配置流程模型的隐藏变迁和阻止变迁的集合),即适配片段与配置变迁有重叠部分,则对重叠部分撤销配置变迁,并进行适配处理,转步至骤(4),否则转至步骤(3)。

(3) 若适配片段 $S\cap C'=\varnothing$,即适配片段与配置变迁无重叠部分,则保留配置流程模型中的配置变迁,并对该片段进行适配处理。

(4) 确定适配模式 Pa。若模型要求适配片段包含时间/次数等信息,则采取信息模式;若模型要求适配片段执行特定任务,则采取平行插入模式;若模型既要求适配片段包含信息,又要求其执行特定任务,则考虑多重的适配模式。

(5) 适配片段 S 中输入适配规则 R。

(6) 完成适配过程,检验适配流程模型 $N_A=(N,A)$ 是否为完全流程模型,即对模型中的任意可达标识(终止标识除外),总会存在一个发生序列使其能够到达下个标识状态。若 $N_A=(N,A)$ 是一个完全流程模型,则输出 N_A,算法结束;否则,转至步骤(1)。

7.4.4 实例仿真分析

本节选择某网站的机票订购系统进行了模型分析,之后针对分析结果基于本章提出的优化方法对其进行相应的优化操作。

1. 配置优化分析

基于 Petri 网配置优化交互流程模型的方法,为了确保优化的有效性,首先检验源模型所对应的网系统是否为工作流网,或者检验源网系统是否可以划分为工作流网模块的集。根据算法 7.5 的步骤(1),源模型中包含了 3 个源库所,且每个源库所中都包含了一个 token,显然源模型不是工作流网,但是源模型可以被划分成三个分别以乘客中心、航空公司和支付中心为模块的子网,每个子网存在唯一的源库所 p_s 和汇库所 p_e。另外,模拟源模型的运行,该模型为完全流程模型。检验了源模型的有效性之后,基于算法 7.5 中步骤(3)~(6)查找分析模型运行数据 Case(见表 7.4),确定配置变迁。

表 7.4 运行数据 Case

	Case
1	$t_3\ t_4\ t_5\ t_6\ t_1'$
2	$t_1'\ t_2'\ t_{10}'$
3	$t_{20}\ t_{21}\ t_{25}\ t_{24}\ t_{26}\ t_{27}\ t_{28}$
4	$t_{20}\ t_{22}\ t_{25}\ t_{24}\ t_{26}\ t_{27}\ t_{28}$
5	$t_{20}\ t_{21}\ t_{25}\ t_{24}$
6	$t_{20}\ t_{22}\ t_{25}\ t_{24}$

Case1 中包含变迁 $t_3\ t_4\ t_5\ t_6\ t_1'$,对比源模型,变迁 t_3 的前驱变迁 t_2 和 t_1 不包含于 Case1 中,即 $t_1,t_2\notin T_C\wedge t_1,t_2\in T$,且源模型为完全流程模型,所以存在包含变迁 t_1 和 t_2 发生序列使得源变迁发生到达汇变迁,即变迁 t_1 和 t_2 为隐藏变迁,$t_{C_1}^H=\{t_1,t_2\}$,标注 Hide;Case2 中包含了变迁 $t_1'\ t_2'\ t_{10}'$,同 Case1 中变迁的分析,变迁 t_2' 的后继变迁、t_{10}' 的前驱变迁 $t_3'\ t_4'\ t_5'\ t_6'\ t_7'\ t_8'\ t_9'$ 均不包含于Case2,即 $t_3'\ t_4'\ t_5'\ t_6'\ t_7'\ t_8'\ t_9'\notin T_C\wedge t_3'\ t_4'\ t_5'\ t_6'\ t_7'\ t_8'\ t_9'\in T$,由于

变迁 $t'_{10} \in T_C \wedge t'_{10} \in T$(变迁 t'_{10} 发生),所以 $t'_3 t'_4 t'_5 t'_6 t'_7 t'_8 t'_9$ 在源模型中被跳过,$t^H_{C_2} = \{t'_3, t'_4, t'_5, t'_6, t'_7, t'_8, t'_9\}$,标注 Hide;Case3 和 Case4 的差别在于变迁 t_{21} 和 t_{22},对比源模型知道变迁 $t_{23} \notin T_C \wedge t_{23} \in T$,且不存在包含变迁 t_{23} 的变迁序列使得源变迁发生到达汇变迁,即流程模型中包含变迁 t_{23} 的路径被阻塞,$t^B_{C_1} = \{t_{23}\}$,标注 Block;基于 Case5 和 Case6 分析变迁 t_{26}, t_{27}, t_{28},对比源模型有 $t_{26}, t_{27}, t_{28} \notin T_C \wedge t_{26}, t_{27}, t_{28} \in T$,且不存在包含变迁 t_{26}, t_{27}, t_{28} 的变迁序列使得源变迁发生到达汇变迁,即变迁 t_{26}, t_{27}, t_{28} 在源模型中不发生,$t^B_{C_2} = \{t_{26}, t_{27}, t_{28}\}$,标注 Block。综上分析,源流程模型中隐藏变迁为 $T^H_C = t^H_{C_1} \bigcup t^H_{C_2} = \{t_1, t_2, t'_3, t'_4, t'_5, t'_6, t'_7, t'_8, t'_9\}$,阻塞变迁为 $T^B_C = t^B_{C_1} \bigcup t^B_{C_2} = \{t_{23}, t_{26}, t_{27}, t_{28}\}$,其余变迁标记为允许变迁。模拟系统运行,检验 $N_C = (T^H_C, T^B_C, T^A_C)$ 仍为完全流程模型,其中隐藏变迁和阻塞变迁的集合 $C' = \{T^H_C, T^B_C\} = \{t_1, t_2, t'_3, t'_4, t'_5, t'_6, t'_7, t'_8, t'_9, t_{23}, t_{26}, t_{27}, t_{28}\}$,配置流程模型如图 7.13 所示。

在配置流程模型中,已注册乘客进入系统时无需再次填写个人信息来注册账号;办理改签业务的乘客也无需重新输入机票信息;对信用卡信用额度低的乘客,系统可以选择拒绝其用信用卡支付;对已积分的机票,系统可以选择关闭会员积分路径。但在配置流程模型中,并没有限制改签或退订机票的有效时间;流程中的会员积分是如何进行记录的、会员卡类型又是如何划分的也都没有进行详细的说明。

2. 片段适配优化分析

根据算法 7.6 基于 Petri 网适配的交互流程模型优化方法,同样要求检测输入模型的有效性,由算法 7.5 得到的配置流程模型是完全流程模型,故输入模型有效。之后,查找分析模型要求和适配变量 $X = \{X_1, X_2, \cdots\}$(分别见表 7.5、表 7.6),确定适配片段、适配模式和适配规则。

表 7.5	模型要求
	模型要求
1	行程日期 24 小时内禁止改签、退订机票
2	支付完成后,合理积分
3	明确会员身份划分规则

表 7.6	适配变量
适配变量	含义
x_1	行程日期
x_2	出发城市位置数据
x_3	目的城市位置数据
x_4	总积分数

对于模型要求 1,需要考虑适配变量 x_1。模型要求行程日期 24 小时内禁止改签、退订机票,不仅需要知道飞机起飞的时间(适配变量 x_1),还需要记录乘客登录系统的时间(x)。模型要求明确指定出改签、退订机票,由于要确保片段的单进单出结构,可以得到如图 7.14 (a)、(b)所示的适配片段,其中 $S_a = \{t'_1\}$,$S_b = \{t'_{11}\}$ 均为单片段类型。因为 $S_a \cap C' = \varnothing$,$S_b \cap C' = \varnothing$,所以保留配置流程模型中的配置变迁。考虑模型要求 1 包含了时间信息和允许/禁止任务,选择采取多重的适配模式。确定适配片段和适配模式之后,需要输入适配规则,如图 7.15 中 Rule♯1 所示。

模型要求 2 指定支付完成后,合理积分。合理积分需要明确积分方式,同时要考虑不同业务情况下的积分优先性。其中积分方式结合适配变量 x_2 和 x_3,通过两个城市之间的里程数确定积分数目;不同业务情况下的积分要考虑积分的次数,以及积分数目的变化。查找配置流程模型中的积分标签,确定适配片段如图 7.14(c)所示,$S_c = \{t_{26}, t_{27}, t_{28}\}$ 为一般的片段类型。由于 $S_c \cap C' = \{t_{26}, t_{27}, t_{28}\} \neq \varnothing$,所以在配置流程模型中撤销配置变迁 t_{26},

第7章 基于配置的业务流程变化域优化分析

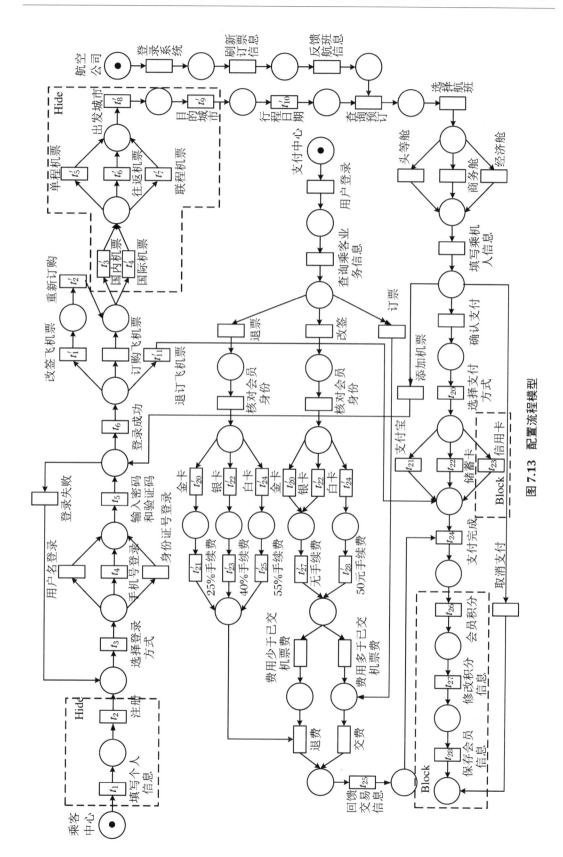

图 7.13 配置流程模型

t_{27}', t_{28}',对其进行片段适配。考虑模型要求 2 包含了积分次数信息和确定积分方式任务,对该适配片段仍采取多重的适配模式,适配规则如图 7.15 中 Rule♯2 所示。

明确会员身份划分规则是第 3 个模型要求。参考配置流程模型,标签"核对会员身份"涉及了会员身份,其后发生的变迁标签指明有"金卡""银卡"和"白卡",但是在模型中并未显示会员身份划分的规则,需要对其进行适配。考虑适配片段的单进单出结构,得到如图 7.14 (d)、(e)所示的适配片段 $S_d = \{t_{20}', t_{21}', t_{22}', t_{23}', t_{24}', t_{25}'\}$ 和 $S_e = \{t_{20}'', t_{22}'', t_{27}', t_{24}'', t_{28}'\}$,其中还包含了与会员身份划分无关的任务信息($t_{21}'$, t_{23}', t_{25}' 和 t_{27}', t_{28}')。因为 $S_d \cap C' = \varnothing$, $S_e \cap C' = \varnothing$,所以保留配置流程模型中的配置变迁。会员身份划分基于总积分数(适配变量 x_4),采取多重的适配模式,适配规则如图 7.15 中 Rule♯3,4 所示。

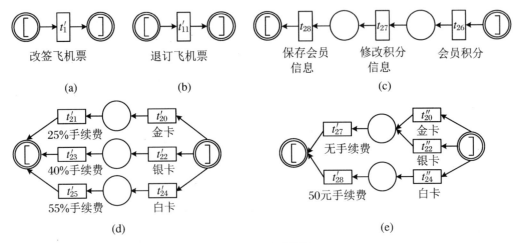

图 7.14 适配片段

```
Rule #1:   IF <TIME>=x₁-x≥24hours THEN APPLY [Decision Task]
           IF ELSE THEN APPLY [Alternative Task]
Rule #1.1: [Decision Task]="允许业务" AND [Alternative Task]="终止业务"
Rule #2:   IF <Business>=Order Ticket THEN APPLY [Task]
Rule #2.1: 积分数=x₃-x₂ AND [Task]="记录积分数"
Rule #3:   IF x₄≤40000 THEN APPLY [Task]
           IF 40000≤x₄≤80000 THEN APPLY [Decision Task]
           IF ELSE THEN APPLY [Alternative Task]
Rule #3.1: [Task]="扣除55%手续费" AND [Decision Task]="扣除40%手续费" AND
           [Alternative Task]="扣除25%手续费"
Rule #4:   IF x₄≤40000 THEN APPLY [Task]
           IF ELSE THEN APPLY [Decision Task]
Rule #4.1: [Task]="扣除50元手续费" AND [Decision Task]="无手续费"
```

图 7.15 适配规则

基于模型要求分步确定源模型适配片段、适配模式和适配规则之后,适配过程基本完成,模拟系统的运行检验适配流程模型 $N_A = (N, A)$ 仍为完全流程模型,适配流程模型如图 7.16 所示。

7.4.5 仿真实验

本节分别提出了基于配置的优化方法和基于适配的优化方法,为了验证后者对模型的

第 7 章 基于配置的业务流程变化域优化分析

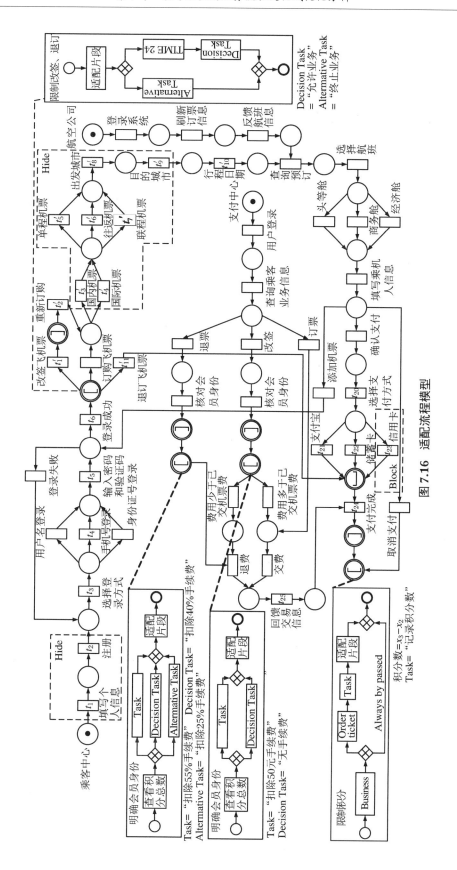

图 7.16 适配流程模型

优化效果强于前者的优化效果，本小节利用某两个票务 APP 系统现存的数据包进行了一个仿真的实验分析。该数据包来源于 APP 日常运行记录下的数据，包括系统内所有购票数据。日志数据均由票务系统记录日志数据抽象而来（其中部分数据经过绝密处理，虽然不是完整的日志数据，但是不影响仿真结果），分别记作 Ticket Service 平台数据 Book Data1 和 Book Data2。其中，Book Data1 来自于一个飞机票票务 APP，该 APP 系统相对简单，所以受众程度较小，即顾客消费记录较少，6 月份总记录条数为 468930 条，平均每天交易量为 15631 张。由于顾客的多样化需求以及对系统运行有较高的模型要求，更多的顾客倾向于选择使用性能多元化的 APP（某航空公司订票官网）。该 APP 同年 6 月份记录下的总交易量为 932580 张，平均每天的交易票数为 31086 张，且每个交易信息所包含的模型要求相对复杂。

针对这两组日志数据 Book Data1 和 Book Data2，分别基于本章算法得到的两种优化模型进行重放操作，在重放操作的过程中记录每个日志数据的重放效果，并计算日志数据与两个模型的合理性指标[44]以及行为一致性指标[45]。根据 Book Data1 进行仿真的计算结果如图 7.17、图 7.18 所示。其中，图 7.17 中纵坐标表示优化模型与日志数据间的合理性指标值（0~1），横坐标表示 6 月份的每一个日期。图 7.18 中横坐标表达含义与图 7.17 横坐标相同，纵坐标则表示优化模型与日志数据间的行为一致性指标值（0~1）。对于 Book Data2 的日志数据进行同样的重放操作，可得到仿真结果如图 7.19、图 7.20 所示。

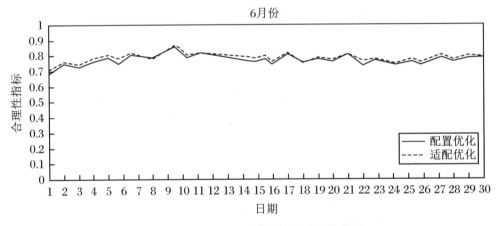

图 7.17　Book Data1 数据平台上合理性指标

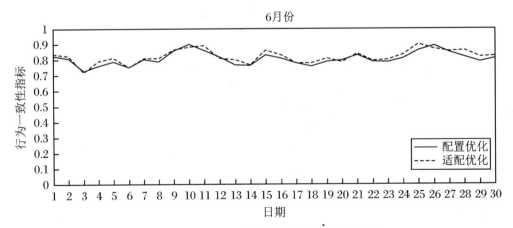

图 7.18　Book Data1 数据平台上行为一致性指标

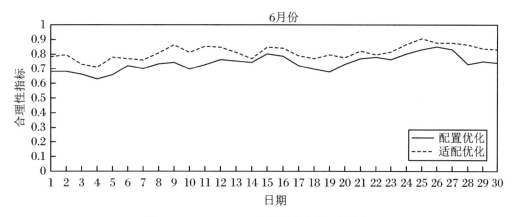

图 7.19 Book Data2 数据平台上合理性指标

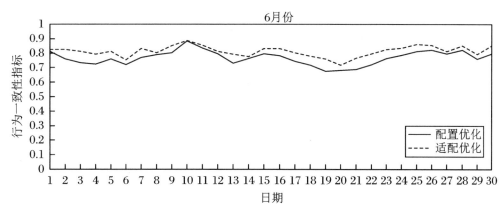

图 7.20 Book Data2 数据平台上行为一致性指标

以上各图中显示的数据表明,在 Book Data1 和 Book Data2 两个数据平台上,本文配置优化模型的方法和适配优化模型的方法均可以有效地优化流程模型。基于配置的模型优化方法旨在挖掘模型中的配置变迁,而基于适配的模型优化方法注重考虑了顾客层面上的模型要求,通过适配规则优化模型。所以,根据图 7.17 和图 7.19 可以得知,基于适配优化后的模型与日志数据间的合理性指标更高。由于 Book Data1 数据平台上的日志信息包含的模型要求较少、数据量较小,所以利用 Book Data1 对优化后模型进行的关于模型合理性的仿真实验结果(图 7.17)差异并不明显。但是在图 7.19 中,可以看到适配优化模型的有效性明显高于配置优化模型的有效性。同理,图 7.18 和图 7.20 的仿真实验结果也表明了基于适配的模型优化方法在行为一致性方面强于基于配置的模型优化方法,因为基于适配的优化方法不仅考虑了顾客的模型要求,还结合适配规则有效地移除、替换了配置变迁。

以上仿真实验是基于本节所提出的两个优化算法进行的,并不能严谨地说明其有效性。为了更好地说明本节优化算法的有效性,将文献[31]提出的基于数据流的业务流程配置优化方法作为标准对象,首先利用本章优化有效性相对较差的配置优化方法与其进行合理性指标和行为一致性指标的对比。基于 Book Data1 和 Book Data2 进行仿真实验之后,结果分别如图 7.21、图 7.22 和图 7.23、图 7.24 所示。

图 7.21 和图 7.23 的仿真实验结果显示,利用本章配置优化算法优化后的流程模型的

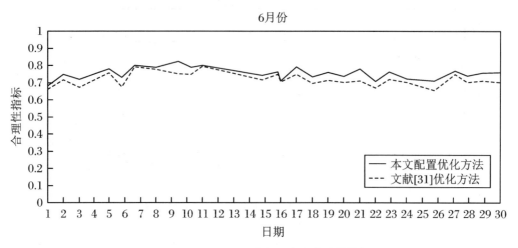

图 7.21 Book Data1 数据平台上合理性指标

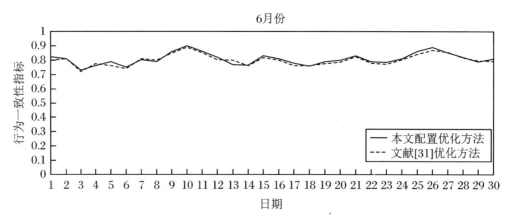

图 7.22 Book Data1 数据平台上行为一致性指标

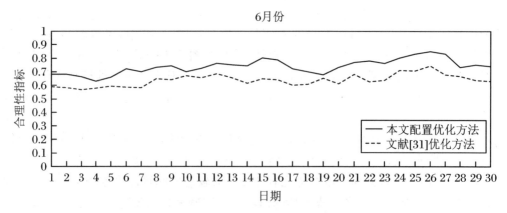

图 7.23 Book Data2 数据平台上合理性指标

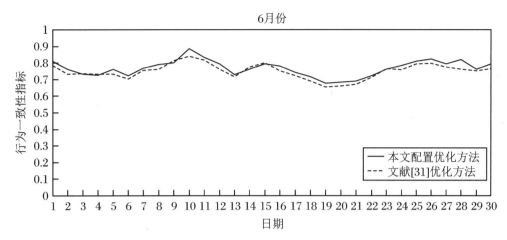

图 7.24 Book Data2 数据平台上行为一致性指标

合理性指标普遍高于文献[31]方法配置优化后的模型合理性指标值,同时根据图 7.22 和图 7.23,可以知道在行为一致性方面,本节配置优化方法的有效性也略高于文献[31]的配置优化方法的有效性。由此,整个仿真实验的数据分析结果显示,本节所提出的两种优化算法均具有一定的有效性,且在面对顾客模型要求复杂且日志数据庞大的情况下,基于片段适配的模型优化算法(算法 7.6)的有效性高于基于配置的模型优化算法(算法 7.5)。

7.5 基于流程树的可配置业务流程模型变化域分析

业务流程模型变化域是业务流程管理的核心内容。模型合并过程中往往会由于模型交互而导致变化域的出现,已有对合并模型变化域的分析主要集中在模型交互时的非一致性区域,而对合并后的可配置流程模型的变化域研究甚少。本节给出一种基于流程树合并模型的变化域分析方法。首先通过流程树把给定的源模型合并为一个可配置的流程模型,然后计算合并模型和源模型之间的平均权重距离,进而判定变化域的存在,接着计算顺序矩阵找出不一致的子矩阵,取得它们的交集即为合并模型的变化域,最后通过实例分析了该方法的有效性。

7.5.1 引例

如今,外出旅行已成为人们假期的一个主流活动,其中酒店预订是外出旅行必不可少的内容。当顾客在前台预订某酒店房间时,建模者给出了对应订单处理流程模型如图 7.25 所示,以供相关工作者来处理线下订单。

随着互联网的快速发展,网上预订酒店愈加常见,提前在网上预订房间不仅节省时间而且价格优惠。当顾客在网络上预订房间时,针对此类订单建模者给出处理业务流程模型如图 7.26 所示。流程模型 M_1 和 M_2 中的字母代表的活动事件如表 7.7 所示。

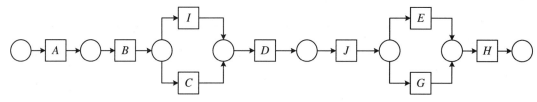

图 7.25　线下预订房间订单处理流程模型 M_1

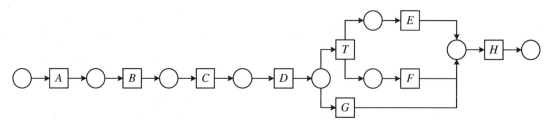

图 7.26　线上预订房间订单处理流程模型 M_2

表 7.7　流程模型 M_1 和 M_2 中各个字母代表的活动事件

活动	活动名称	活动	活动名称
A	接收订单	F	更新客房库存
B	订单处理	G	取消订单
C	登记个人资料	H	处理完毕
D	审核订单	I	查看会员卡
E	同意预订	J	检查客房库存

为了节省该酒店的成本和时间,把相似的流程模型 M_1 和 M_2 合并起来是很有必要的,合并后得到一个可配置的流程模型。然而在模型合并的过程中可能会出现与源模型不一致的地方,为此本节给出一种基于顺序矩阵查找合并模型变化域的方法,进而对存在变化域的地方进行合理的配置使合并后的流程模型最优。

7.5.2　基本概念

定义 7.17(变化域)[46]　给定流程模型 Petri 网 $PN=(P,T,F,C)$,若变化部分为 $PN_i=(P_i,T_i,F_i,C_i)$,则 PN_i 是 PN 的一个子模块,即 $P_i\in P, T_i\in T, F_i\in F, C_i\in C, PN_i\in PN$。

定义 7.18(流程树)[47]　设 $L_i(i=1,2,\cdots,n)$ 为流程模型 $CP=(S,T,F,c)$ 对应的事件日志,$S(T)$ 为变迁 T 的迹,对于任意一个活动对 $(x,y\in L_i\times L_j)$, $\forall\sigma=t_1t_2\cdots t_n$,其中 $i,j\in\{1,2,\cdots,n\}, i<j$,其满足下列关系中的一种:

(1) 弱序关系 $x>y$,当且仅当 $\exists\sigma\in L\Rightarrow t_i=x, t_j=y$;

(2) 因果关系 $x\rightarrow y$,当且仅当 $x>y, y\not> x$;

(3) 无关系 $x\not> y$,当且仅当 $x\not< y$;

(4) 平行交叉关系 $x\parallel y$,当且仅当 $x>y, y>x$;

(5) 互斥关系 $x\neg y$,当且仅当 $\forall\sigma\in L, \forall x,y\in T\Rightarrow(x\in\sigma, y\notin\sigma)\vee(y\in\sigma, x\notin\sigma)$。

7.5.3 基于流程树的可配置业务流程合并模型变化域分析方法

本节主要介绍基于流程树合并流程模型进而发现变化域的方法,并提出了新的算法。该方法为解决模型合并时的不一致问题提供了基础,使合并后的模型具备更好的适用性。首先,把给定的两个源模型分别转化成相应的流程树结构图;然后把两个流程树合并在一起并转化为可配置流程模型;接着分别计算两个源模型和合并模型的顺序矩阵,从中找出不一致的区域并取交集,该交集即为合并模型的变化域。

1. 基于流程树合并得到可配置流程模型

合并流程模型对相关企业或组织的业务流程管理十分重要,然而通常用的合并方法计算量大且复杂度高。本节提出了基于流程树的业务流程模型合并算法,该算法通过将给定的源模型转化成流程树图,将块结构和块结构根据行为轮廓关系进行合并,利用行为轮廓关系的合并法则找出最佳对齐,从而得到合并后的可配置业务流程模型。行为轮廓关系的合并法则如表 7.8 所示。

表 7.8 行为轮廓关系合并法则

	$\vee$	$\wedge$	$\times$	$\rightarrow$
$\vee^c$	△	△	△	△
$\wedge^c$		△		
$\times^c$			△	
$\rightarrow^c$				△

为了方便计算,用 λ_X^Y 表示块结构 X 到 Y 的行为轮廓关系。

算法 7.7 基于流程树合并流程模型

输入:流程模型 M_1、M_2。

输出:可配置流程模型 M。

(1) 将流程模型 M_1、M_2 分别转化成流程树 G_1、G_2。

(2) 合并树根:若变迁 a 和 b 在各自的流程树中标签不同结构不相似,则合并后同时保留变迁 a 和 b;若 a 和 b 标签不同但结构相同或相似,则合并后 a 和 b 保留其中任意一个。

(3) 合并子层结点:对含有相同变迁的块结构 A_1、A_2,若 $A_1 \subset A_2$,则合并为 A_2,若 $A_1 \supset A_2$,则合并为 A_1;对含有不同变迁的块结构 B_1、B_2,合并为 $B_1 \bigcup B_2$。

(4) $\forall X_1, Y_2 \in G_1, X_2, Y_2 \in G_2$,且 X_1, Y_1 和 X_2, Y_2 为同一层结点的块结构,如果 $\lambda_{X_1}^{Y_1} = \lambda_{X_2}^{Y_2}$,合并为 $\lambda_X^Y = \lambda_{X_2}^{Y_2}$,执行步骤(6),否则执行步骤(5)。

(5) 令 $X_1 = \{a_1, a_2, \cdots\}$,$Y_1 = \{b_1, b_2, \cdots\}$,$X_2 = \{c_1, c_2, \cdots\}$,$Y_2 = \{d_1, d_2, \cdots\}$,且 $\lambda_{a_1}^{b_1} = \lambda_{a_2}^{b_2} = \cdots, \lambda_{c_1}^{d_1} = \lambda_{c_2}^{d_2} = \cdots$,如果 $|\lambda_a^b| > |\lambda_c^d|$,合并为 $\lambda_X^Y = \lambda_{X_1}^{Y_1}$,否则合并为 $\lambda_X^Y = \lambda_{X_2}^{Y_2}$。

(6) 重复执行步骤(4)、(5),依次迭代计算所有合并后的行为轮廓关系。

(7) 将合并后的流程树转化为流程模型 M。

(8) 算法结束。

7.5.4 基于可配置流程合并模型的变化域分析

通过以上的研究可得到一个合并后的可配置流程模型,为了增强该合并模型的实用性,本节提出了一种基于顺序矩阵查找变化域的方法。该算法首先通过计算源模型和可配置模型之间的平均权重距离,判断源模型和合并模型之间是否存在变化,若存在变化则分别计算源模型和合并模型的顺序矩阵并取它们的交集,则为合并模型的变化域。下面首先给出变化操作的定义。

定义 7.19(模型的变化操作)[48] 给定业务流程模型 M,作用到模型 M 上的变化操作 $\Lambda = (Delete, Insert, Move, Replace)$,分别指模型中活动的删除、插入、移动和替换变化操作。$\forall x, y \in M, A、B$ 为模型 M 中的活动集,四种操作具体如下:

(1) $Delete(M, x)$:删除操作是指把活动 x 从模型 M 中删除。

(2) $Insert(M, x, A, B)$:插入操作是指把活动 x 插入到活动集 $A、B$ 之间。

(3) $Move(M, x, A, B)$:移动操作是指把活动 x 从初始位置移动到活动集 $A、B$ 之间。

(4) $Replace(M, x, y)$:替换操作是指活动 x 被 y 替换。

定义 7.20(平均权重距离)[49] 给定参考流程模型 $M \in P$,V 是一组流程变体集合,$M_i \in P, i = 1, 2, \cdots, n$,$w_i$ 表示 S_i 中执行的流程实例的数量,则 M 和 V 之间的平均权重距离公式如下:

$$D(M, V) = \frac{\sum_{i=1}^{n} d(M, M_i) \cdot w_i}{\sum_{i=1}^{n} w_i}$$

定义 7.21(顺序矩阵)[49] M 为流程模型,N 为模型的活动集合,$N = \{a_1, a_2, \cdots, a_n\}$,$T_M$ 是模型 M 的所有迹集。矩阵 $A_{n \times n}$ 为模型 M 的顺序矩阵,其中 A_{ij} 表示不同活动 $a_i, a_j \in N$ 之间的行为关系,具体表示如下:

(1) $A_{ij} = 1$,当且仅当 $\forall t \in T_M, a_i, a_j \in t \Rightarrow t(a_i < a_j)$;

(2) $A_{ij} = 0$,当且仅当 $\forall t \in T_M, a_i, a_j \in t \Rightarrow t(a_j < a_i)$;

(3) $A_{ij} = *$,当且仅当 $(\exists t_1 \in T_M, a_i, a_j \in t_1 \wedge t_1(a_i < a_j)) \wedge (\exists t_2 \in T_M, a_i, a_j \in t_2 \wedge t_2(a_j < a_i))$;

(4) $A_{ij} = -$,当且仅当 $(\neg \exists t \in T_M, a_i \in t \wedge a_j \in t)$。

算法 7.8 基于顺序矩阵查找合并模型的变化域

输入:流程模型 M_1、M_2,合并模型 M。

输出:模型 M 的变化域。

(1) 计算 $D(M, M_i) = \dfrac{\sum_{i=1}^{2} d(M, M_i) \cdot w_i}{\sum_{i=1}^{2} w_i}$ $(i = 1, 2)$。

(2) 如 $D(M, M_i) < 1$,则 M、M_i 之间不存在变化,执行步骤(7),否则执行步骤(3)。

(3) 计算 M_1、M_2、M 的顺序矩阵 A_1、A_2、A_M。

(4) 分别计算 A_1、A_M 的不一致区域 u_1 和 A_2、A_M 的不一致区域 u_2。

(5) 如 $u_1 \cap u_2 = u_{ch}$,返回 u_{ch},执行步骤(6),否则重新执行步骤(4)。
(6) 返回所有 $u_1 \cap u_2$ 的交集 u_{ch},即为 M 的变化域。

7.5.5 实例分析

本节以上述酒店预订房间处理系统为例分析所提算法的可行性。首先根据算法 7.7 把模型 M_1、M_2 转化成流程树 G_1、G_2,如图 7.27、图 7.28 所示。

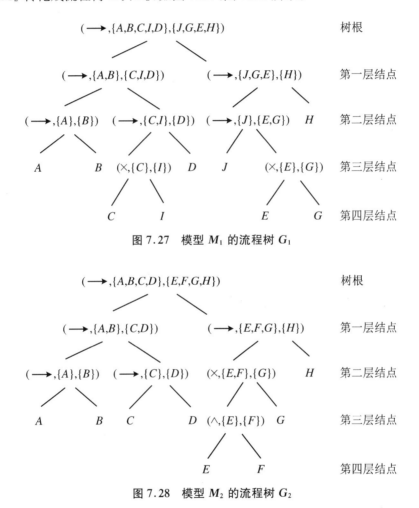

图 7.27 模型 M_1 的流程树 G_1

图 7.28 模型 M_2 的流程树 G_2

然后根据算法 7.7 把流程树 G_1 和 G_2 合并为一个流程树 G_M,如图 7.29 所示。
把合并后的流程树 G_M 转换成业务流程模型 M,如图 7.30 所示。
基于以上的分析,根据算法 7.8,首先计算出 $D(M,M_i)>1$,因此可判定模型 M 中存在变化域,接下来依次计算流程模型 M_1、M_2、M 的顺序矩阵,分别如表 7.9、表 7.10、表 7.11 所示。

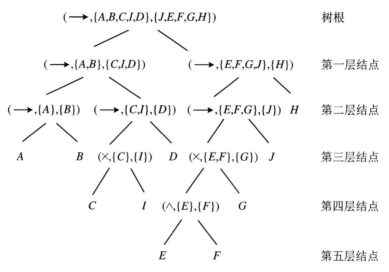

图 7.29 合并后的流程树 G_M

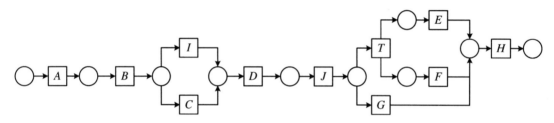

图 7.30 合并后的业务流程模型 M

表 7.9 模型 M_1 的顺序矩阵 A_1

	A	B	I	C	D	J	E	G	H
A		1	1	1	1	1	1	1	1
B	0		1	1	1	1	1	1	1
I	0	0		—	1	1	1	1	1
C	0	0	—		1	1	1	1	1
D	0	0	0	0		1	1	1	1
J	0	0	0	0	0		1	1	1
E	0	0	0	0	0	0		—	1
G	0	0	0	0	0	0	—		1
H	0	0	0	0	0	0	0	0	

表 7.10 模型 M_2 的顺序矩阵 A_2

	A	B	C	D	E	F	G	H
A		1	1	1	1	1	1	1
B	0		1	1	1	1	1	1
C	0	0		1	1	1	1	1
D	0	0	0		1	1	1	1

续表

	A	B	C	D	E	F	G	H
E	0	0	0	0		*	—	1
F	0	0	0	0	*		—	1
G	0	0	0	0	—	—		1
H	0	0	0	0	0	0	0	

表7.11　模型 M 的顺序矩阵 A_M

	A	B	I	C	D	J	E	F	G	H
A		1	1	1	1	1	1	1	1	1
B	0		1	1	1	1	1	1	1	1
I	0	0		—	1	1	1	1	1	1
C	0	0	—		1	1	1	1	1	1
D	0	0	0	0		1	1	1	1	1
J	0	0	0	0	0		1	1	1	1
E	0	0	0	0	0	0		*	—	1
F	0	0	0	0	0	0	*		—	1
G	0	0	0	0	0	0	—	—		1
H	0	0	0	0	0	0	0	0	0	

接下来按照算法7.8进行比较,分别得出顺序矩阵 A_1、A_M 和顺序矩阵 A_2、A_M 的不一致的区域 u_1、u_2,在顺序矩阵 A_M 中用实线和虚标出。从中取交集得到变化活动集为$\{E\}$,即变化区域 $u_{ch} = {}^{\cdot}E \cup E \cup E^{\cdot}$,在模型 M 中用线条框标注出来,如图7.31所示。

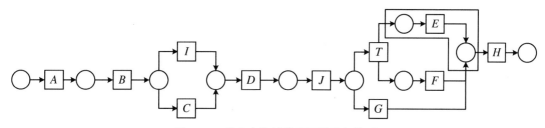

图7.31　带有变化域的可配置流程模型

通过上述分析,对于发现模型 M 中的变化域,与文献[50]中模型交互对非一致性区域研究的方法相比,本节算法更加具有优势,为接下来的配置优化奠定了基础。然而该算法存在不足之处,即当源模型数量增加并且极其复杂时变化域的计算会非常困难。

7.6　小　　结

基于配置的业务流程的变化域优化分析在业务流程管理中处于核心地位。配置是一种模型变化控制的手段,但验证这种配置模型比较困难,因为可配置变迁的数量呈指数增长。

由于并发和分支结构，配置决定可能彼此干扰，从而引发死锁、活锁等异常现象。此外已有对变化域的研究主要是在静态分析的基础上进行的，根据给定节点的活动变迁判断是否产生行为一致性或者是从流程模型的一致性分析角度进行研究，对于现实中的复杂业务流程这种方法具有一定的局限性。为此本章提出了基于配置业务流程变化域的优化分析方法。

7.1 节介绍了配置信息分析和配置优化分析。

7.2 节在已有研究的基础上，结合 Petri 网和行为轮廓，从行为方面动态分析业务流程中的变化域，跨越了仅从静态分析的有限性。找到发生频数较高的日志，分析它们与流程模型间的对齐，找到疑似隐变迁，结合动态定位，进一步确定变化区域。然后考虑接口部分，利用适合度和行为适当性，用配置变迁优化模型，并和已有方法对比说明了该方法的有效性。

7.3 节通过对网上预订系统业务的实例分析，建立 Petri 网系统中的业务流程模型，借助提出的算法程序，寻找流程模型的最小变化域，并对此变化域进行分析讨论，对业务流程模型进行配置优化分析，最终建立可配置的业务流程模型。由于众多企业和组织的不同需求，导致业务流程模型的结构复杂化，且运行系统不够完善，系统运作效率低，严重影响了企业或组织的整体运营效果[51]。为了解决这些难题，寻找业务流程的变化域问题，以及对业务流程进行配置优化分析显得尤为重要。目前，配置优化分析方面的研究仍还有大量的工作要去做。例如，如何去除配置优化后的模型出现的死锁或者活锁，如何配置业务流程模型使得系统更加高效地运行来更好地满足消费者的需求。

7.4 节就模型优化提出了两个优化算法。首先，基于配置的流程模型优化方法是在合理工作流网的基础上，通过挖掘配置变迁将源模型转化为可配置的交互流程模型，这在一定程度上使业务系统满足了广大客户的多元化需求，有利于业务流程的高效运行。其次，由于配置优化方法不能处理带有时间/次数信息或添加指定任务的模型要求，配置变迁的查找和使用也就具有一定的针对性，即可配置的流程模型并不能完全满足客户的需求。基于片段适配的模型优化很好地解决了这一问题，该方法在配置流程模型的基础上，通过对模型要求和适配变量进行分析，准确查找适配片段并对流程模型中的配置变迁进行撤销或保留，然后在适配片段中结合准确的适配模式和合理的适配规则对源模型进行任务分配，从而使得源模型的运行更加清晰、有效。

进一步关于交互流程模型优化的研究，不仅要明确适配优化方法中适配规则的书写准则，还要对适配的模式进行精细的划分，使得适配过程具有更高的精准度。例如，在基于模型要求对齐适配模式的过程中，如何对接信息与信息模式，以及执行任务与平行插入模式。另外还需要考虑模型要求对应下的其他适配模式。最后，需要考虑过程挖掘过程中的数据信息，例如流程模型中数据流的优化处理。

7.5 节在已有研究的基础上，基于流程树合并得到可配置流程模型，并判定该模型中是否存在变化域，若存在则进一步查找精确变化域。研究表明，合并后的流程模型很可能和源模型之间存在不一致的地方，即变化域，对此本节给出了查找合并模型变化域的算法。首先，将模型转化成流程树并根据流程树合并法则对模型进行合并，得到一个可配置的流程模型，然后计算源模型和合并模型之间的平均权重距离判断是否存在变化域，若存在则通过计算顺序矩阵，比较得出源模型和合并模型顺序矩阵中不一致的地方，取它们相交的部分，即为合并模型的变化域。所提算法能应用在实际生活中相似流程的合并上，大大节省了人力和物力，弥补了很多系统的不足之处。有关流程模型合并和变化域的研究还有广阔的发展空间，未来拟致力于对存在变化域的可配置流程模型进行合理的配置，使其达到最优。

参 考 文 献

[1] FEI G, GAO J, OWODUNNI O, et al. A method for engineering design change analysis using system modelling and knowledge management techniques[J]. International Journal of Computer Integrated Manufacturing, 2011, 24(6): 535-551.

[2] 闻立杰. 基于工作流网的过程挖掘算法研究[D]. 北京: 清华大学, 2007.

[3] LAUTENBACHER F, BAUER B, FORG S. Process Mining for Semantic Business ProcessModeling[M]. New Zealand: Auckland, 2009.

[4] VÁZQUEZ-BARREIROS B, MUCIENTES M, LAMA M. ProDiGen: mining complete, precise and minimal structure process models with a genetic algorithm[J]. Information Sciences, 2015 (294): 315-333.

[5] AALST W M P, WEIJTERS A-J-M-M. Process mining: a research agenda[J]. Computers in Industry, 2004, 53(3): 231-244.

[6] AALST W M P, DONGEN B-F, HERBST J, et al. Workflow mining: a survey of issues and approaches[J]. Data & Knowledge Engineering, 2003, 47(2): 237-267.

[7] WEN Y, CHEN Z, LIU J, et al. Mining batch processing workflow models from event logs[J]. Concurrency and Computation: Practice and Experience, 2013, 25(13): 1928-1942.

[8] 王晓悦. 基于Petri网行为轮廓挖掘配置信息的方法研究[D]. 淮南: 安徽理工大学, 2016.

[9] GOTTSCHALK F, AALST W M P, JANSEN-VULLERS M-H, et al. Configurable workflow models[J]. International Journal of Cooperative Information Systems, 2008, 17(02): 177-221.

[10] LA ROSA M, DUMAS M, TER HOFSTEDE A-H-M, et al. Configurable multi-perspective business process models[J]. Information Systems, 2011, 36(2): 313-340.

[11] LI HUIFANG, EL-AMINE M, et al. Merging several business process variants[C]//The 26th Chinese Control and Decision Conference (2014 CCDC). IEEE, 2014: 5218-5223.

[12] ASSY N, CHAN N-N, GAALOUL W. An automated approach for assisting the design of configurable process models[J]. IEEE Transactions on Services Computing, 2015, 8(6): 874-888.

[13] AALST W M P. Preserving correctness during business process model configuration[J]. Formal Aspects of Computing, 2010, 22(3/4).

[14] SONG B, LI Z, AO Y, et al. AConfigurable module based technology for complex engineering process management systems[C]//International Design Engineering Technical Conferences and Computers and Information in Engineering Conference. 2005, 47403: 771-778.

[15] HUANG Y, FENG Z, HE K, et al. Ontology-based configuration for service-based business process model[C]//2013 IEEE International Conference on Services Computing. IEEE, 2013: 296-303.

[16] BOURNE S, SZABO C, SHENG Q Z. Managing configurable business process as a service to satisfy client transactional requirements[C]//2015 IEEE International Conference on Services Computing. IEEE, 2015: 154-161.

[17] JANSEN-VULLERS M-H, AALST W M P, ROSEMANN M. Mining configurable enterprise information systems[J]. Data & Knowledge Engineering, 2006, 56(3): 195-244.

[18] RUTKOWSKI L, KORYTKOWSKI M, SCHERER R, et al. Artificial Intelligence and Soft Com-

puting: 13th International Conference, ICAISC 2014, Zakopane, Poland, June 1-5, 2014, Proceedings, Part II[M]. Springer, 2014.

[19] LEEMANS S J J, FAHLAND D, AALST W M P, et al. Discovering block-structured process models from event logs: a constructive approach[J]. Lecture Notes in Computer Science, 2013: 311-329.

[20] WEN L, WANG J, SUN J. Mining Invisible Tasks from Event Logs[M]. Springer, 2007.

[21] AALST W M P, DUMAS M, GOTTSCHALK F, et al. Preserving correctness during business process model configuration[J]. Formal Aspects of Computing, 2010,22(3):459-482.

[22] BECKER J, DELFMANN P, DREILING A, et al. Configurative process modeling – outlining an approach to increased business process model usability[C]//Proceedings of the 15th IRMA International Conference. New Orleans: Gabler, 2004: 1-12.

[23] LA ROSA M, DUMAS M, TER HOFSTEDE A-H, et al. Configurable multi-perspective business process models[J]. Information Systems, 2011,36(2):313-340.

[24] CHAN N N, GAALOUL W, TATA S. Assisting business process design by activity neighborhood context matching[C]//International Conference on Service-Oriented Computing. Springer, 2012: 541-549.

[25] HUANG Y, FENG Z, HE K, et al. Ontology-based configuration for service-based business process model[C]//2013 IEEE International Conference on Services Computing. IEEE, 2013: 296-303.

[26] SBAI H, FREDJ M, KJIRI L. To trace and guide evolution in configurable process models[C]//2013 ACS International Conference on Computer Systems and Applications (AICCSA). IEEE, 2013: 1-4.

[27] ASSY N, CHAN N N, GAALOUL W. An automated approach for assisting the design of configurable process models[J]. IEEE Transactions on Services Computing, 2015,8(6):874-888.

[28] WEBER B, REICHERT M, MENDLING J, et al. Refactoring large process model repositories [J]. Computers in Industry, 2011,62(5):467-486.

[29] YOUSFI A, SAIDI R, DEY A K. Variability patterns for business processes in BPMN[J]. Information Systems and e-Business Management, 2016,14(3):443-467.

[30] EL FAQUIH L, SBAÏ H, FREDJ M. Configurable process models: a semantic validation[C]//2015 10th International Conference on Intelligent Systems: Theories and Applications (SITA). IEEE, 2015: 1-6.

[31] HUANG Y, FENG Z. A Validation Method of Configurable Business Processes Based on Data-Flow[M]. Springer, 2015.

[32] JIMÉNEZ-RAMÍREZ A, WEBER B, BARBA I, et al. Generating optimized configurable business process models in scenarios subject to uncertainty[J]. Information and Software Technology, 2015(57):571-594.

[33] BOURNE S, SZABO C, SHENG Q Z. Managing configurable business process as a service to satisfy client transactional requirements[C]//2015 IEEE International Conference on Services Computing. IEEE, 2015: 154-161.

[34] MAFAZI S, GROSSMANN G, MAYER W, et al. Consistent abstraction of business processes based on constraints[J]. Journal on Data Semantics, 2015,4(1):59-78.

[35] KOLOKOLOV V, RUEHL S T, BAUMANN P, et al. Modelling variability in activity diagrams for mobile business applications[C]//2014 IEEE 38th Annual Computer Software and Applications Conference. IEEE, 2014: 155-160.

[36] HALLERBACH A, BAUER T, REICHERT M. Configuration and Management of Process Variants[M]. Springer, 2010.

[37] JUAN Z, FANG X W, LIU X W. Analysis of suspected change domain based on merged model[C]//Applied Mechanics and Materials. Trans Tech Publications Ltd, 2014, 556: 4124-4127.

[38] LA ROSA M, DUMAS M, UBA R, et al. Business process model merging: an approach to business process consolidation[J]. ACM Transactions on Software Engineering and Methodology (TOSEM), 2013,22(2):1-42.

[39] WEIDLICH M. Behavioural profiles: a relational approach to behaviour consistency[D]. Universität Potsdam, 2011.

[40] 蒋昌俊. Petri 网的行为理论及其应用[M]. 北京:高等教育出版社, 2003.

[41] DAM H K, WINIKOFF M. An agent-oriented approach to change propagation in software maintenance[J]. Autonomous Agents and Multi-agent Systems, 2011,23(3):384-452.

[42] DÖHRING M, REIJERS H A, SMIRNOV S. Configuration vs. adaptation for business process variant maintenance: an empirical study[J]. Information Systems, 2014(39):108-133.

[43] LI C, REICHERT M, WOMBACHER A. Mining business process variants: Challenges, scenarios, algorithms[J]. Data & Knowledge Engineering, 2011(70):409-434.

[44] WEIDLICH M, POLYVYANYY A, DESAI N, et al. Process Compliance Measurement Based on Behavioural Profiles[M]. Springer, 2010.

[45] WEIDLICH M, MENDLING J, WESKE M. Efficient consistency measurement based on behavioral profiles of process models[J]. IEEE Transactions on Software Engineering, 2010,37(3):410-429.

[46] WEIDLICH M, WESKE M, MENDLING J. Change propagation in process models using behavioural profiles[C]//2009 IEEE International Conference on Services Computing. IEEE, 2009:33-40.

[47] CHAPELA-CAMPA D, MUCIENTES M, LAMA M. Discovering Infrequent Behavioral Patterns in Process Models[M]. Springer, 2017:324-340.

[48] LI C, REICHERT M, WOMBACHER A. On Measuring Process Model Similarity Based on High-level Change Operations[M]. Springer, 2008.

[49] LI C, REICHERT M, WOMBACHER A. Discovering Reference Models by Mining Process Variants Using a Heuristic Approach[M]. Springer, 2009.

[50] JUAN Z, FANG X W, LIU X W. Analysis of Suspected Change Domain Based on Merged Model[J]. Applied Mechanics and Materials, 2014(556-562):4124-4127.

[51] VAN DONGEN B, DIJKMAN R, MENDLING J. Measuring Similarity between Business Process Models[M]. Springer, 2013:405-419.